中國拳道·神意拳

王芗斋原传拳法（修订版）

石墨 著

学苑出版社

图书在版编目（CIP）数据

中国拳道·神意拳：王芗斋原传拳法/石墨著 .—北京：学苑出版社，2021.10（2023.6 重印）

ISBN 978 – 7 – 5077 – 6265 – 5

Ⅰ.①中… Ⅱ.①石… Ⅲ.①拳术 – 基本知识 – 中国 Ⅳ.①G852.19

中国版本图书馆 CIP 数据核字（2021）第 189443 号

责任编辑：黄小龙
文字编辑：高　赫
出版发行：学苑出版社
社　　址：北京市丰台区南方庄 2 号院 1 号楼
邮政编码：100079
网　　址：www.book001.com
电子邮箱：xueyuanpress@163.com
联系电话：010 – 67601101（营销部）、010 – 67603091（总编室）
印　刷　厂：北京兰星球彩色印刷有限公司
开本尺寸：710mm×1000mm　1/16
印　　张：17.875
字　　数：280 千字
版　　次：2021 年 10 月第 1 版
印　　次：2023 年 6 月第 2 次印刷
定　　价：468.00 元

一版二次修订说明

本书此次重印对一版一次的内容做了如下修订：

一、文前《王芗斋拳术诗》因与王芗斋先生所写原诗有出入，此次做了修订，并增加了李见宇先生的手写诗稿图片。

二、正文中增补了王芗斋先生于1935年发表的《拳之刚柔相济论》短文一篇。

三、一版一次的图书中，韩樵与韩星桥（指同一个人）称呼较为混乱，此次做了统一。

四、一版一次的图书中，有个别漏词、错词及标点符号使用错误，此次一一做了修正。

石墨
二〇二三年五月二十六日

王芗斋先生简介

左起：李见宇先生、王芗斋先生、周秉谦先生
1958 年拍摄于三山公园

王芗斋（1886—1963），原名尼宝，又名宇僧、向斋，后改名为芗斋，字政和，号矛厈老人，近代拳术名家。

王芗斋拳术诗《拳意述真》

拳意述真

王芗斋

拳法别开面目新,筋含劲力骨存神。
静如伏豹当空立,动似腾蛟扶浪奔。
气若长虹犹贯日,欲将大地腹中吞。
吐纳灵源包宇宙,陶熔万象转乾坤。
不知千年吾道在,打破樊篱有几人。

丙子年夏日写于碧龙轩
光怀见宇书

石墨为神意拳——王芗斋原传拳法[①]嫡系传承人，李见宇先生[②]嫡传弟子。王芗斋站桩功[③]传承人，于永年先生[④]亲传弟子[⑤]。中国拳道纪念园重要创建人，中国拳道纪念园碑文及于永年先生墓志铭特邀撰稿人。

石墨1963年生于北京，祖籍为北京西郊北安河庙后王家。北安河与南安河在民间有北安河的腿、南安河的嘴之称，意思是说北安河的人会武艺能打，南安河的人能说会道。石墨自幼受其父启蒙，喜爱传统文化及武艺。少年时受医道世家陈世伯老先生影响对医道稍有接触。

1984年参加王国钧先生在海淀中关村举办的散打培训班，同年师从于永年先生学习王芗斋站桩功，1987年停止学习。2008年重回师门，并得于永年先生器重，亲传王芗斋站桩功，同年得李见宇先生亲传王芗斋先生的嫡传拳法（即神意拳）及王芗斋站桩功，被李见宇先生收为嫡传弟子。

注：

①神意拳：此拳为王芗斋先生嫡传拳法，系古心意拳、形意拳之意拳，"拳道"是该拳的古拳名，即为拳之方法，"神意拳"是王芗斋先生生前所定拳名，王芗斋原传拳法，简称王芗斋拳法，即王芗斋先生为拳之方法。

②李见宇：为王芗斋先生原传拳法唯一真传弟子，其发力与王芗斋先生无二，李见宇先生在王芗斋先生身边被王芗斋先生视为"是随身携带的小手枪"，王芗斋先生对外介绍称为黑儿子（李见宇先生绰号小黑子）。详见：中篇《王芗斋原传拳法唯一真传弟子——李见宇》一节）。

③王芗斋站桩功：1937年，王芗斋先生应张壁先生及齐振林先生邀请，在北平（现北京）定居，并在北平四存学会体育班教授技击。1940年在西城区辟才胡同西口跨车胡同14号（姚宗勋先生家）开设技击班（技击班未定拳名），主要由韩星垣先生任教。在太庙（今北京市劳动人民文化宫）开设站桩功健身班（俗称太庙养生班），"站桩功"一名由王芗斋先生亲自定立，并由王芗斋先生亲自任教。1949年技击班停办，太庙站桩功班改在中山公园唐花坞前，夏季在西北角后河边古树林中。1960年到原卫生部中医研究院（现中国中医科学院）内外科研究所针对慢性病开创站桩功康复班。1961年王芗斋先生应邀到河北省中医研究院传授健身康复桩。王芗斋站桩功是王芗斋先生为帮助人们健身及配合中医对慢性病患者的治疗，借鉴形意拳嫡传拳法中的站桩创编的一套站桩功法，包括躺桩、坐桩、搭扶桩、直立站桩、独立站桩、大步站桩、健身康复试力、推手游戏，是以健身和康复为主要目的的站桩功法。它与王芗斋拳法是不同的两个体系，但都属于王芗斋拳学体系。其代表人物为于永年先生、李见宇先生。

④于永年：王芗斋先生入室弟子，善推手，惯用技法狗熊搬缸。王芗斋先生赠绰号"大石碑""橡皮鱼"，协助王芗斋先生创立站桩功（健身桩及康复桩）24势，得王芗斋先生亲传站桩功，为王芗斋站桩功亲传弟子。与沈其悟先生一道受王芗斋先生委托修改《拳道中枢》文稿，后期在北京铁路总医院（现北京世纪坛医院）针对慢性病患者开设站桩康复班，同时与王芗斋先生在河北省中医研究院开设健身康复桩培训班，与李见宇先生在原卫生部中医研究院针对慢性病患者开设站桩康复班，共同研究站桩功

法对人体生理健康、患者康复的作用，使站桩功法得到了进一步完善。

⑤亲传弟子：拳界中弟子又称徒弟，由低到高大约分为：

弟子——指拜过师的一般弟子。

关门弟子——指师父所收的最后一位弟子。

入室弟子——指可以进入师父家并得到师父指点的弟子（通常为师兄代师传艺）。

亲传弟子——指师父手把手教出来的弟子。

嫡传弟子——指师父手把手教出来的弟子，与亲传弟子相比，与师父关系更加密切。

真传弟子——指师父亲自传授全部完整技法，并且能够全部掌握的弟子。

于永年先生门下：

嫡传弟子（于永年先生于2011年1月2日确认）按入门先后排序为：郭贵志（山西）、程宇（北京）、巩海瑞（北京）、林锦全（英国）、曹万科（北京）、王兴玉（北京）、任远（北京）、庄振忠（保定）、石墨（北京）、杜吉星（北京）、姬海岩（唐山）。

真传弟子为：程宇（北京）、杜吉星（北京）。

关门弟子为：向杰（山东临沂）。

其中郭贵志先生技击师从姚宗勋先生。林锦全先生将站桩功弘扬海外，门徒遍布众多国家，且经常得到于永年先生夸奖。王兴玉先生和杜吉星先生从20世纪80年代末起至于永年先生去世，在门内一直代师接待国内外访客，进行切磋交流。程宇先生和杜吉星先生得于永年先生亲传狗熊搬缸推手技法，其中杜吉星先生是门内唯一能够按照于永年先生要求站完王芗斋站桩功所有桩势的弟子，于永年先生夸赞其吃苦耐劳非常人能比。杜吉星先生一直陪伴于永年先生左右，直到于永年先生临住院时还到师父家站桩。石墨先生因其所掌握的发力及拳法技法，是唯一得到于永年先生竖大拇指夸赞的弟子，称其聪明过人，是用脑子学拳的人。

于永年先生生前委托二事，一是由石墨先生与杜吉星先生证明，从未存有老拳谱（详见后篇《关于王芗斋先生留有传世拳谱一事》）；二是由杜吉星先生与石墨先生监督门内管理，处理逝后一切事宜。

序 言

我从13岁开始习武，曾系统学习长拳及各种器械。1986年师从于永年先生学习站桩，参学体悟已30余年，今生有幸得此著，并应邀为之写序言，实乃荣幸之至。

我师从于永年先生学习站桩初期，在八一湖曾与石墨先生有几面之缘。再次见面已经是2008年石墨先生重回师门。此次见面与石墨先生机缘相合，经常一起去师父（于永年先生）家聊天谈拳。

师父晚年因身体状况很少外出，自2008年后师父一共外出三次。一次是2008年4月，让小女儿于瑛丽及女婿、外孙一起开车到石墨先生茶园亲自教授站桩功法（见书后彩页图片集，于永年先生亲自到茶园指导石墨先生站桩照）；一次是2008年8月，师父应中共中央政治局原常委、国务院原副总理、全国人大常委会原副委员长姜春云先生邀请去中南海探讨站桩；最后一次就是2009年3月，师父九十大寿（此三次外出在于永年先生所著、山西出版集团山西科学技术出版社于2011年出版的《大成拳——站桩与道德经》一书中均有图片及文字介绍）。

师父对石墨先生特别赏识，常常当着徒弟们的面夸奖石墨先生天资聪明，有时让石墨先生为师兄弟们做发力示范。记得有一次，我和石墨先生与师父一起谈拳，师父突然问我说："小杜，你说我发力一种样子，石墨发力一种样子，我俩谁发力好？"我正不知道怎样回答时，师父接着用手指着石墨先生说："他发力比我好多了，能在这么短的时间内掌握这种发力，说明他具有超出常人的聪明和潜质。他的学拳方式和一般人不一样，别人是盲练、傻练，他是用脑子学拳，体悟练拳。"石墨先生的发力和对王芗斋先生拳法的理解及掌握，能得到师父这样的肯定，在我跟随师父的 30 多年中，还是第一次听到。

石墨先生为人处世极为低调，对待事物具有极高辨识能力，从不随波逐流，能得师父赏识，又得师叔李见宇先生收为嫡传弟子，倾囊相授王芗斋嫡传拳法，实为难得。石墨先生习拳参学体悟后，从不藏私，将单传古拳之秘公之于众，超出常人境界，奇人也！

本书可说是中国有史以来，实战拳法中唯一一部实用性的教科书。书中从武技的起源、发展、武举的科考到现代武术，再到拳术实战技击的练法都做了较详细的讲述，为了使读者方便理解和学习，石墨先生摒弃了以往拳谱中用大量空话、套话及形容词汇的写法，采用现代科学的方式结合物理力学，对拳术中的人体力量进行了剖析。书中对中国实战拳术中不传之秘的各种力，如筋力、筋弹力、整体力、暗劲儿、浑圆力及王芗斋先生的惊炸力等，从练法到实际应用，都一一做了详细的讲解，并且首次公布了人体生命摄生法——人体第二睡眠的练习方法。

本书信息量大，极为实用，非常人能写，十分难得。它解开了我学站桩 30 多年来，对王芗斋先生拳法的疑惑。此著是唯一一部能够阐明王芗斋先生拳学真谛的工具书，非常之金贵，如钻石光芒四射，为真学同仁指明得道之法。

杜吉星
2018 年 8 月 20 日

前 言

当今之武技乃技击之法，一为实战格斗，二为竞技格斗。

世界上很多国家都具有独特的竞技之术，如西洋之拳击、巴西之柔术、泰国之泰拳、日本之空手道、韩国之跆拳道、俄罗斯之桑搏、苏联之西斯特玛、以色列之马伽术等。其用于实战者，乃俄罗斯军队之桑搏、俄罗斯特种部队之西斯特玛、以色列之马伽术，其中桑搏为俄罗斯军队之必修课，西斯特玛为俄罗斯特种部队必修课，且受到美国陆军特种部队、海军海豹突击队青睐，马伽术被美国等诸国军警列为必修科目。

观中华今之武技，虽多门多派，创立之初却多以实战招式立门，但不出两代，均与技击背道，差之甚远矣！若论中华武技之实战，在世界仍无一席之地也。

有人说，中华武术传承千年，其大多失明清及民国所创。现今，各门各派武术无一技为中国军警之必修课。

中华之武技立门千派，各门均以招式套路亥操练。其招式为此（招）种种，破彼（招）种种之说，门内称之为拳手之招式也。招式大多以数十招、百十式组成，名为套路。若实战对敌未见尽效，用于竞技格斗，什么××偷桃、××望月、这个××手、那个××脚的招式，早已抛之脑后，反用西洋拳法之直、摆、勾拳应敌。

诸君岂不知，招式套路乃门外（外行）者臆造也，门内（门派内部）称为吃饭的家伙。

有人说，习武乃强身健体，不以打人为要，不争强斗狠也。非也！诳语！习武用于冥战、自卫，实战、自卫乃应敌、对敌，不打人何以应敌？何以自卫？若仅为健体之操术，可笑矣。若以武技欺人，乃地痞无事生非之败类，被欺者乃自卫也。试问：自卫者可以应敌？有人说，以德应敌，岂不知此乃戏文说书而已，如此何不习德来得直接？

今习武授技，无不言习武可强身养生健体，此乃片面也。青壮年适度练习武术，能达健身之效。若苦苦练习，多为戕害生命矣！若冬练三九，夏练三伏，则违反人之生理，故未到老时拿命换也！

养生健体乃体质康健，纵观横览吾国及至世界，以习武长寿者寥寥，而未习武长寿者则常有之！而长寿之乡者，非武术之乡也。事事非绝对，也非片面。今之武术，对特殊人群起到阶段性身体康复或局部强壮的作用，而非绝对健体长寿之法也。回头看，因习武术不明理，盲目求成，追名逐利，而损伤体魄，早早殒世者，常有之。

吾泛泛之谈，纵观今之武术，多丢弃实战之本源，为利己之人所用，使其增强了观赏性。

吾国武技之丧失，今人多归之于冷热兵器交替，试问：当代人拿热兵器对战之时，无须近身徒手对敌格斗乎？反之，邻国日本，仍存吾国古代之角抵（日本叫"相扑"）、唐代之剑技（日本叫"剑道"）。

吾国武技之术形成于上古（上古时代一般指夏以前的时代），虽无门无派，但都利于实战。门派多始于宋代末期，明清时期出现众多门派、拳种，且各派多以套路、招式立拳，隋唐前武技今却难觅。唯见蚩尤之九黎族武技之"角抵"，春秋战国之"手搏"和享誉海外的唐代武技"唐手"数词，却不见其演练之法。

吾非舞文弄墨的文豪，亦非南山、北山授徒之师，本应听前辈善言，远离国武、术之道，却愿自取烦恼，撰写本书，唯恐师传之术、先人之心血，遭无学无识之人践踏，唯利、唯名之人利用而埋没。故牵强以糙笔拙文，将所学、所知以文墨尽量叙之。为弘扬民族武学之正道，为悼祭武学先辈，为答谢陈世伯爷爷（中医世家）蝉眠蝶舞的启蒙，为表达对王芗斋老前辈及于永年先生的敬慕，为老顽童李见宇先生的倾授，为向老人家（河北武家隐士）的真诚与信任，为杜吉星先生的友情！

文中错漏在所难免，欠妥之言，敬请读者、同道海涵！

石墨
二○二一年春于京西

目 录

中国拳道纪念园碑文 …………………………………… 1

上篇　中国武技的起源发展述论 …………………… 7

武技 ……………………………………………………… 8
武技的形成 ……………………………………………… 8
武技的社会分类 ………………………………………… 9
武技进入科考 …………………………………………… 9
民国国术 ………………………………………………… 10
功夫 ……………………………………………………… 11
武术 ……………………………………………………… 11
民国国术在奥运 ………………………………………… 12
现代武术在奥运 ………………………………………… 13
韩国跆拳道在奥运 ……………………………………… 14
日本空手道在奥运 ……………………………………… 14
现代武术奥运说 ………………………………………… 15
近代武术之现状 ………………………………………… 16
濒临消亡的中国式摔跤 ………………………………… 18
中国式散打与传统武术 ………………………………… 19
论当代武术打假 ………………………………………… 19
实战格斗与竞技格斗 …………………………………… 20
传统武术实战格斗与竞技格斗现状简述 ……………… 21

民间传统武术比赛规则 ·· 22
拳 ·· 23
拳术中的发力 ·· 23
拳种 ·· 24
拳谱 ·· 25
招式与套路 ··· 25
庄稼把式 ·· 27
姓氏拳种与姓氏拳派 ······································· 28
论太极拳 ·· 32
武当太极拳与八极拳的由来 ····························· 34
空劲与凌空劲 ·· 34
中国实战拳种 ·· 35

中篇　拳道拾真 ··· 37

拳道简述 ·· 37
拳道之核心 ··· 37
拳道起源——蝉眠蝶舞 ··································· 38
蝉眠蝶舞的修炼方法 ······································ 39
拳道：上古真技 ·· 39
万桩之祖——蝉眠与蝶舞之演变 ····················· 40
武舞、剑舞与健舞 ··· 41
拳道的一击毙敌与一本道 ······························· 43
拳道之拳法与器械 ··· 43
拳道丧失之残片 ·· 44
拳道初现 ·· 45
拳道之传承 ··· 46
形意拳不传之秘——崩拳和虎扑打法与钻裹践简述 ··· 47
八卦掌的单双川掌 ··· 49
老三刀 ··· 51
丹田气与丹田力简述 ······································ 53
运气简述 ·· 54

屋里屋外的玩意儿 ………………………………… 54
同行不说拳，外行不演（表演、练）拳 ………… 55
真传看玩意儿 …………………………………… 55
郭云深 …………………………………………… 58
当代拳圣——王芗斋 …………………………… 58
王芗斋原传拳法唯一真传弟子——李见宇 …… 63
王芗斋拳法与大成拳、意拳 …………………… 70
王芗斋是智者而不是神 ………………………… 75
论习拳 …………………………………………… 77
整劲儿发力辨真 ………………………………… 77
   1. 道放——蓄（缩）力发力 ……………… 81
   2. 寒战发力 …………………………………… 82
   3. 拉拽发力 …………………………………… 82
   4. 鼓荡发力 …………………………………… 84
   5. 六面争力的整体发力 ……………………… 84
   6. 肌肉若一，体成一块的发力 ……………… 85
   7. 总结 ………………………………………… 86
站桩辨真 ………………………………………… 86
   1. 气血说 ……………………………………… 87
   2. 长功力说 …………………………………… 87
   3. 低矮姿势或下蹲势站桩说 ………………… 87
   4. 站桩的八虚说、穴位说 …………………… 88
   5. 总结 ………………………………………… 90
所学非所用与择师 ……………………………… 91
关于调桩 ………………………………………… 92
手耍身与身耍手 ………………………………… 95
执着己身 ………………………………………… 96
有形无意与有意无形 …………………………… 97
站桩治病与健身桩、康复桩 …………………… 98

下篇　拳道正轨 …………………………… 101

王芗斋拳法——神意拳 ………………………… 101

王芗斋原传拳法——意拳（五拳六艺） ……… 103
心意六合拳名藏练法——筋力与六梢 ……… 105
崩拳拳法藏筋力用法——筋力整体发力 ……… 109
心意拳拳名与形意拳拳名 ……… 112
关于习拳 ……… 113
神意拳的发力——人与地面的争力 ……… 114
筋力在技击中的作用浅说 ……… 114
筋力与局部力、全体力简说 ……… 115
筋力六梢解析 ……… 117
整体筋力发力与肌肉发力优劣简述 ……… 120
筋力六梢的训练——站桩 ……… 121
站桩姿势与六梢简释 ……… 123
筋力六梢训练之要点——六心 ……… 125
六心与身备五弓之说 ……… 129
人体在站桩时的六梢与蝉眠 ……… 130
拳劲儿浅说 ……… 130
意念与神经浅说 ……… 131
浑圆力与浑圆内争力浅说 ……… 133
浑圆力与浑元力、混元力 ……… 133
浑圆桩浅说 ……… 134
呼吸弹力浅说 ……… 135
惊炸力浅说 ……… 135
似笑非笑与似尿非尿简说 ……… 136
习拳旨要 ……… 136
关于习拳 ……… 137
王芗斋拳学中站桩的三大类别 ……… 137
站桩旨要 ……… 138
站桩注意事项 ……… 138
站桩中的九不站 ……… 139
浑圆桩与技击桩的站法 ……… 140
持枪桩的站法 ……… 145

三才桩的站法 …………………………………… 147
技击势撑托柱的站法 …………………………… 148
重力桩的站法 …………………………………… 149
搭树桩的站法 …………………………………… 151
试力概述 ………………………………………… 153
扒墙头儿——手与身试力 ……………………… 156
摇辘轳——手与身试力 ………………………… 157
钩锉——手与身试力 …………………………… 158
实物找力法 ……………………………………… 160
走步——脚与身试力 …………………………… 162
擦玻璃与抹灰走步试力 ………………………… 165
声与气试力的声击法、相击法 ………………… 167
技击发力 ………………………………………… 173
技击拳形 ………………………………………… 175
技击旨要 ………………………………………… 176
襟衣发力 ………………………………………… 180
应敌发力 ………………………………………… 181
技击预备势 ……………………………………… 182
钩锉试力的崩拳打法 …………………………… 183
钩锉试力的虎扑及锁喉手打法 ………………… 184
抹灰试力（外挂）打法 ………………………… 185
擦玻璃试力（内挂）打法 ……………………… 186
单裹双撑打法 …………………………………… 186
六艺不传之法——虎扑 ………………………… 187
关于王芗斋先生惯用拳法 ……………………… 189
论技击 …………………………………………… 191
连手找点训练 …………………………………… 192
以棍代枪以枪代拳的辅助训练 ………………… 195
  1. 棍的选用 …………………………………… 196
  2. 以棍代枪以枪代拳的打法 ……………… 197
  3. 枪法简述 …………………………………… 198

武舞 ……………………………………………………… 199
　　神意拳·王芗斋拳法要诀 ……………………………… 200
　　神意拳·王芗斋拳法歌诀 ……………………………… 201
　　　　1. 浑圆桩六梢歌诀 …………………………………… 201
　　　　2. 扒墙头试力三字诀 ………………………………… 201
　　　　3. 试声三字诀 ………………………………………… 202
　　　　4. 浑圆力发力三字诀 ………………………………… 202
　　　　5. 武舞两字诀 ………………………………………… 202
　　　　6. 武舞意、力、气、神运用之歌诀 ………………… 202
　　拳学中的物质与精神简析 ……………………………… 202
　　站桩不当及过度意念运用引起的生理疾病 …………… 204
　　站桩禁忌长期出大汗 …………………………………… 204
　　技击与养生 ……………………………………………… 205
　　养生与摄生 ……………………………………………… 206
　　人体运动体系的分类 …………………………………… 206
　　　　1. 缺氧运动（无氧运动） …………………………… 207
　　　　2. 有氧运动 …………………………………………… 207
　　运动与大脑 ……………………………………………… 208
　　人体第一睡眠与摄生 …………………………………… 209
　　人体第二睡眠——墨氏睡眠 …………………………… 211
　　人体第二睡眠——摄生桩 ……………………………… 212
　　摄生桩简释 ……………………………………………… 214
　　摄生桩具体做法 ………………………………………… 215

后篇　去伪存真，为道矣 …………………………………… 217

　　王芗斋先生教拳授艺概况 ……………………………… 217
　　关于王芗斋拳稿的真伪 ………………………………… 223
　　　　1. 关于流传最广泛的王芗斋先生拳学12篇文稿简述 … 224
　　　　2.《意拳原道》……………………………………… 226
　　　　3. 对《意拳原道》的质疑 …………………………… 226
　　　　4.《断手述要》与《意拳拳势》…………………… 227

  5. 对《断手述要》与《意拳拳势》的质疑 …………… 227
  6. 综论 ………………………………………………… 231
  7. 结论 ………………………………………………… 233
 关于伪稿 …………………………………………………… 233
 关于流言 …………………………………………………… 235
  1. 关于心意六合拳名变形意拳名 …………………… 236
  2. 关于郭云深先生的半步崩拳 ……………………… 236
  3. 关于王芗斋先生的师从 …………………………… 237
  4. 关于王芗斋先生的真实诞辰 ……………………… 240
  5. 关于网络流传李见宇先生推手录像真相 ………… 241
  6. 关于某某代师传艺李见宇先生流言 ……………… 242
  7. 关于王芗斋先生留有传世拳谱一事 ……………… 242
  8. 一时输赢论英雄 …………………………………… 244
图集 ……………………………………………………………… 253
特别声明 ……………………………………………………… 264

中国拳道纪念园①碑文

  拳道，武道也。源于上古，乃祭天之术演化。古称蝉眠蝶舞，后易名站桩武舞，通称功法。拳道以养摄生命，保卫生命为本，命之卫生也。载于《三坟》，析于《内经》，鬼谷《本经阴符七术》述之于心法。蝉眠，乃林中蝉之睡眠。本心得静，自体之能渐发，其皮肉松和，乃得五脏之正安，六腑之通合。筋腾骨涨，乃达筋长、骨坚、髓充盈之效。身闭九窍，思空灵，乃得神经之温养。故松腾空灵者，可得惊蝉之惊弹力也。惊弹乃相击、声击、晖力击三法，谓之功夫，具一击必杀之能，手搏之圣也。古之蝶舞乃精神外在之表现，功夫之外放，思、身、力与宇宙大气交相辉映之舞。身形如波涛之鲸戏巨浪，身起惊弹似蛟龙，发声似隔山炸雷，惊弹之力似闪电。蝶舞盛行于楚，名曰：楚舞。复兴于唐，名曰：武舞。蝉眠至春秋，分之为医家、道家、武家。各家多以桩、功称谓。手搏于唐之鼎盛传至海外，誉为唐手，唐末隐匿难寻。

  明初蝉眠以桩为名复出，随为各家推崇，其多偏离其道矣。纵览，得其一法者，乃清末深县郭云深。其功深不可测，仅半步崩拳之惊弹力，横走天下，故得'半步崩拳走天下"之美誉。惊弹力乃用拳之暗劲，少见笔墨之解叙，唯郭云深解文曰：如迈沟壑也。其碑文所云：能得其一鳞一爪者，皆能跃。

  后得衣钵者，乃民国深县王芗斋，名政和，又名尼宝，字宇僧。携拳

---

  ① 中国拳道纪念园 是于永年先生入室弟子们，在于永年先生家人的大力协助和支持下，于2014年在北京门头沟区万佛华侨陵园，为纪念中国拳道（形意拳、心意拳）先辈们所建立的纪念园地。倡仪人：欧洲大成拳开拓人、英国林氏太汲创始人林帝全，主要出资人：林锦全、林天恩、林天雨、林天行。园地命名人及碑文撰稿人：石墨。

访南北，得黄慕樵之唐代武舞（又名：健舞）。王氏武舞，身凌空，惊弹力振身四向而出，其相声力三击和发，得名惊之炸力也。王芗斋早年上海授技，因其拳道以去形留意为首要，得名为意拳。后于京显技，其拳劲力道精湛，控敌随心如戏小儿，得众之推崇，赞其拳学造诣之深，乃集国术各家之大成，故得名大成拳。明清至今，得桩舞之法于一身者，唯王芗斋无二也。其曰：惊炸力正是他人所无，而我所独有者也。齐白石曾赋诗，以"九州之北斗"对其赞誉。乾坤浩瀚，唯国之拳道，不用力而以意求力也。格斗击敌，乃违常人手臂屈伸之抡摆，脚腿伸缩之蹬踹，以身为拳也。国之辽辽，唯拳道无招无形，卫命为拳也。

甲午年菊月　石墨于京门

图 1　中国拳道纪念园

图 2　笔者在中国拳道纪念园前留影

图 3　于永年先生弟子中国拳道纪念园主要出资人英国林锦全先生与笔者在碑前合影留念

图 4　于永年先生真传弟子杜吉星先生为铜像清理灰尘

图 5　前来中国拳道纪念园祭拜的外国友人

上篇
中国武技的起源发展述论

在我们接触武术时，大多认为习武能强身健体、延年益寿，这句话已经成为当今社会中习武者们的口头禅。

我们在各个公园晨练的人群中也常能见到习练武术的人们，当今武术几乎成了华人在世界上的名片。

近年来，武术在繁荣的同时也受到越来越多人的质疑。都说中华武术传承千百年，有着悠久的历史，在中国乃至世界范围有数千万，甚至几亿人都在习武或从事有关武术的宣传，可至今中华武术却走不进奥运会。受我国唐手影响而建立起来的日本空手道为什么能够成为奥运会正式比赛项目？为什么韩国在20世纪50年代末创立的跆拳道能够在几十年中很快成为奥运会正式比赛项目？为什么韩国的跆拳道能够作为中国学生升学的特长项目（特长生）？而我们中小学生的体育课或学生们的课外活动项目都将中华武术排斥在外？

20世纪40年代起源于日本柔术的俄罗斯桑搏，不仅成为苏联的国术，成为他们国家的比赛项目，而且很快被军方用于军队实战中。创于20世纪50年代的以色列马伽术是以色列陆军及军事、执法部门人员的必修格斗术，也是美国FBI必修课，已经被广泛地运用在世界各地的军警部门。

当今中国的武技在实用方面所剩无几，所谓传承百年的武术，在各国的实战格斗或竞技格斗中，却无一席之地。而在中国近些年推出的散打技法中也采用了西洋拳击直、摆、勾的拳法和西洋侧踢、边腿等腿法及中西式摔法。

各门各派打着传统武术的旗号参加竞技格斗比赛，在竞技格斗比赛中却看不到代表各门派的招式或打法，而一律采用西洋拳法技法的直拳、摆拳、勾拳、边腿等技击招式，原本的这招破那招的招式全抛到了脑后。

在影视、文学作品中乃至在中国武术的各个门派中，我们常看到或听说，某位武术大师打败过某某国外高手，今天我们看到的却是，中国武术的实战技击和竞技格斗比赛在世界武技中毫无立足之地。

试想，中国武术如此下去会到何种地步？为何中国的武术会发展到今天的窘迫地步？这是值得每一个习武之人，乃至每一个中华子孙思考的问题！

武技

武技是指在技击中用身体或器械应敌技法的综合称呼，包括徒手格斗和器械格斗等，拳道是武技中最早形成的一个门类。

徒手格斗在春秋战国时期称为手搏。手是指拳，搏是指人与人或人与兽之间的搏斗。春秋时习拳者称为拳勇。《汉书·艺文志》的兵技巧十三家中，记有《手搏》六篇。器械格斗在唐代时期称为器搏，器是指器械。

由于唐代的繁荣，手搏传至海外，因此，唐代时期的手搏被称为唐手，民间又称为武、功夫、把式、玩意儿（同"玩艺儿"）等。因此，在民间练习、学习技击，一般称为习武、练武，人们对怀有武技的人称呼为"练家子""会武艺""有功夫"，北方民间门内人口头一般称为玩意儿、东西，对用于技击中的器械称为"器""械""兵器""兵刃""家伙"。

武技的形成

人类在婴幼儿时期就已经出现武技的萌芽了，这是人的本能。每当婴儿啼哭时都是反映出他的需要和不愿意、不舒服等生理状态，便是他对外界最初的告知和威胁，当人们顺从他的需要或满足他的要求时，婴儿不再啼哭。婴儿利用啼哭威胁的方式只是一种手段，这会伴随他整个婴幼年时期。当婴儿会使劲挠、抓、握拳时，说明神经已经能够通过大脑来支配肢体做出用力的动作去攻击对方，如打人、挠人、扔东西等暴力行为。这便是人体形成拳的初始阶段，即格斗的初始阶段。小狗只要睁眼能动、能站立、能发声，遇到威胁时都会汪汪地叫恐吓对方，甚至还会龇牙咬对方。当己方受到威胁时，无论大人小孩，或是动物，都会或多或少做出武力的反应，这是他们的本能，遗传基因所带，俗话说"胎里带的本性"。

随着人的成长和在长期生活实践中的不断积累，人们慢慢形成了根据自身需要建立起攻击敌方更有效的方式方法。

武技的社会分类

随着社会的发展与进步，为不断适应社会的需要，武技逐步被划分为三大类：一类是适应国家间或群体战争的需要（武装团体的需要）建立起来的武技体系，二类是适应民间搏斗的需要建立起来的武技体系；三类是适应人体卫生（指保卫生命，旧时期用词）的需要建立起来的武技体系。

武技进入科考

"武技"一词在唐代称为武或武艺，"武艺"为唐代官方叫法。武则天创立了以武技科考为主的武举科考制度，据杜佑《通典》卷十五《选举三》记载：长安二年（702年）教人习武，其后每岁如明经、进士之法……唐代是武举的初创时期，其制度不够完善。武举偏重于技勇，且侧重于马上的用枪技法。宋代武举被纳入整个科举体系中，确定了外场考武艺、内场考策论兵书的考试程序。武举的科考及教学制度虽然得到了初步完善，但因国家动荡，也几经兴废。随后形成的武学也只是武举的附庸，具体表现为以文制武、将从中御。宋代武将官员的补充和晋升也不以武举科考为主要参考，因此，这种异化现象非常严重。

武举自元代被废止，于明代朱元璋洪武元年（1367年）下令重设文武科举制度，"兹欲上稽古制，设文武二科以广求天下之贤。应文举者，察其言行以观其德；考之经术以观其业；试之书算、骑射以观其能；策之经史时务以观其政事。应武举者，先之以谋略，次之以武艺，俱求实效，不尚虚文。"

明代虽然早早颁布了武科取士的诏令，但一直没有实行，至正统六年

（1441年）才以官方名义设立了京卫武学，其教材也是以兵法谋略著称的《武学七书》（由《孙子兵法》《吴子兵法》《六韬》《司马法》《三略》《尉缭子》《李卫公问对》七部兵书汇编而成）。明代武举虽然恢复较早，但是对武艺却不太注重，基本延续宋代武举的马步箭及刀、枪、剑、戟、拳搏、击刺、地雷、火药等科考方式。直至明代成化十四年（1478年），太监王直建议根据文科的科考形式，设武科科举考试。初试为武艺，包括马步箭（马上射箭及步下射箭的简称）及刀、枪、剑、戟、拳搏、击刺等，二试包括地雷、火药、战车等，三试包括兵法、天文、地理等。

清代基本沿袭明代考试程序，对科考的重视程度远远超过明代，在初试的马步箭基础上又加上了弓刀石（用于测力，包括拉硬弓又叫"开弓"，"舞重刀"和"举重石"，简称"弓刀石"）。清代的科举在当时仅次于行伍出身的正途武馆。这时科举出身的人数不断增多，因此，民间习武者对武举科考趋之若鹜。

清代武举的科考制度一直延续到光绪二十一年（1895年），由大臣荣禄首先提出废止武举科考。他说：自火器盛行，弓矢失其利，与八比试帖之弊略同。光绪二十四年（1898年）举行了中国历史上最后一次武举会试。光绪二十七年（1901年）武举制度被正式宣布废除。

在我国历史上，武举真正的盛行时期是从明代中期至清代中晚期，特别是清代，武举进入了鼎盛时期。

民国国术

"国术"一词是民国时期对"武技"的官方叫法，源于武术一词。武术是民间对武技的又一称呼，最早出现于宋代，与武技、武艺两词并用。民国时期，张之江、李景林、褚民谊及劈挂、八极拳名家马英图等人主张将武术改用"国术"一词并统一叫法，创立了以之前中央国术馆（中央国术馆于1927年3月15日成立于南京韩家巷，同年迁至南京西华门头巷6号）。当时，国民政府公报第41期刊载了第174号公文批准该馆备案。张之江任中国国术馆馆长，李景林任副馆长。馆内开设科目有搏击、长拳、摔跤、形意拳、杨氏太极拳、吴式太极拳、陈式太极拳、八卦掌、劈挂拳、八极拳、燕青拳、太极鞭、查拳、棍术、擒拿、器械等。科考为预试，主要考套路演练。正式考试为双人对打（不分级别与体重），采用三战两胜制。科目分为拳脚、摔跤、刀剑、枪棍、搏击五门。并设立了等级制，第一名称为国士，第二名称为侠士，第三名称为武士。自此之后全国各地开设了以"国术"命名的馆、会、所、社，这些国术馆中的教员主要来源于社会各拳种或各大门派，优秀的学员大多推荐到军中服役。国术一词虽为民国时期官方叫法，但在民间，习武、练武、习拳、练拳、武艺、功夫、打把式等叫法仍被广泛应用。

功夫

"功夫"一词是近代台湾、香港等地民众及海外华人对武技的常用叫法。李小龙先生1961年在美国西雅图华盛顿读大学时期创办了以"功夫"命名的中国功夫队，1964年在当地开设了以"国术"命名的振藩国术馆，教授中国功夫。1971年至1973年间，李小龙先生将中国功夫搬上银幕，拍摄了四部半武打影片。李小龙先生仅凭着四部半影片影响世界，让西方人看到了中国功夫在技击中的实用性。1963年，李小龙先生自费出版了生前唯一一部关于功夫的著作《基本中国拳法》，1967年将所创拳法正式确立用"截拳道"命名。至此，功夫一词在世界家喻户晓。

武术

"武术"一词是1950年后大陆对武技的官方叫法。它是将民国时期的"国术"一词，改回原有的"武术"一词，初使用于1950年成立的中华体育总会筹委会，筹委会下设有用"武术"一词命名的武术组，自此"武术"一词成为官方用词。当时王芗斋先生受廖承志先生邀请担任武术组副组长，据王芗斋先生的徒弟李见宇先生说，"老先生（李见宇先生对王芗斋先生的口头尊称）认为'武术'一词不能完全表达出中华技击的意义，并指出'术'有招数套路的意思，属于表演套路范畴，缺失了武技技击真正的意义，这正是中华近代技击中的诟病。这个意见受到武术组正组长及上级部门的极大阻止（反对），无奈老先生只得保留意见"。自此，王芗斋先生很少出席相关会议，一切由徒弟于永年先生代替出席。据王芗斋先生的徒弟李见宇先生说事后问过王芗斋先生，老先生说"这年头，杂耍的人都能搞技击了，我还瞎凑什么热闹"。王芗斋先生在《拳道中枢》一文中用"积重难返"一词表达了自己最初的愿望与当时人们对技击认识的普遍状况的感受。

于1952年成立的中华全国体育总会（后改为中华体育总会），将"武术"一词沿用至今。

中华全国体育总会下设的中央体育学院，于1953年举办首届开学典礼，1956年更名为北京体育学院。1958年北京体育学院创立武术系，1993年，北京体育学院更名为北京体育大学，2002年武术系更名为武术学院。从事武术的教员基本来源于民国时期从事国术的教员和民间的各个拳种门派中的人士。

至上世纪70年代，由官方发起的全国性武术比赛在各地发展得红红火火，比赛基本分为拳、器械的套路表演，拳与拳、器械与器械、徒手与器械对练表演等。比赛评分主要依据动作的难度、连贯性及艺术性等决定，至于动作是否能够有效打击敌方及其合理性、力量等均无评判。一时间武术加空翻成为参赛者们夺冠追求的目标。

民国国术在奥运

中国武术最早接触到奥运会要追溯到1936年，民国时期的国术。当时为了把中国国术推向世界，时任中央国术馆馆长张之江先生提议，选拔组织一支武术表演队，参加1936年8月在德国首都柏林举行的第11届奥运会并进行武术表演，这一倡议得到第11届奥运会中国体育代表团团长王正廷先生的首肯。在第11届奥运会之前，由张之江先生等在上海申园选拔来自全国各地的武林高手。经过大比武，选拔出张文广、温敬铭、郑怀贤、寇运兴、金石生、张尔鼎6名男运动员和傅淑云、刘玉华、翟涟源3名女运动员，组成9人中国武术表演队。

中国体育代表团于1936年7月23日到达柏林，在8月1日奥运会开幕之前，中国国术表演队先后在汉堡、柏林、法兰克福、慕尼黑等城市进行巡回表演，所到之处，受到观众的热烈欢迎。张文广和温敬铭表演了空手夺枪，傅淑云和刘玉华表演了双人徒手对拳，以及双刀、查拳、绵拳等。中国队的正式表演是在一个可容纳2万人的露天剧场进行的，表演时间仅20分钟。中国国术表演队表演了单刀进枪、空手夺枪等经典项目，真刀真枪真功夫，这让第一次见到中国国术的外国人看得如醉如痴、目瞪口呆，惊艳于中国国术的神秘魅力。

中国国术在德国好评如潮，当时的柏林市长对中国国术表演队心有疑虑，就前去观看奥运会上的正式表演。表演结束后，柏林市长跷起大拇指说道："真是了不起，中国竟有如此般的民间体育。"市长专门为中国国术表演队举行了隆重的招待宴会。中国的国术表演也受到德国主流新闻媒体的称赞，《德意志报》等报刊写道："中国国术具有攻防价值、体育价值、艺术价值三大特色。"更有舆论称："中国国术具有艺术、舞蹈、奋斗三大特色，反映了中华民族悠久历史文化及尚武精神。"1936年，在张之江先生的倡议和带领下，中国国术冲出国门，走向世界。张文广、温敬铭、傅淑云、刘玉华等也成为河北师范大学校友中最早参加奥运会的在校学生。

此番中国国术在奥运会上的处女秀使张之江先生获得了该届奥运会以"五环"为标志的纪念章，并被誉为"中国国术开始走向国际体坛的第一人"。

现代武术在奥运

2001年北京申奥成功后，国际武术联合会向国际奥委会申请将武术列为2008年奥运会正式比赛项目，但由于多方面原因，最终只被列为表演项目。中国武术的套路竞技比赛被国际奥委会称为中国式体操，而没有纳入奥运会赛事。

随后申请进入2012年、2016年和这次2020年奥运会的努力也均未获成功。尽管中国武术早在1936年在柏林奥运会时就已经成了表演项目，但直到2002年，中国武术才获得了承认，因为国际武术联合会获得了国际奥委会的合法地位。但在2008年由北京主办的奥运会中，武术未能成为正式比赛项目，只作为奥运会主办方特设的比赛项目。武术比赛项目分武术套路，设金牌10枚，武术散手，设金牌5枚，两大类共15枚金牌。它不与奥运会28个正式比赛项目一样，奖牌不计入各国奥运会代表团奖牌榜。

韩国跆拳道在奥运

跆拳道始于韩国，在 1955 年以前，韩国是没有"跆拳道"一词的，韩国的武术也以日本的空手道、中国的唐手和民间少数的跆跟等为主。日治时期，大量韩国青年学生赴日留学，在日本接受了系统的松涛馆空手道训练，回国后他们开始创立道馆教授学生。日本战败后，韩国获得民族独立，大批空手道、唐手道道馆兴起，韩国早期空手道传播者们将民族传统武术跆跟与空手道相结合，称为唐手道。"跆拳道"一词是 1955 年由韩国的崔泓熙将军命名。崔泓熙将军早年在日本留学时，学习了日本松涛馆流空手道，并将其与韩国传统武技跆跟、手搏等技术融入跆拳道中去，现今的跆拳道是起源于韩国，结合当代东亚武技之长的武术运动之一。

跆拳道在 1986 年第十届亚运会上被列入比赛项目，1988 年被列入奥运会表演项目，2000 年被列入奥运会正式比赛项目。1995 年，跆拳道正式进入中国。在 2000 年悉尼奥运会上，女将陈中为中国赢得了首枚跆拳道奥运会金牌。

日本空手道在奥运

空手道是日本传统格斗术结合琉球武技唐手（为唐代武技）而形成的。空手道当中包含踢、打、摔、拿、投、锁、绞、逆技、点穴等多种技术。

在 1994 年日本广岛第十二届亚运会上，空手道首次成为正式比赛项目，空手道比赛场地一般为 8 米×8 米；至于比赛项目有套路赛（型）和格斗赛（组手）两种，而在组手比赛中以一方有效进攻导致对手瞬时丧失战斗能力或重心明显移动为得分标准。

2016 年 8 月 8 日，五项运动项目正式获批成为 2020 东京奥运会比赛项目，它们是垒球、空手道、滑板、冲浪和攀岩。

现代武术奥运说

有人说，韩国和日本的传统武技项目能够进入奥运会，反而中国以套路建立起来的武术多次努力申奥均失败。究竟为什么武术套路无法入奥？什么才是真正的武术？套路的意义在哪里？为什么跆拳道和空手道能够入奥？这些问题值得深思！

现代武术讲究优美大方，以表演愉悦为主。比如踢腿：脚尖绷直，踢得高，手臂伸直，舒展大方，这符合体操和跳舞的要领。

有人认为，武术要成为奥运会正式比赛项目，需要先解决"量化"和"国际化"两个问题才能成功。然后武术没有进奥运会还有其他几个自身原因：一是传统武术的搏击本质是杀伤和杀死对手，与奥运精神是相悖的；二是传统武术的门派非常之多，无法认定哪个门派可以代表传统武术，即便可以，海选起来也非常复杂；三是官方真正精通传统武术的人不多，而民间的武师不愿意或没机会登上这个舞台。

实际上中国武术现在最大的问题是如何量化，就是说，如何让武术在评判打分上有可操作性。武术要成为一个竞技项目，首先要解决评判的问题。按照跆拳道等类似项目的经验，如果要量化武术使之成为"竞技武术"的话，就会产生"取舍"的问题。跆拳道尽管进入了奥运会，但代价非常大。跆拳道文化相当博大，为了量化，它的内涵被大大削减，最终只剩下了几个便于打分的动作，武术同样面临这样的问题。

国际化也是一个重要的问题。在中国农村尤其是中西部地区，武术更受欢迎一些，而在上海这样的大城市，似乎练跆拳道的人比练武术的更多一些。为什么武术会被所谓的"都市人"所抛弃？何振梁先生认为，这不是"都市人"的错，而是武术没有与时俱进，国家在这方面也没有做好武术国际化的工作。多年来，中国武术界曾频频派出武术运动员出国表演，并举办过许多次国际武术邀请赛，为宣传和推广武术运动可谓不遗余力。但是这样做，也许反而给武术运动进入奥运会制造了障碍。一支中国武术代表团曾在日本访问，因为接待单位需要筹集资金，几次巡回演出都搞成了纯商业性的表演，影响了中国武术的形象，不少当地报纸称武术为"杂技艺术"，这些舆论对武术进入奥运产生了不利的影响。

韩国在短短的几十年中，就将一个新拳种——跆拳道发展到世界并将其推进奥运会成为正式比赛项目，而我们还在找各种理由，那些从事武术宣传的官方人士们就不脸红吗？

在2008年北京奥运会上，武术只是作为特设表演项目，并没有成为正式比赛项目，目前奥组委并不承认中国武术适合成为奥运会比赛项目！

近代武术之现状

从武技的形成、唐代的武艺，到民国的国术、功夫，再到近代的武术，表面上看似叫法不同，实际上武术在发展过程中早已脱离了技击，成为名副其实的舞蹈操。

1952年后，我国武术渐渐走入院校，社会上逐渐分为学院派和民间派。由于当时学院对武术教员的选拔标准及后来的国家政策，学院派的武术是以观赏性为主的套路模式，抛弃了武术的技击性，这也正是国家一直没有传统武术实战技击竞技比赛的原因。在此期间，一些相关从业人员编写了大量的套路。在当时，相关部门制定了以武术套路为主进行竞技的比赛指导方针，从而催生了武术套路的竞技比赛。武术的竞技比赛讲究优美大方，以表演娱乐为主，比如踢腿：脚尖绷直，踢得越高越好，手臂伸直，舒展大方。这基本符合体操和跳舞的要领，影响了传统武术的发展方向。鄙弃技击，强调健身及艺术观赏性，在制定规范竞技套路时，很多动作甚至是在聘请的体操教练、舞蹈教练指导下完成的，这一举措也直接影响了70年代中后期民间武术家著书创拳的方向。难怪有些民间的传统武术家说，拳越编越长，越编越烂。

在民间，虽然保留着一些实战技法，但由于长期得不到当时主流社会的关注，几乎到了后继无人的状况，处于面临消失的地步，留下的只是在各个门派中的传说而已！

关于武术的套路，李连杰先生在接受杨澜女士的一次采访时被问道："你觉得武术的套路是不是花架子？"连夺五届全国武术比赛冠军的李连杰先生说："当然了。"杨澜女士继续问道："就是花架子？"李连杰先生又说："我们1949年以后定的方针是说武术是一种运动，是增强人民体质的一种运动。什么是真的功夫？真的功夫就是杀人最快的方法。"

李连杰先生前面用"武术"一词，当谈到真的武技时无意间将用词改为"功夫"。不难看出，武术和功夫的区别，作为五届全国武术比赛的冠军，李连杰先生是最有发言权的。

李连杰先生在这次采访中说："因为我们不再需要真的功夫了，学十年成了打谁去呢？"这与网上流传的真功夫是冷兵器时代的产物，因热兵器时代到来而消失了的论调相同。

综合看，对于技击而言，套路就是糟粕，它用套路的表演形式掩盖了实战技击。这种现象甚至影响到了海外人们对中华技击的看法，影响了其对中国武技的认识。笔者曾与多位国外人士谈到过武术，当他们听到武术时连连摇头，用手在空中画着圈圈，说那个是杂技，不能打人的。当问到中国的功夫时，大家全都竖起大拇指，连连说"OK、OK（好）"。

武术的主要目的是用于技击或实战，其次是技击的展现，并非脱离技击的表演，否则套路就成了一种舞蹈的操、武操、武蹈。它类似于艺术体操、芭蕾舞、民族舞、现代舞，表面上看动作虽有不同，但它们都是利用肢体来完成预先编排好的动作去表达一种思想。因此，现代武术应该归属体操类别，不应该属于功夫、拳、武技、技击类别。

现代国内武术的现状，从某社团制定的武术等级晋级制度就不难看出，武术的等级侧重套路的表演和武术的礼节。每年全国都有由官方主办的相关武术表演的赛事，可武术技击实战的赛事却无踪影。反倒是有关西洋拳法竞技的赛事如雨后春笋，比比皆是。鲁迅先生曾说"中国人发明了火药，外国用来做枪炮御敌，中国却用来做鞭炮祭鬼神；中国人发明了指南针，外国用来航海，中国却用来看风水，祭鬼神与看风水，都与坟墓有关；外国人用鸦片治病，中国人却用鸦片当饭吃，把鸦片当饭吃，唯一的结果，是早早地进入坟墓"。

看今天的武术也是如此，原本用于实战的中国武技被后人演变为一种表演形式的操。唐代手搏使中国的武技名扬海外，李小龙先生的功夫扩大了中国武技在世界中的影响，而近代的武术让世界知道了操的另一种表演形式。因此，手搏、唐手、功夫、武术，看似是对中国技击的不同叫法，却反映了武技的本质。

某武术社团近些年制订并实施了一种全面评价习武者武术水平等级的制度，制度中除武术理论知识外，对武术的技术考核分为套路拳术表演、套路器械表演或散手（又叫散打）实战考核。武术是我国传统文化的瑰宝，而在这种武术等级制度中只对武术的套路进行等级划分，却把传统武术的技击（现代叫法：搏击）排除在外，反而加上了现代新兴的散手。我们知道，传统武术的技击是武术的核心，套路只是辅助的一种表现形式，若没有技击，武术就是一种健身操。因此这样的武术等级制度对传统武术没有起到推动作用，反而埋没了传统文化中武术的技击。对于等级的划分却是采用日本的段位等级制，分别采用初段位、中段位和高段位，每个段位分三个级别。原本传承了几千年的中国武技文化，为什么不用我国传统的品位等级制或数字（1、2、3）等级制，却采用了日本的段位等级制？是否有崇洋媚外之嫌疑？有人说采用段位制是为了发展，和国际接轨。难道扔掉自己祖宗的品位记级制度或数字记级制度，采用某个国家的段位制就和国际接轨了？韩国的跆拳道没有采用日本的段位记级制，而是采用色带分类等级制，不也是遍布全球？反而比段位制发展还要广大，率先进入了奥运会？

前人留给了我们宝贵的文化遗产，每一代人都要有责任将它继承并发展下去，一个民族乃至一个国家的文化要靠一代一代地继承，只有继承才能够发展，若没有继承大谈弘扬发展岂不自欺欺人？这样的中国武术哪谈得上博大和精深？难怪有人说，自己还不知道武术是咋回事（是技击还是表演），您就急着要上奥运会，岂不适得其反？所以，中国的武术对有些人来说是盈利的工具，而对国人来说，武术以实战竞技的形式进入奥运会只是个梦！因为现代武术中的实战基本不复存在，剩下的只是表演性质的操。

濒临消亡的中国式摔跤

中国式摔跤有着悠久的历史，它是集实战性、竞技性及娱乐性为一体的运动项目。1949年中华人民共和国成立后，中国式摔跤被列入国家体育运动竞赛项目，并举行了全国比赛。中华人民共和国体育运动委员会在1956年颁布了《中国式摔跤运动员等级制》，1957年借鉴国际摔跤规则颁布了《中国式摔跤规则》。在1959年第一届全国运动会上，中国式摔跤被列为正式比赛项目。也许是不能与国际接轨成为国际比赛项目，1994年第七届全运会取消了该项目。目前民间摔跤保留较好的是天津的摔跤和北京的摔跤,如此下去可想而知,仅靠民间的热忱,中国式摔跤还能走多远?

中国式散打与传统武术

中国式散打是现代新兴的产物,它是采用了西洋拳法中的拳法和腿法,加上中式摔跤形成的一种新型的搏击形式,因此,这种新兴搏击形式不属于中国传统武术范畴。

实战格斗是外来叫法,在传统武技中叫作"技击""断手"。现代的中国武术已失去了实用技击的本质,这从对敌应式中可以看出,他国的技击或竞技比赛,采用双手保护头脸的应敌预备式,我国现代的武术则是亮相摆出好看的架势。一个看着不怎么威武,但很实用,一个好看,却不实用,相比之下,现代武术缺乏实战性。

在国内举办的一些传统武术竞技比赛赛事中,大家常看到传统武术中代表某某拳派之间的对战,双方均采西洋拳法中双手护头的应敌姿势(备战的姿势),打法也用直、摆、勾拳法和腿法。在这种竞技比赛中丝毫看不到传统武术的影子,其打法应该属于现代散打或搏击,所以这种比赛即便是传统武术人参加的比赛,也与传统武术的技击没有关系。因此在传统武术竞技比赛中,应采用本门派的应敌姿势和招式,才属于传统武术的竞技比赛。

论当代武术打假

武术打假是指揭露以实战技击为幌子却毫无实战技击能力招摇撞骗的行为。王芗斋先生于20世纪40年代曾多次登报,设公开擂台向社会各门类实战技击术挑战,其中包括中国国术及西洋拳术,并公开对武术打假。自2015年起,有一位来自北京的徐晓东先生再一次对传统武术的技击能力发出质疑,并向传统武术发出挑战公开打假。

此后各大网络几乎搜索不到徐晓东先生的任何相关信息,几个月后,当徐晓东先生再次出现在公众视野时已经是头戴面具,名为徐冬瓜、冬哥或D哥。两年后,徐晓东先生在比赛完的一段视频中流着泪说:"我所有都被封，我一切都被封，这个视频可能发不出去，但我一定要说，我是一个北京人，是北京爷们儿，为了这场比赛，我不能说自己的名字，我不能大摇大摆地告诉大家，我是徐晓东，打胜了这场比赛，我不能说我的名字，你们知道吗？我叫徐晓东，不叫格斗狂人，我不叫徐冬瓜，我不叫这些东西，我就叫徐晓东，我不能说我的名字，我得化装，你们觉得徐晓东化妆是为了炒作吗？因为没有化妆，我就打不了，我就上不了网，你们就看不见我，所以我只能化妆……我告诉大家，我赛事没有名字，我要不要我自己的脸，不要我自己的脸我才能上去打，我打的是假……我40岁，我活到现在了，我很爽，我值了，我突然有一天我死了，我也认了，我完成了我的梦想。2019所有都封我，没关系，压力都来吧，压不死我……我是北京人，给北京爷们儿争口气，打假。"但事后没有一家媒体关注，没有一个人站出来说话，更没有相关部门过问。

这就是我们大多数人口口声声叫嚷着的传统武术文化吗？这就是我们的武德吗？至今在国内所有赛事或宣传中找不到传统武术能用于实战的影子，我们看到中国武术的实战格斗，仅限于影视作品或文学作品中。现实中，当今中国武术的技击实战大多已经荡然无存，究其原因是我们自己扼杀了我们老祖宗传承的文化，作为武术工作者或武术爱好者的我们应当问心有愧！

实战格斗与竞技格斗

实战格斗是指无任何规则，无任何限制的格斗。竞技格斗是指遵守某种规则，属于有限制的格斗。实战格斗与竞技格斗两者的目的不一样，一个是用于街头的民间搏斗或战争中战场上的搏斗，一个是用于竞技比赛。因此，实战格斗是任何竞技格斗无法比拟的。在社会上，有些爱好者认为，拳击或MMA（综合格斗）具有较好的实战性，甚至超越了任何格斗术。那么，为什么拳击或MMA没有用于军队中？实际上，实战格斗与竞技格斗无可比性。比如一个特种兵在竞技比赛中与拳击手或MMA选手进行比赛，基本输多胜少，甚至无胜算的可能，若拳击手或MMA选手到社会上或战场上与特种兵相比，就要逊色多了。否则军队都要去学拳击或MMA了。因此实战格斗和竞技格斗两者，是因为目的不同、作用不同而建立起来的不同的格斗体系。

论各国武技中,既能适应实战格斗又能适应竞技格斗的,日本的空手道及泰国的泰拳要远胜于其他武技。

当今我国武术,无论是实战格斗还是竞技格斗均无法与他国格斗术相比,实战技击大多早已消亡。看看我们周围的年轻人或孩子们还有没有学习传统武术的?现在的传统武术除了表演的套路之外还剩下了什么?

传统武术实战格斗与竞技格斗现状简述

我国武术大约分为两类,一是自1953年北京体育学院成立后形成的以学院为主的学院派,二是以民间武术爱好者形成的民间派。

自学院武术系成立以来,从未设立过传统武术的任何实战格斗科目,其课程主要是以各种拳术、器械武术套路为主,其中包括双人或多人对打等。中国武术的竞技比赛,至目前为止,也只是拳术和器械的套路表演比赛及双人对打或多人对打的表演性的比赛。因此中国传统武术的实战格斗或竞技格斗在学院中就从未正式独立设立过。

民间的武术群体主要是由旧时期各村各寨的会头及护村队、大户人家的看家护院及镖师等人组成的,城市各地区也有不少习武练拳的爱好者们。这其中有些人虽然具有较丰富的实战经验,相对而言我国整体的实战格斗水平远远落后于其他国家。

20世纪80年代初,全国各地由民间自发举办了多样的武术竞技格斗比赛,至今网上仍流传着1983年四川省举办的无护具竞技格斗比赛的视频。视频中可以看到,比赛双方不戴任何护具,不受任何限制,充分体现了中国传统武术实战格斗的特点。但这种竞技格斗的形式却被后来的散打替代了。据了解,由于当时大部分比赛的规则是采用西洋拳比赛中的规则,按击中对方点数及倒地次数记分,这种记分方式无法使传统武术中的打法得到应有的发挥。如传统武术中的地躺拳及倒地击打对方,若按照倒地失分的标准就无从发挥。又如传统武术以攻击对方要害为主要打击手段,若一方击中对方前胸,对方则在倒地的同时击中对方要害部位的裆部,按传统武术则是倒地击中对方裆部者为赢方,可在拳击规则中这属于无效打击。若在其他搏击中,对方戴有裆部的护具,所以这样的打击基本毫无意义，但在传统武术中类似这样打击到要害或有效指向要害部位打击动作的都为赢方。所以西方竞技格斗的记分方式不适合用于中国传统武术的竞技格斗比赛中。另有一些人认为，中国武术门派众多，打法不一，很难制定比赛规则。于是一些人为了和国际比赛接轨，将西洋拳击与中国式摔跤相结合，这就形成了现代的中国式散打。这样一来，传统武术的竞技格斗被现代中国式散打所取代。可以说，中国式散打的出现，从一定程度上扼杀了传统武术竞技格斗与实战格斗的发展。

随着老一代武术爱好者们的逝去，中国传统武术的实战格斗形成了断代，剩下的只是武术套路的表演和民间的武术养生。

对于传统武术竞技格斗，应该按照传统武术的打法特点去制定规则，而不是先订立规则，再让传承几千年的传统武术去适应规则。

实际上，关于传统武术竞技格斗的比赛规则，早在民间就有约定俗成的模式，否则传统武术民间的切磋岂不是没有输赢？

民间传统武术比赛规则

民间传统武术竞技格斗是民间一种武技交流方式，俗称"切磋"或"比武"，一般采用无差别形式，无护具，无限制击打部位，无重量等级限制，无年龄差别限制，无性别限制。竞技比赛的规则大约有以下两种模式：

1. 有场地范围限制的比赛

一是高出地面的高台式比赛场地，称为擂台。比赛规则是掉下擂台（包括被打下擂台或无意间掉下擂台）者为输，对方为赢，或一方主动认输对方为赢。我国于1929年在杭州举行的"国术游艺大会"，民间称为"擂台赛"，采用的就是搭建高台的擂台形式。二是就地画圈式的比赛场地，称为场子。场子直径大约5米或6米，比赛规则是出圈（包括被打出圈或无意间出圈）者为输或一方主动认输。

2. 无场地范围限制的比赛

双方无场地范围的限制，被打倒地者为输，或一方主动弃战、避战为输。

这种以比赛中被打倒地为输的比赛，比较适合传统武术的实战格斗，但如果一方用地躺拳主动倒地攻击对方则不为输，因为不是被对方打倒在地。

比赛对倒地的认定有几种形式，一是双手扶地为输或单手扶地为输，二是双膝盖着地为输或单膝盖着地为输。

中国传统武术竞技格斗比赛中，无论是有限制场地范围的比赛，还是无限制场地范围的比赛，当一方被打倒在地时，另一方不能追打，需等待倒地一方起来后继续比赛，直至一方主动认输或站不起来。比赛中虽然没有限制任何禁止击打部位，但有些也有约定俗成的规矩，如一方在另一方身侧或身后用拳锋直指对方后脑时，不做打击动作，认定被指后脑一方自动认输。当一方被有效打击到裆部或双眼要害部位时，做出弯腰双手捂腹部或双手捂双眼的动作不能还击时，另一方则等待对方是否认输，若不认输可继续打击对方。

拳

拳是在技击中最重要的打击敌方的手段，若不以打击或击毙敌方为目的，而利用人体反关节制止敌方的反抗称为"擒获""擒拿"。

拳按《说文》：手也，张之为掌，卷曲为拳。又通"踡"（quán），屈曲，卷曲。《诗·小雅·巧言》中有"无拳无勇"，释拳为"力"的一种表现形式。拳亦可以释为动量，用于拿拳头打人的动作。拳为紧握，有诚恳、不舍之意。

拳在武技中是指在实战徒手格斗中打击敌方所用到的身体各部位的统称，如：握拳、掌、爪、指、头、肘、肩、背、胯、膝、脚、腿、臀，包括利用声音声频对敌的打击、脸相对敌的恐吓等应敌手段都可称为"拳"。

拳术中的发力

发力，是指人体的用力，在拳术中是指由人体发出以打击对方为目的的力。发力的形式有由肢体的屈伸或腰脊的拧摆动作发出的力，这种发力中带有明显的肢体屈伸动作或腰脊拧摆动作，因此这种发力在拳术中称为"明劲儿发力"，简称"明劲儿"（见下篇《筋力与局部力、全体力简说》

一节）。另一种是由人体整体力量筋争力发出的力，这种发力没有明显的肢体屈伸动作或腰脊拧摆动作，而是类似人体一哆嗦或一鼓蠕的动作，因此这种发力在拳术中称为"暗劲儿发力"，简称"暗劲儿"（见下篇《心意六合拳名藏练法——筋力与六梢》一节）。

明劲发力属于外家拳所用的发力，而暗劲儿发力是内家拳所用的发力，由于暗劲儿发力需要经过特殊训练才能掌握，因此拳家们所说的发力通常指暗劲儿发力，即整体发力（见中篇《整劲儿发力辨真》一节）。

拳种

拳种原本是因不同的地区、不同的人文习俗及所处的不同的时代，而形成不同风格的武技形式，且具有较完整系统的训练体系，所以，各拳种的技击形式有明显区别。

唐代以前我国基本没有形成太多的拳种或门派，且大多是以技击为主，锻炼身体为辅的形式。

门派和拳种是随着武举制度的繁荣而兴起的，这时期民间涌现出以教授武艺为职业的拳师们。我国拳种的大量创立，基本出现在明代中期至清代中晚期，拳师们为了立拳和扩大本拳影响力，多假借或依托家喻户晓的古人或名人立拳、立派，如武松、林冲、燕青等。北京电影学院文学系丁牧教授在央视《百家讲坛》栏目《宋徽宗之谜（7）水浒真假之谜》中讲："在水浒传中除宋江之外，那一百单八将大部分或几乎是艺术形象，林冲、武松、卢俊义等等在历史上不是真实人物，都是艺术形象。燕青这个人物也是一个艺术形象，在历史上根本没有这个人。据学者考证历史上虽然没有这个人，但是他的原型是有的，他是活跃在太行山一带的抗金首领叫梁青，又叫'梁小哥'。古时太行山为燕地、燕国，作者把这个燕虚构到了燕青身上，因此，就有了燕青这个人物。"所以，武松脱铐拳、林冲枪、燕青拳有待探讨。

在社会中更有张冠李戴、以讹传讹的故事，甚至误导了一代又一代的人。如：当我们一提及关羽，都知道关羽所用兵器为青龙偃月刀（长柄大刀），实不知这就是人为臆造。据史料记载，关羽美髯公，刚愎自用……策马刺良（颜良）于万众之中。可见当时关羽应该用枪或矛、戈一类能刺的兵器。我国三国时期马镫没有出现，骑在马上的稳定只靠两腿夹着马肚子和手拽着马缰绳。因此，在打仗时双手不能同时离开马缰绳，而是一只手将大枪抱在怀中或夹在腋下，作战时依靠马的冲力将枪顺势刺入或砸向敌方身体，所以，当时的兵器多为枪、矛、戟等直刺之物。据考证三国时期并未出现长柄大刀，长柄大刀最早出现于隋唐时期，作为仪仗使用的礼仪兵器，在马上无使用价值，所以，民间传说的关羽大刀也非关羽所用。

拳谱

在武艺的传承中，为了方便后人学习，武艺多以图文或顺口溜的形式记载或传承。最初的形式出现在春秋时期，这种以图文或顺口溜形式传承的被人们称为"拳谱"。在拳谱中，以图文形式记载传承的称为"明谱"，明谱在本门内可以在重要弟子间传阅，行内说"明谱是圈（围起来不能出去）人的"；以口传心授的方式传承的称为"暗谱"，暗谱没有明确文字记载，只有少许一两句隐藏在明谱中作为隐语（见中篇《屋里屋外的玩意儿》一节）。至今在民间武术中仍传有"假传一本书，真传一句话"的顺口溜。文字加图画形式的明谱多出于明清时期，清代中晚期更为流行。

招式与套路

近百年来 套路似乎成了武术的重要组成部分，离开了套路似乎就没有武术的存在。

王芗斋先生在《拳道中枢》中曾指出："拳套与方法，所谓人造之拳架子是也。自满清三百年来，为一般门外汉当差表演而用，即拳混子谋生之工具。果欲研拳者，则又何暇而习此？非但毫无用处，且于神经、肢体、脑力诸多妨碍，戕害具体一切良能。"

我国有关招式套路的文字记载，最早出现于明代末期程宗猷先生编著的《耕余剩技》及明末清初吴殳先生所作《手臂录》。《耕余剩技》主要叙述刀、枪、棍的使用，《手臂录》主要是对刀、枪的论述。

招式是武技中应敌的拳法，行内称"手法"。它在各门派的武技中最多不过三五招，类似西洋拳击或泰拳的直、摆、勾拳或直、摆、勾、头、肘、膝拳法，并没有像近代的百十招或这招破那招之说，且都具有非常高的实用价值。套路起源于民间依赖教拳维持生活的武师们，他们将各招式延展增加再串联到一起加以练习，这种串联到一起从头到尾的动作称为套路。大多从十几个动作到上百个动作为一套拳，如：12路、13手、18手、24式、64式、108式、128式等。每一个招式都有相对应的名称和所对应破解敌方的招式，如黑虎掏心、白鹤亮翅、童子拜佛、野马分鬃等。

宋代以前武技中基本没有套路，套路的大量出现在明代中后期至今，套路的形成使武技有了趣味性和观赏性，为原本枯燥的训练方式带来了乐趣，同时也为武技表演打开了一扇大门。

为了迎合市场观赏的需要，武师们在套路单人演练的基础上增加了双人对练、双人器械对练、多人对练、多人器械对练、空手与器械对练等。这很快得到了门内徒弟们的喜爱，也得到了社会上的认可。因此，套路的主要作用不仅是拳师们赚钱的法宝，也成了徒弟们日后卖艺的工具。

李见宇先生说："老先生讲过：'原本是很实用的两三下打法反复练习，渐渐把这两三下打法连贯起来形成了套路，后来打法越加越多，慢慢就真成套路了。过去套路是徒弟们上街卖艺赚钱营生，在京城被称为天桥的把式（意思是在天桥卖艺的都是花架子，中看不中用），真正靠它赚大钱的还是师父们。徒弟拜师时要送师父一年的口粮或钱，以后年年如此，直至离开师父为止。实际学习真玩意儿比较枯燥，也不用学许多年，何况不见得师父们都愿意教真的。套路练习是提高徒弟们学习兴趣很好的方法，也是延长授徒时间最好的方式。一套拳学一年或几年，学会了，再学一套，随时学，随时编，练完拳，还有器械……如此下去徒弟要跟随师父们大半辈子，甚至一辈子。所以，套路最初是师父们维持生活最好的工具，俗称吃饭的家伙，这样一代代周而复始，真玩意儿在这些套路门派的传承中渐渐消失殆尽。'"

套路是人为编纂的，其目的主要是表演，却忽略了不当的姿势、不当的用力会破坏人体的自我生理平衡，而对身体造成伤害。

人体锻炼应该是全身全方位的自由活动，从而达到身体内外的均衡发展。套路则是人为地改变人体的均衡运动，久而久之会对身体造成伤害。

用向老前辈的话说："编套路的有几个懂医的，还不是为了糊口？人体的运动不见得都有利于健康，要看咋样活动，实际上散步、慢跑这种全身均衡活动，比任何套路都有利于健康，综合看对实战或养生而言，套路就是骗局。"

庄稼把式

我国北方人以种植农作物为生，人们以群体形式居住，每个群体居住的场所称为村庄。村庄与村庄间相隔距离小的几里，大的隔几十里。

村庄中居住的年轻人和会武技的人，为了抵御外敌，自愿地组织起来，形成了保护村庄的队伍。农忙时一起下地种田，农闲时大家习武、练武、赶会（赶庙会）、走会。人们把村庄里会武技的人称为"庄稼把式"。

庙会是汉人的岁时风俗，在唐代以前基本形成，农闲时节除旧迎新，从每年的正月初一开始，一个月内都属于庙会时节，大家都会聚集在街市上摆摊卖农副产品赚钱。至明代末期，武技以表演形式渐渐走进庙会。

走会是一种传统的汉族民俗歌舞表演，主要集中在春节至灯节前后，在北京亦称"香会"，1949年后改称"花会"。每逢年节或遇喜庆大典以及山坛庙会，它便成为最有组织、最为热烈的街头歌舞武技等表演。走会的领头人由会武技的人士担任，称为"会头"。据杜吉星先生的师父王书勤先生（旧时曾担任河北任丘连庄会会头）讲："人们在走会时将武技表演所用的各种器械放在马车上，习武的走在整个队伍的前面，边走边表演，其他的秧歌、旱船、中幡、小车会、高跷、杠箱、狮子、十番、太平鼓等紧随其后，同样边走边表演，有些大的村寨赶会的表演队伍断断续续可以长达几里地。

过去走会时，难免遇到路过或穿越村寨，遇到好的村寨可以直接通过，如遇本村寨有会武技的，往往需要通过比武的形式决定是否可以穿村过寨，这类基本是会头和本村寨武技的领头人之间的比武。赢了可以顺利通过，输了则要绕过村寨。在过去，村寨之间经常发生冲突，或有匪盗，都是村里练武的年轻人去打，他们平时没事都在场院（晒粮食的平整场地）练，相互切磋，所以那时村里练武的人虽然平时练套路表演，但是遇到事儿也很能打。

姓氏拳种与姓氏拳派

姓氏拳种是指以人的姓氏命名的拳种。姓氏拳种大多以该拳立拳人（创始人）的姓氏或依托名人的姓氏命名，如武松拳、戚家拳等。姓氏拳派是指以姓氏命名的拳派，姓氏拳派是由他拳，即母拳演变而来，属于母拳种中的一个派别，它的外在展现形式或练习方法步骤近似母拳，但又与母拳有很大或明显区别。以姓氏命名的拳派大多出现在清代中晚期至今，以姓氏命名的拳派中基本用该拳派立拳人自己的姓氏命名，也有由该立拳人的后代及门人为创始人的姓氏命名者。

在我国三大拳种中出现最多的是太极拳拳派，以姓氏命名的拳派有杨氏太极拳，由杨露禅先生所创，母拳出自陈氏太极拳（杨露禅先生师从陈氏太极拳第六代传人陈长兴先生）；武氏太极拳，由武禹襄所创（待考），母拳出自杨氏和陈氏太极拳（武河清，字禹襄，与杨露禅先生同里，师从陈氏太极拳传人陈清平先生，是在杨式太极拳小架的基础上发展创编的）；吴氏太极拳由吴鉴泉先生所创，母拳出自杨氏太极拳（吴鉴泉先生自幼随其父吴全佑先生学太极拳，吴全佑先生先学杨露禅的大架，后又学杨班侯先生初改的小架，互相吸收融合，传予其子吴鉴泉先生）；孙氏太极拳由孙福全（字禄堂）所创，母拳出自武氏太极拳［孙禄堂先生师从郝和先生（字为真）学习武氏太极拳，郝和先生师从李经纶（字亦畬，1832—1892），武氏太极拳第二代宗师，学习武氏太极拳］；和氏太极拳又称为赵堡太极拳，由河南温县赵堡镇和兆元先生所创，母拳出自陈氏太极拳（师从陈氏太极拳传人陈清平先生学习陈氏太极拳，又一说法是由王宗岳先生的衣钵传人蒋发先生所创，但也出自陈氏太极拳）。

在八卦掌拳种中，以姓氏命名的拳派分为董海川八卦掌和肖海波八卦掌，后者又称肖氏八卦掌。据传肖海波先生与董海川先生为同门师兄弟（具体无从考证），但肖氏八卦掌与董海川八卦掌却又有不同之处，不过二者在天津很流行确是事实。程廷华（字应芳），师从董海川。程氏八卦掌为程延华所创，母拳为董海川八卦掌，因其在北京崇文门外花市上四条火神庙旁开一眼镜铺，以经营眼镜为业，江湖人称"眼镜程"。徐哲东在《国技论略》一书中讲，所谓"八卦加跤"就是程氏八卦掌的绝技。

在形意拳拳种中，以形意拳为母拳，以姓氏命名的拳派有宋氏形意拳，由宋世荣先生（字约斋，师从形意拳名家李洛能先生）所创；车氏形意拳由车永宏先生（字毅斋，师从形意拳名家李洛能先生）所创；孙氏形意拳由孙福全先生（字禄堂，师从形意拳名家郭云深先生之徒弟李魁元先生）所创；尚派形意拳由尚云祥先生（师从形意拳名家李存义先生，李存义先生师从李洛能先生之徒弟刘奇兰先生）所创。

在姓氏拳派中，属太极拳拳种者最多。太极拳最初先有陈氏，后有杨氏，再其后才有其他的太极拳。

众所周知，杨露禅先生师从陈氏太极拳第六代传人陈长兴先生，据说在拜师的十八年中曾三下陈家沟，深得陈氏太极拳精髓。

在太极拳、形意拳、八卦掌、八极拳及三皇炮捶这五大拳种中最主要的精髓是发力（区别于由肌肉松紧使肢体做出屈伸动作发出的打击力），掌握了发力后才是技击的打发。因此，发力是这五个门派中的核心，也是不传之秘。

我们在杨氏太极拳中没有见到陈氏太极拳及具代表性的抖身震脚发力（跺脚抖身发力），这说明当年杨露禅在陈家沟只学了陈氏太极拳的套路和屋外的玩意儿。如果第一次就掌握了陈氏太极拳的发力，也就没有三下陈家沟的故事了。试想，杨露禅打的是陈氏太极拳的套路，可没有陈氏太极拳的发力，这难免让人疑惑，因为它是以陈氏太极拳为基础，采用了陈氏太极拳的练法和基本架势，又加上自己对拳的理解改编了套路和招式的用法。这样从外表上看确实是属于太极拳，但又有区别，而以创始人的姓氏命名太极拳的拳派，大家也无可非议。

不难发现，杨氏太极拳没有陈氏太极拳的发力，而和氏太极拳出自陈式太极拳，因此我们看到，和氏太极拳中有类似陈式太极拳中的发力动作。因武氏、吴氏、孙氏太极拳不是出自陈式太极拳或和式太极拳，因此在他们的拳中没有类似陈氏太极拳的发力动作，它们的区别只是套路不同，由套路演化的招法也有不同而已。

创立孙氏太极拳的孙福全先生，曾拜师李魁元先生习形意拳，后又拜师武氏太极拳郝和先生，习太极拳，坊间传其习形意拳虽然拜师李魁元先生，但实际师从于郭云深先生并得其真传，但是他所创的孙氏太极拳中没有郭云深先生独有的发力动作。赵道新先生（王芗斋先生义子）说，孙先生当年要得到了郭云深先生的真传，就应该有这一下发力。他要有这一下，就不会再去学其他的拳了，所以他虽然创立孙氏太极拳，也是套路或拆招打法而已。

程氏八卦是八卦加摔跤，显然也没有八卦掌川掌时期的发力。

在现今流行的意拳（或叫大成拳）中，代表人物虽然都是王芗斋先生的徒弟，但是每家的东西也不一样，有的采用西洋拳的直摆勾打法，有的采用形意拳的五行拳打法，也有的采用八卦掌加五行十二形拳的打法。每家的训练虽然都是站桩，但是站桩有的强调注重意念活动，有的基本没有意念活动，有的强调全身放松站桩，有的强调加力站桩。那么，为什么都是一个师父教出来的会有不同的打法和不同的站桩方式呢？也许有人会认为，是因每个人的理解不同所以才形成了不同的东西。这话听着似乎有些道理，但就王芗斋拳法的整体发力而言，只有对与错，不存在各有各的特点之说，因为人体的发力无外乎由大量肌肉参与做功的明劲儿发力和由大量筋参与做功的暗劲儿发力两种，这两种发力从根本上就有很大区别，所以就王芗斋原传拳法的发力而言，只要是由大量肌肉参与做功的明劲儿发力就是错误。这就好比老师教算术时告诉学生一加一等于二是正确的答案，不能认为因每个人理解不同把一加一说成等于三或四也是正确的答案一样。再比如拳击老师教学员的明明是直摆勾的打法，学员要做成了抡掌、切掌的打法一样，不能认为因每个学员理解不同，才形成了各有各的特点。

王芗斋先生《拳道中枢》中所说的整体发力、有声试声、无声试声及整体发力的虎扑打法，在每个弟子中几乎见不到。关于这种情况，笔者曾向李见宇先生请教，李见宇先生说："老先生说过：他们大多都是带艺（之前练过其他拳）来的，以前的东西扔不掉，咱这玩意儿就上不了身（学不会），因为他们以前都是明劲儿的东西，和咱这个劲儿正好相反，是两回事，你看有几个扔掉了明劲儿的东西？"

有一次笔者和杜吉星先生到于永年先生家，杜吉星先生和往常一样，一进门就到窗户旁站桩，这次站的是大步的伏虎桩。于永年先生对笔者说："小杜（于永年先生对杜吉星的称呼）站桩肯下功夫，这个桩全身都提起来能站一个多小时，他这个桩站得很标准。"笔者随即问于永年先生说："您年轻时能站多长时间？"于永年先生回答说："我没像他这样下功夫。"随后笔者说："王芗斋先生站桩那张照片手都撑起来了，为什么有些人站桩时手不是撑起来的？"于永年先生说："我曾和姚先生（姚宗勋先生，王芗斋先生的弟子）、窦世明（王芗斋先生弟子，王芗斋先生墓志铭的撰稿人）探讨过站桩的问题，我主张用关节角度的变化和身体重心的调整来调节站桩的运动量，姚先生比较注重站桩中的意念活动，窦世明先生主张放松的松合站桩。"笔者有些纳闷，又问："那么王芗斋先生怎么站桩？"于永年先生说："我们没有见过王先生（于永年先生对王芗斋先生的口头尊称）站桩啊，当初在太庙，王先生就让我们肩膀放松，后来我偷偷问王先生的儿子王道南、王道庄（当时也在太庙站桩）。他们说：'我爸就是让我们放松肩膀，就没有别的要求了。'当时我以为王先生教他们的站桩和我们的不一样呢。"笔者又问："那王芗斋先生怎么发力呀？"于永年先生说："没见过王先生单独表演发力，我见过王先生跳健舞（实为武舞）中的发力，他是跳起来发力，我们都叫他空中发力，两次是在北京表演，一次是在保定气功大会上表演。20世纪80年代于永年先生、秘静克（王芗斋先生弟子）他们曾经到国家体委找过王芗斋先生的录像带，那边答复说没有。"笔者恍然大悟，才明白为啥都是王芗斋先生的弟子，每人的东西不一样。

关于打法，赵道新先生说："先生的东西我学不来，模仿几下试力还凑合，我扔不掉以前的东西，因为先生的东西和其他拳的用劲儿不一样，是反常态的劲儿。一些人说自己和先生过手（交手），被先生摔过多少个跟头，但凡让先生摔过一次，最起码能知道先生应敌的手势和身势。如果见过先生应敌时的手势和身势，本身又是学先生的东西，他能不模仿先生应敌的手势和身势吗？日本的泽井先生（泽井健一）确实和先生交过手，他后来的实作（技击对战）也模仿先生应敌的手势和身势，因为挨过先生打，所以才尽量模仿先生的东西。听故事，不如看东西，泽井先生能说清楚被摔出去时的感觉和经过，那些自吹和先生过手的，有谁能说清楚怎么被先生摔出去的感觉和经过吗？怎么摔出去的？先生怎样接手的？不是有事没事谁都能和先生过手，那都是评书（武侠评书）听看多了。"

于永年先生于2009年赠予笔者带有涂行健先生（韩星垣弟子）签字、由涂行健先生著、武艺文化有限公司于2007年5月29日出版的《心意大成拳》一书。于先生说："你离开大成拳近20年，对有些事不太了解，涂行健先生写的《心意大成拳》可靠性比较高，他是韩星垣先生的弟子，也很能打，对大成拳发展的一些事比较了解，书里面说的都是他亲自采访的，里面说的事情比较真实，你没事儿时可以看看了解了解。"《心意大成拳》一书的第61页，对大成拳的发展描述中有这样一段："这段时间有一位学生姚宗勋先生本应是详加介绍的，他对后来意拳发展是一位重要人物……不过因姚先生已经自成体系，且有出书及录像带等，其教授程序仍本着王先生所传，唯较重实作，脱离了一些形意拳的意念，而吸收了推手、摔扑等方法，散手则有西洋拳的味道，这是受渡边正雄的影响。"

在王芗斋先生的弟子中，每家练法不同、打法不同，所表现出的拳法与王芗斋先生《拳道中枢》所说的拳法、拳理差别极大，没有表现出来王芗斋立拳特有的发力、试声和打法，因此被传承人或后人以他们的姓氏命名为×氏意拳或×氏大成拳。

所以，以姓氏命名的拳派，虽然训练方法或外形近似母拳，但往往都缺少了母拳立拳或本质的东西。

论太极拳

对于太极拳，王芗斋先生在1940年6月北京《实报》之《王芗斋谈拳学要义》及《新民报》之《王芗斋访问记》答记者问中指出了如下弊端：

"该拳确有几种力学含义，得其要者百不得一，即或能之，亦非具体，因基础体认功夫早经消亡，故身之下部无理力之可言。该拳原为老三刀，王宗岳先生改为十三式，又一变而为百四五十式之多，此失真之一大原因也。若以养生而论，徒使精神气质被拘而不舒；若论技击，专为制裁肢体之用，而使有用之身成为机械呆板之物，亦不过徒使学者神经扰乱、消耗时日而已。至于练法，这一拳，那一掌，左一腿，右一脚，说来可怜亦可笑。对于应敌，如遇高手则勿论，倘对方是不紧滞呆板者，纵令该拳名手则也无所施其技矣。流弊所及，大有成为棋谱势之太极拳。近二十年来，习此拳者多是非莫辨，即或能辨亦不能行。至于一般学者，大都以耳代目，故将该拳葬送而破产，是为可惜耳。愿该门有力分子，迅速严格整理，以图进益于将来。他日有成，以作拳好知音之良友。余对太极拳敢云知之深，不觉论之切，知我罪我，唯高明者有以谅之。同时想太极拳学之有得者，观吾所论，恐将颔首默认，哑然失笑矣。"

李见宇先生说："老先生当年讲过：'拳道中的力有斜面力、螺旋力、杠杆力等，太极拳只用了一个斜面力（一推一侧转），号称四两拨千斤，创了一种拳。'"

练太极拳的人都会教你用手推他的胸口中心，他扶着你的手和肘部，无论你用多大的力去推，他只要把身体向左右微微一转，把你的力转偏了，你感觉好像用不上力似的，这就是斜面力的作用。这些年有太极拳人士，为了证明太极拳的力量，自己先弓步站好（前腿弓，后腿蹬），再让许多人排成一竖排，每个后面的人推着前面人的肩膀或者后背，然后大家一起用力推，这位太极拳人士纹丝不动。第一点他站的是弓步（后面有支撑，大家都知道斜戗的原理）；第二点就是他事先要托着你的肘部感觉你的力道，随时向左或向右偏，让推着用不上力；第三点每个人都推着前面的一个人，这样看似是许多人的力量，实际上每个人叠加起来的力，并不是每个人的和力，所以，这只是太极拳的一种游戏而已。

于永年先生曾听王芗斋先生说过"郭云深先生与车毅斋先生是同门好友，经常找车毅斋先生试手，每当郭云深先生向车毅斋先生发力时都感到打得不舒服"，这就是因为车毅斋先生用的是斜面力。

李见宇先生说："老先生说：'原本技击练习的连手（模拟对方来拳攻击，另一方模拟接对方来拳），让太极变成了双人游戏的推手。实作时（实战时）双方接触就零点几秒，谁会让你摸着手扶着肘呀？王宗岳先生的太极论用太极阴阳说给大家画了个大圈，看似富有哲理，实则丢掉了实用的本质，在老三刀三招的打法上添加了十招就变成了十三式太极了。'"

由于王宗岳先生没有得到老三刀打法中原有的整劲儿发力，而做出了像现在太极拳中的抖身震脚发力，与原传的发力相差甚远，这就像今天大成拳爱好者们的发力与王芗斋先生的发力相差甚远一样。自王宗岳先生著《太极拳论》后，该拳就走样儿了，再每代传人都要加一些自己的不切实际的理论，久而久之变成太极现在的"博大"了。

老三刀的打法是利用人体扽筋发力的方式，因此，不具备整体发力，老三刀的打法就毫无用处。之所以后人丢了老三刀的打法，实为后人没有掌握整体发力。就像大成拳中的虎扑打法一样，因为没有正确掌握王芗斋先生所说的发力，所以虎扑打法就变得毫无用处。

如果王宗岳先生掌握了抻筋的整体发力和老三刀的打法，在技击中已经足够用了，就不必再编出繁乱的太极十三式。李见宇先生说："听老先生说过：'陈式太极拳，您就是把身子抖散了，力量也出不去（作用到对方身上），也只是和自己身体叫劲儿，把脚跺碎了，也只是和大地较劲儿，和对方没有任何关系。'"所以，练陈氏太极拳多年的人到老年时多患有腿疾。

太极拳一代代相传，一代代编纂，十三式已变为一百多式，这从表面上看似博大，实际上早已失去了技击的本质，以它为基础发展起来的其他拳种、拳派就更没有技击的实用价值可言了。

武当太极拳与八极拳的由来

武当太极拳据传由张三丰所创，为太极十三式。据查，张三丰同名同姓的人跨越近宋、元、明三个朝代，这显然与事实不符。其实仅用太极拳的技法与发展，便可以证明武当太极基本来自王宗岳同时期，因为在王宗岳先生之前，太极拳不叫太极拳，"太极拳"一词出自王宗岳所著的《太极拳谱》和《太极拳论》，太极拳十三式也是王宗岳先生所创，难道那么巧合吗？张三丰正好也创了个太极拳，不多不少也是十三式？王宗岳的太极拳是有出处的，他是源自老三刀，张三丰的太极拳就没有出处。如果将武当的太极拳与陈氏太极拳相比较，不难发现其共同之处：在他们的十三式中都有老三刀的技法，而武当太极拳中的发力也与王宗岳先生太极拳中的抖身震脚发力基本如出一辙。所以，武当太极拳应该是来自王宗岳的太极拳。

对于八极拳的起源众说纷纭，我们从拳名不难看出，八极拳、太极拳拳名近似，而在八极拳中明显带有陈式太极拳或武当太极拳中的发力动作，因此，八极拳应该源自陈式太极拳或武当太极拳的说法较为可信。

空劲与凌空劲

空劲是王芗斋先生的弟子尤彭熙先生（王芗斋先生早期弟子）于20

世纪 40 年代在美国所创,它是指在不接触对方身体的情况下把人打倒,称为隔空用的劲。

于永年先生说:"20 世纪 60 年代尤彭熙先生带徒弟回国,给王芗斋先生表演空劲。王芗斋先生带着众徒弟观看,看后一笑便让李见宇先生上前试试。李见宇先生站好后,尤彭熙先生隔空打李见宇先生,弄了好长时间,见李见宇先生身体纹丝不动,便停手说道:'这空劲只能在徒弟中试才管用。'"

这件事我曾问过李见宇先生,当时有什么样的感觉。李见宇先生说:"什么反应也没有。"老先生事后说:"在地球上,什么力也要符合物理的力学,违反了基本的力学原理都是瞎掰,世界上这个发功、那个发气的打不了人,娱乐而已。"

凌空劲近似于空劲,有的轻微接触,人就被放出去了,有的手一挥,人就倒了。李见宇先生说:"这样的事在过去(指四五十年代)也有,骗人的,也只是在徒弟之间玩玩管用,因为徒弟会配合,这都是想真的把人打出去,又没有本事的人玩的游戏。"

中国实战拳种

1929 年在杭州举办了"国术游艺大会",类似于全国性的搏击擂台赛。评判委员均为太极人士,包括委员长李景林、副委员长孙禄堂和褚民谊(喜爱太极拳,民国时期著名政客、外交官)。李景林时为中央国术馆副馆长,褚民谊时任国民卫生建设委员会委员长,他曾在大学大力推广太极拳,孙禄堂则是被李景林聘为中央国术馆武当门长。

本次比赛决赛时由评、监两委员会共同决议,参赛选手采用无体重差别,无年龄差别,拳脚一律解放,踢击各部均可的无任何限制级比赛。

当时获得大赛前十名的选手由第一名至第十名分别是:河北的王子庆(幼年时师从刘春海,精擅少林拳,尤精摔跤)、河北的朱国禄(幼年时师从王桂亭习形意拳)、河北的章殿卿(师从张占魁习形意拳、杨振邦习翻子拳,精通摔跤。坊间传十二岁随王芗斋习形意拳,但事实上应为张占魁徒弟)、河北的曹晏海(幼年时习滑拳,师从马英图习通背、郭长生习劈挂,后随孙禄堂习形意拳)、河北的胡凤山(形意拳门人,精八卦、太极)、安徽的马承智（幼年时师从黄树生习少林门诸艺）、山东的韩庆堂（近代北少林长拳传人，精娴北少林武技及各项点打摔拿功夫，尤精擒拿术)、山东的宛长胜（查拳马金镖之门生)、山东的祝正林（拳种不详)、山东的张孝才（查拳马金镖之门生）。

　　实践是检验真理的唯一标准。在此擂台赛中，褚民谊先生、李景林先生、孙禄堂先生等大多虽是太极拳的名家，但是太极拳在此赛事中无一胜出，南方拳种也无一进入前20之列。

　　据当时报道，比赛历时六天，和尚道士纷纷落马，南派选手普遍不敌北方拳师，南方选手第一轮全部败北，后为照顾南派，抽签时将南北分开；太极打法毫无建树，四两难拨千斤。

　　在这前十名获奖选手中，有四位是习形意拳的，而擅长太极拳者无一进入前十名，南方拳种也无一进入前十名。参加此次比赛的赵道新先生（此大赛中荣获第十三名）说，别管什么太极的四两拨千斤、八卦的转、咏春拳的快拳，上台基本都是王八拳（指瞎抡拳头)，在当时擂台上真正好使的还是拳击的直摆勾打法。

　　1929年"国术游艺大会"的公开擂台赛，检验了形意拳的实战性，由此形意拳进入军队，当时军队里多以形意拳及少林长拳门人为武技教头。

中篇
拳道拾真

任何实战格斗的拳术，都是几代或几十代人在生活实践中总结出的经验，经过不断积累、不断验证、不断改进、不断完善的结果。

任何拳术都是以实战格斗为主要目的的，因此拳术中所用或所发出的力，不仅要符合物理力学，更要符合人体力学，而不能用于实战格斗的发力，只能属于杂耍或表演。

拳道简述

拳道系为拳之道，即为拳之方法

中国拳道是最早形成完整体系的技击术，是全球第一个以道命名的技击术，也是唯一符合《黄帝内经》及中医理论的摄生、养生术及与格斗技击合一的实战实用术。中国拳道与日本的空手道、柔道，韩国的跆拳道及李小龙先生的截拳道各为一种技击术。有些人简单地将中国拳道作为武术的广义解释，是对传统文化不了解和不负责任的行为，它会使传承几千年的古老文化就此埋没。

拳道之核心

拳道不同于其他格斗术，它的最大特点是能够有效地调动人体最大动能，利用身体各部及声、气、相打击对方，因此，它也是古今世界少有的不以手臂抡拳、脚踢足踹为主要攻击手段的技击术。

拳道起源——蝉眠蝶舞

中国拳道起源于上古的祭天仪式中巫师的巫舞，巫的前身是古代能以舞降神的人。

因为巫舞是通过蝉眠（战国叫作"蜩眠"）的方式修炼，蝶舞（像蝴蝶一样跳舞）的方式降神祭天，所以又叫"蝉眠蝶舞"。蝉眠是指人站立，手高抬并像蝉在树上抱着树一样睡眠，这种姿势后人称为"站桩""站功""桩功""不动功""立禅"。

人通过蝉眠的修炼，使身体具备了一种异于常人的能力，并能够通过跳蝶舞的形式把它表现出来，这种异于常人的能力就是将人体中的力量——筋（见下篇《筋力六梢的训练——站桩》一节）集中起来并通过发力的方式作用于物体上，这种作用于物体上的力称为"六梢力"（见下篇《崩拳拳法藏筋力用法——筋力整体发力》一节）。筋力发力的打击形式由低到高分为三种，一是在身体接触对方时用筋力发力，这种打击对方的方式称为"触击法"，即接触打击；二是以筋力发力配合声音，这种打击对方的方式称为"声击法"；三是以声击法配合脸相，这种打击对方的方式称为"相击法"。相击法是拳道的最高境界（见下篇《声与气试力的声击法、相击法》一节）。

据陈世伯讲："我国广西宁明花山岩画中有描述蝉眠的岩画。"（图6）蝶舞是有主题思想的舞，舞者根据诗句、诗经或所需所求的内容，在大脑中产生相应的意境，像蝴蝶一样跳舞，并将筋力发力在跳舞中发挥出来。

图6 广西宁明花山岩画

图7 甘肃省黑山岩画

中国的拳道主要由蝉眠与蝶舞两部分组成。最早它是由巫师掌握并以独立形式在代代巫师中传承的。天津形意八卦掌名家赵道新先生曾讲过:"在我国甘肃省黑山曾保留着战国时期的练功岩画。"(图7)

蝉眠蝶舞的修炼方法

古曰:"蝉止(古同"趾",脚,脚趾头,撑开脚趾)抱木,尾反翘而眠,谓之蝉眠。震翅嘶鸣惊起,谓之蝉惊。蝶携蝉惊之舞,谓之蝶舞(印文为"蝉舞"有误,实为"蝶舞",见蝉眠蝶舞印文图注),神之灵动,拳道也。"(图8)

意思是,蝉用撑开的脚趾抱住树干,尾巴向里扣这样的姿势睡觉,称为"蝉眠"。蝉在受到惊吓时,翅膀突然一振,并带有嘶鸣的叫声惊飞起来,称为"蝉惊";蝴蝶在飞舞中带有类似蝉惊的振翅动作,称为"蝶舞",这是神与灵的互动。

印文中讲述了站桩的基本要求,带有试声发力及蝶舞的表现形式。

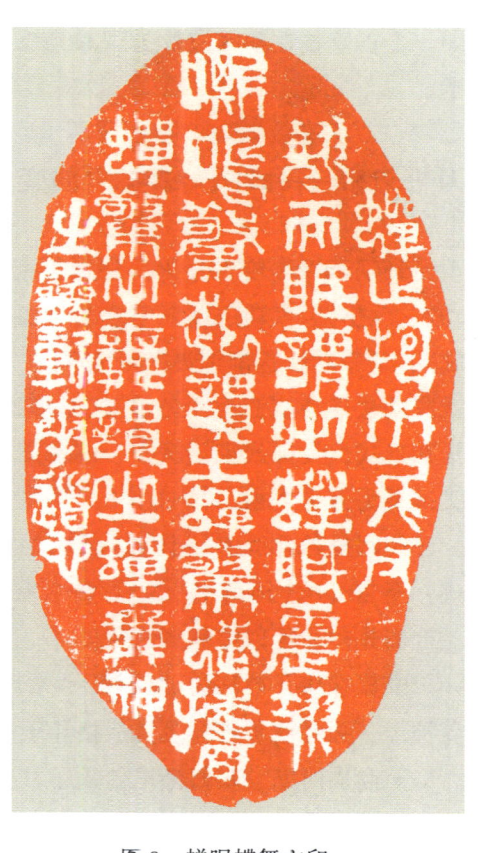

图8 蝉眠蝶舞文印

注:印文中"蝶携蝉惊之舞,谓之蝉舞"与李见宇先生口传有差异,因此应为"谓之蝶舞"。

拳道:上古真技

蝉眠蝶舞技法自巫师间代代相传,后被视为真人修炼之法,称为"上古真技"。"上古"是指现有文字记载以前的历史时代,"真技"是指"真人"修炼的技法,因此拳道又称为"上古真技"。

《黄帝内经·素问》中有:"余闻上古有真人者,提挈天地,把握阴阳，呼吸精气，独立守神，肌肉若一，故能寿敝天地，无有终时，此其道生。"文中所说的"上古有真人者"，这个真人就是指上古怀有真技的真人。

鬼谷先生的《本经阴符七术》说：生受之天，谓之真人；真人者，与天为一。内修炼而知之，谓之圣人，圣人者。鬼谷文中所说的真人也是指上古真技之人。

上古真技在拳家被称为"拳道"及"上古真拳"，即上古真人所练之拳。

万桩之祖——蝉眠与蝶舞之演变

蝉眠至周代较为分化，分为医家功法（中医功法）、道家功法、武家功法。之后医家功法逐渐演变为"站桩"，名为摄生桩，其形式称为"静守"；道家功法逐渐演变为"站桩"，名为混元桩，其形式称为"禅修"；武家功法逐渐演变为"站桩"，其形式为"养练"。因此蝉眠是所有站桩的最初形式，我国武家、医家、道家及各门派的站桩均由蝉眠演变，因此它又被视为万桩之祖。

蝉眠虽然在医家、道家、武家中得到延续，但蝶舞至唐末宋初几乎绝迹，至20世纪20年代，心意拳名家黄慕樵先生将健舞传至王芗斋先生，王芗斋先生才得以将蝶舞恢复。

蝶舞在唐代被称为"武舞""拳舞"，它是集养生、摄生的内修，将温养神经、强壮筋骨脏器及实战格斗于一体技法的展现。

至商周时期，蝶舞渐渐传入了社会中，医家中出现了以蝶舞形式演化出的各种禽舞或兽舞的养生舞。《庄子》中有"熊经鸟伸为寿而已矣"等载述，后由华佗整理为"五禽戏"，随后蝶舞在医家中消失。武家中也出现了以蝶舞形式演化出的手持兵器的舞，如人们在跳武舞时手持当时随身佩剑的"剑器舞"，手持枪的"枪器舞"等。《史记·项羽本纪》中也记载了在鸿门宴上，项伯与项庄对舞长剑的故事，其所表演的，就是手持宝剑的剑舞；四川汉画像砖也有长剑独舞的画面。

因此，蝉眠虽然在医家、道家、武家中得到延续，但得蝶舞之技法的唯有武家。

蝉眠蝶舞又称"卫生"，卫生即是保卫生命之意（今人解释为干净，乃卫生的沿用）。近代各门武术老谱中出现"卫生"一词均指拳道的保卫生命之意，因此，拳道之法即卫生之法。时代变迁，以蝉眠演化的站桩虽被众家推崇，但基本无完整延续，且大多已背原道（原来最初的样子），知真谛者寥寥。20世纪六七十年代，天津、北京曾偶见医家功法，20世纪80年代后极为少见。

武舞、剑舞与健舞

唐代时期，随着社会的繁荣，武舞及兵器舞进入了鼎盛时期。尤其是手持佩剑的剑器舞最受推崇。随后武舞和剑器舞也渐渐演化出"健舞"和"剑舞"。健舞与剑舞为健身的舞，它们的区别在于缺少了武舞和剑器舞中带有试声的顿挫发力。

由于健舞和剑舞是随心所欲没有固定招式的跳舞，深受文人们的喜爱，得到了广泛的传播，成为当时流行的一种养生健身锻炼的方式。在当时，剑是人们随身佩带的常物，因此，无论是健舞还是剑舞都较受追捧。

武舞或剑器舞也叫技击舞，是没有固定招式，根据诗的主题内容或词句的寓意跳的舞，每个舞都会有相应名称。武舞和剑器舞的明显表现，是带有技击的震声顿挫发力，所以，它是武者抒发情怀的舞。

唐代著名诗人李白、岑参等都有十分雄浑悲壮的诗句描写自己以剑器舞抒情的情景，现代大多人都认为李白只是诗人，岂不知李白也是当时有名的剑客。唐代的唐玄宗时期，公孙大娘善舞剑器舞，曾于民间献艺，观者如山，后应邀到宫廷表演，无人能比，她的剑器舞风靡一时。据《全唐诗》卷222-11中记载，唐代诗人杜甫在观剑器舞后写下《观公孙大娘弟子舞剑器行》："大历二年十月十九日，夔府别驾元持宅，见临颍李十二娘舞剑器，壮其蔚跂，问其所师，曰：余公孙大娘弟子也。开元三载，余尚童稚，记于郾城观公孙氏，舞剑器浑脱，浏漓顿挫，独出冠时，自高头宜春梨园二伎坊内人洎外供奉，晓是武者，圣文神武皇帝初，公孙一人而已。玉貌锦衣，况余白首，今兹弟子，亦非盛颜。既辨其由来，知波澜莫二，抚事慷慨，聊为《剑器行》。昔者吴人张旭，善草书帖，数常于邺县见公孙大娘舞西河剑器，自此草书长进，豪荡感慨，即公孙可知矣。

昔有佳人公孙氏，一舞剑器动四方。
观者如山色沮丧，天地为之久低昂。
爠如羿射九日落，矫如群帝骖龙翔。
来如雷霆收震怒，罢如江海凝清光。
绛唇珠袖两寂寞，况有弟子传芬芳。
临颍美人在白帝，妙舞此曲神扬扬。
与余问答即有以，感时抚事增惋伤。
先帝侍女八千人，公孙剑器初第一。
五十年间似反掌，风尘澒洞昏王室。
梨园弟子散如烟，女乐馀姿映寒日。
金粟堆南木已拱，瞿唐石城草萧瑟。
玳筵急管曲复终，乐极哀来月东出。
老夫不知其所往，足茧荒山转愁疾。"

宋代抑武扬文的风气盛行，兵器舞渐渐消失。20世纪80年代，老中医陈世伯先生讲（当时笔者10岁，据后来回忆）："传说公孙大娘和弟子李十二娘的剑舞顺畅飘逸，与大自然融为一体，且舞中不失震声顿挫的发力，功夫已达到了上乘境界，现代练宝剑中的左右舞剑花（手持宝剑在身左右画圈），就出自公孙大娘的剑器舞。但是徒手的武舞，以前没有记载有人能达到他们的境界，当今能跳徒手的武舞，也就是王芗斋先生和他那个黑儿子（王芗斋先生对李见宇先生的称呼）了，我在东单叔叔家见过他两次，都是王芗斋先生带着他，看他做的各种发力真是有王芗斋先生的味道，但是震声（试声）还是稍有逊色，人家爷儿俩那才算得上玩意儿。"又说："王芗斋先生在旁人面前从不让那个黑儿子跳武舞，都是让韩星桥先生跳健舞（健舞的《龙舞》）。韩星桥先生的健舞虽然没有那个震声的发力，但是韵味比那个小黑子更好，身段和舞姿简直与王芗斋先生一模一样，如果再加上震声的发力，就是王芗斋先生的《沧海龙吟》了。不过能看到韩星桥先生跳的舞，那也真是一番享受。"

关于此类舞，迄今为止，有记载的只有唐代公孙大娘的《剑器行》，近代王芗斋先生的《沧海龙吟》武舞，李见宇先生的《勒马听风》武舞及韩星桥先生的《龙舞》健舞。

据李见宇先生讲,王芗斋先生一共有三段半武舞,第一个是沧海龙吟,第二个是鞍马听风,第三个是弯弓射壁,第四个是伴窗观微雨。因为前面三个都比较豪放,在武舞中能够较好诠释,唯独第四个伴窗观微雨比较含蓄,不好诠释,王芗斋先生只跳过几个不完整的动作,所以伴窗观微雨只能算是半段舞。

拳道的一击毙敌与一本道

拳道在技击中素以一击毙敌最为玄妙,至今在武者中流传的"不招不架,就是一下"原指一击毙敌之术。这句话在形意拳暗谱中原话为"不招不架,钻、裹、践(打法),就是一下"。

拳道随唐朝的繁荣传至日本,据传当地见拳道格斗者不知为何拳、何术,后因来自盛唐而称呼为"唐手",因此唐手是日本对唐代时期拳道的称呼。日本语中的"一本道"意指用全力奋力一搏,原指拳道中的一击毙敌,"一本道"一词后被作为术语沿用于相扑中(相扑源于我国角抵,唐代为相扑后传至日本)。

拳道之拳法与器械

拳道以手为钩,以身为拳,而抬腿踢脚却被视为大忌,拳道有抬脚半边空之禁忌。因此,拳道于春秋时期曾被称为"手博",即徒手搏斗之意。

拳道中的器械有矛(枪)、剑及南北朝时期的槊。暗谱称"拳即是器(器械),器即是拳,器乃手臂之延长"。因此,在拳道中,器械的格斗用法与拳的用法是一样的。即拳的用法为钻、裹、践的崩拳打法;矛、枪、槊的用法为拦、拿、扎的刺枪(旋刺)打法;剑的用法为劈、挂、刺的刺剑(旋刺)打法。在打法中手臂既是枪,也是剑,枪怎样扎,拳就怎样做,剑就怎样刺,因此钻裹践、拦拿扎、劈挂刺都同为一式,它们只是因使用器械不同,所以打法的叫法也就不同了。

矛、枪、槊的挂旋刺的实战对敌打法沿用至今,仍是士兵拼刺刀中最有效的杀手锏,其中只是缺少了原有的整体发力。由我国传入日本的剑道中仍以劈挂刺为剑法的基础打法，其中也只是缺少了原有的整体发力，所以使这种打法的杀伤力大减。

当今武术中"器械乃手臂之延长"之语句，虽然被元明以后新兴的各门派武术所采用，但与我们在各派武术中实际见到的拳法打法与器械打法两者毫不搭边，并没有体现出"器械是手臂延长"的打法。所以，"器械是手臂的延长"这句原本体现拳道精髓的语句，却在当今武术中变为与实际不符的拳理，驴唇不对马嘴的一句空话。

拳道丧失之残片

拳道自唐代末期至明代中期经过五百多年的战乱及外族统治，大多丧失殆尽，散落的只言残片虽被新兴起的武术各派融入各自的拳谱中，但对于技击而言，基本毫无实用价值。

比如民间习武中流传的"手是两扇门，全凭脚打人"，被当今人解释为拳是阻挡对方来拳的两扇门，打击对方全靠脚踢、脚踹或脚蹬，甚至以此方式保持与对方的距离等。这显然是站在当代搏击竞技角度去解释传统的东西，而这与我国传统的功夫相互矛盾。八卦掌、太极拳、形意拳、螳螂拳、咏春拳、通臂拳等拳种，主要都是用手来击打对方，反而很少用到脚踢蹬踹的打法，即使偶尔用到也只是作为辅助攻击的手段。那么，不用脚直接攻击对方，怎么"全凭脚打人"呢？显然这"全凭脚打人"的说法与技击中的实际打法相矛盾了。

"手是两扇门，全凭脚打人"出自暗谱。"手是两扇门"的原意是，用单手或双手手臂挂住对方来拳时，再由外向内裹（方向左手顺时针，右手逆时针）将敌方来拳挂裹住，行话称"关门"，关门后前脚向前进半步，单手或双手向反方向做翻挫动作，同时做出暗劲儿发力的钻裹践崩拳击打或做出虎扑发力的打击（见下篇《钩锉试力的崩拳打法》及《钩锉试力的虎扑及锁喉手打法》一节），手臂的这种动作，行话称"开门"。这种打法用双手裹的叫"双开门"，单手裹的叫作"单开门"。就像日本拳圣泽井健一先生（王芗斋先生弟子）在所著书中说的"王芗斋先生把我的拳头好像被吃进去又吐出来似的"。这种打法王芗斋先生又称为"吞吐无间"，又叫"开关门"，即关为吞之蓄力（吸进来），开为吐之发力，吞与吐之间无间隙（做吞吐的发力时为一个动作完成，称无间）。天津的格斗名家赵道新回忆王芗斋先生常说，别让我关上门，否则我一开门你就没了（是指被发放出去）。因此，"全凭脚打人"意为用手挂住敌方，用脚瞬间蹬地，利用人体与地面产生的反作用力做出整体的暗劲儿发力打击对方，暗谱中称"以身做拳"，又称"全凭脚打人"，王芗斋先生所说的"离开地面，力无从来"就是此意。因此，在拳道中，抬腿踢脚是为大忌，故有"抬腿半边空"之告诫。正因如此，用手不用脚的打法，后才被称为"手博"或"唐手"。

拳道初现

明代末期，山西蒲州姬际可先生（姬公）将拳道依托岳武穆拳谱以枪出世，立名为"心意六合拳"。

初时以基本桩（见下篇《浑圆桩与技击桩的站法》一节），求得技击所用拳劲儿，遇敌时以拦、拿、扎枪法运用暗劲儿发力（见下篇《心意六合拳名藏练法——筋力六梢》一节）瞬间完成攻击。姬公被誉为神枪姬际可。姬公以基本桩求得拳劲儿后，用空握枪（姿势和握枪站桩一样，只是双手不握枪）的站桩方式加强对技击所用暗劲儿的训练，并名为"持枪桩"（见下篇《持枪桩的站法》一节），遇敌时拳法以钻裹践暗劲儿发力打法一击毙敌。之后，李洛能先生将持枪桩中双手持枪手势的空握拳改变为伸开手掌的手势站桩，命名为"三才桩"，"三才"即天、地、人，意为天地人之合力，故又叫"天地桩"。

李见宇先生曾说："姬公（指姬际可先生）的东西是轩辕黄帝传下来的。据说这原本是蚩尤九黎族的东西，后被轩辕黄帝所得，轩辕黄帝姓姬，姬公是轩辕黄帝一脉的后代（此话未经考证，只是门内传说），所以才能得这种功夫。但是无论什么时代，你说是真传下来的没人信，所以姬公只得借达摩及岳飞的名气以枪将这门拳出世，这样才能得到当时社会的广泛认可，使此拳广泛传播，这也是咱们本门非单传不说的秘密。"

关于枪法与拳法，李见宇先生说："市面上都说姬公是扔枪为拳，或是以枪变拳，实际这个拳法要早于枪法，因为在上古时期还没有枪的时候就有了拳了，是后来枪法借鉴了拳的打法才有了拦拿扎的打法，所以应该说是以拳变枪才对。正是因为姬公以岳飞的枪出世，后来才有了以枪变拳的说法，但是除了钻裹践的崩拳打法和钻裹践的虎扑打法之外的迎面锤打法和脑后炮打法的确是来源于枪的打法［见下篇《抹灰试力（外挂）打法》一节］，但在拳法的训练上，基本是以拳法为枪法去训练，如果要是针对枪法的训练就是以枪法为拳法的训练了。"因此无论是以拳变枪，还是以枪为拳，这两种说法基本符合实际。王芗斋先生《拳道中枢》中说"拳成兵器就，莫专习刀枪"，意思是说拳学成了，兵器也就成了，拳与兵器不分家，拳怎样打，兵器就怎样用，因此不需要再去专门学习刀枪。

拳道之传承

拳道自上古立拳之时便以族人间口传心授的形式传承，据传说早见书于《三坟》（上古四大奇书之一）中，春秋战国时期的鬼谷子先生所著《本经阴符七术》中对上古真技的相关心法与过程进行了阐述，《黄帝内经·素问》中对真人的少许描述。以上是至今能见到的关于拳道最早的文字记载（见下篇《人体的第二睡眠——摄生桩》一节）。

形意拳原名心意六合拳，又称意拳、心意拳、六合拳、践拳（见下篇《心意六合拳名与形意拳拳名》一节）。形意拳拳名由李洛能先生首次公开使用。李洛能先生除了变更了拳名之外，对站桩中的手形也进行了改变。由于在传承的打法中有虎扑打法，虎扑打法是采用张开手掌的打法，李洛能先生为了能使虎扑打法得到更好的发挥，便将站桩中的握拳改为虎扑打法的十指伸直的掌式，后人称为以拳变掌。

社会中的拳法多为十指伸开并拢的掌势，王芗斋先生说"那是屋外的玩意儿（见中篇《屋里屋外的玩意儿》一节），因为手指并拢既不是崩拳打法的手势，也不是虎扑打法的手势，所以十指并拢的手形没有意义，应为十指撑开像钢叉似的手势才对"。

因春秋时期鬼谷子先生在传授各种技法时曾有一技不授二徒之说，如孙膑、庞涓随同习兵法，而一授立法，一授破法。苏秦、张仪随同授纵横，而一授合纵，一授破纵……又因巫技中有单传的规矩。因此姬际可先生以心意六合拳再出世便定下了"此拳传一，不传二"的规矩。

形意拳的传承一直延续着古老的单传模式，这种单传并不是家族式单传，而是择人单传（老人讲"有机灵劲的人"，现在叫具有缄默知识程度高的人），门内叫"看人不看亲"，就是说只看人有没有机灵劲儿，有没有缘分，并不看是不是亲人家人，这也是为什么形意拳经过几百年后仍保持着原传拳法中的发力和打法没有走样的原因。

清代祁县小韩村戴隆邦先生在拳谱中公开道出"自古六合无双传"之语。于永年先生曾讲过："有一次，一位和王先生学站桩的徒弟，看他的动作好像有点那个劲儿（整劲）的意思，于是王先生就叫那个最能打的徒弟（姓名不便透露）说'你和他推推手'。这个徒弟当然明白怎么回事儿，推什么推呀，上去一拳就把那个人打倒在地了。过了好几天那个人都没来，后来听说他死了。这就叫作'师父不想让你有，你有了也不行，我要拿回来'。"

形意拳中的筋力发力，全称为力量筋六楞整体发力，它是该拳的核心，没有这样的发力，也就不会有形意拳和心意拳的存在。关于如何掌握这样整体发力，李见宇先生问过王芗斋先生，王芗斋先生说："这个不是几句话、几篇文章就能表达出来的，咱这玩意儿三年一小乘，发力能用，但是不见得你参拳（每次）能赢；五年一中乘，能有震声的发力；十年一大乘，三段九节皆能随意发力。"意思是说十年和师父不离不弃才能有大乘。李见宇先生也说过："要想学这玩意儿，爷儿俩（师父和徒弟）在一起就像魔怔（着迷）似的才行。"所以这不是说说就能掌握的，师父在日常的言谈举止、一举一动，都会潜移默化影响着徒弟，通过天长日久的耳濡目染，再加上练习，无形中就慢慢掌握了。

形意拳不传之秘——崩拳和虎扑打法与钻裹践简述

王芗斋先生《意拳正轨》中说："意拳之正轨，不外古势之老三拳与龙虎二气。龙虎二气为技，三拳为击，践、钻、裹也。"

崩拳和虎扑的钻裹践打法是形意拳最早的打法，枪法中拦拿扎的打法是由拳法中崩拳的钻裹践打法借鉴而来，因此在枪法中称以枪代拳，在拳法中则称以拳代枪。崩拳是单拳由己身向前做直线冲拳的击打动作，向前的冲拳类似枪法中的刺枪。李见宇先生说："老先生给我讲拳时说过'枪是一扎、拳是一崩，打法都一样，枪是拦拿的一扎，拳是钻裹践的一崩。

但是枪的拦拿扎是一个动作完成的，所以拳上钻裹践的崩拳也是一个动作完成的。刺枪也好、崩拳也好、刺剑也好，这种打法在发力时，要求的都是钻裹践马奔连环的一下动作。钻裹践是对做拳时身体整体发力的要求，它就是发拳手要钻，打人如搂橛（xiē jué）。进身要点儿挂身裹，落脚发力要践踏。这种打法就是六梢儿发力的打法，也只有六梢儿的发力才能做到（见下篇《钩锉试力的崩拳打法》一节）。这都是唐代以前传下来的，（大家）都知道千打不如一扎，这说的就是枪法中拦拿扎的这个扎，扎是从人体的正面刺进来的，它不像刀、斧的劈、砸从人体中线两侧以外进来的，比较容易格挡开，而枪从人体的中间直接刺进来就不好防守，所以习武的把枪视为百兵（兵器）之王，这都是来自咱本门儿枪法打法中的说法，咱本门儿拳的打法是枪拳不分的打法。因此形意拳中还有一个说法，叫千拳不如一崩，万拳不如一扑。所以五行拳的劈拳、钻拳、炮拳和横拳都是由崩拳变化出来的打法，十二形拳的双探马是双拳齐出的打法，如果张开手掌就是虎扑打法，所以双探马打法是从虎扑打法变化而来的。但是变来变去也没有崩拳和虎扑实用。

  崩拳和虎扑也是一样，你攥拳头单出单回地做拳就是崩拳，双手张开手掌双出双回地做拳就是虎扑（见下篇《钩锉试力的虎扑及锁喉手打法》一节及《六艺不传之法——虎扑》一节）。崩拳和刺枪一样，都是从人体的中线直接出拳攻击对方的中线，就像西洋拳中的直拳，攻击距离短，速度快，对方不好格挡，因此大多西洋拳就采用头部向左右躲闪的方式避开对方直拳的攻击，同时中线出拳也能有效防止对方对自己中线的进攻。所以你练一百多招打法根本没有意义，摆拳虽然力量大，但它的攻击距离相对直拳较长，攻击速度相对直拳较慢，发起二次攻击的速度就更慢，而且在做摆拳时自己中线门户大开，这是致命的缺点。劈拳是从人体中线自上而下的打法，虽然不丢中线，但它的攻击距离也相对直拳较长，打击的力度也小于直拳、摆拳和勾拳等打法，实际劈拳在技击中意义不大，从上往下劈倒不如摆拳实惠（力量大）。比如我出直拳攻击你的脸，你用劈拳攻击我的头，我顶着脑袋和你换拳，让你打，能把我怎样？反过来你脸上挨我一拳你又会怎样？不用想就知道谁倒霉了，外面都说劈拳是形意的母拳那不是瞎掰吗？这样的打法能立拳吗？他们（指其他人）认为五行拳的劈崩钻炮横，劈拳在前面，劈就是母拳，但他们也应该知道形意拳最老的打法是拳为枪，枪为拳的打法，劈拳的打法又怎么解释？枪是扎，劈拳是劈，这俩打法也不搭嘎呀。所以钻裹践是指刺枪或做拳时六梢儿整体发力打法，这种发力关键是脚落地时的践踏的力量，它是六梢儿争力的关键，所以钻裹践做出的拳也叫践拳，也就是用暗劲儿发力做出的拳，这都是单传的玩意儿。'

　　无论是枪刺还是出拳，打出去都要有钻劲儿，就是枪或拳都要转着出去，这就是形意拳明谱说的化劲儿，老先生把这叫出入螺旋式。如果不是转着出拳就是暗劲儿，进脚落地发力要有把对方踩死的心，脚踩踏的劲越大，六梢儿整体的争力就越大，发出的力也就越大，身体进身时周身要含裹劲儿，这样刺出的枪或打出的崩拳才有透甲力（穿透铠甲的力，形容非常大的力），这种劲儿用普通的劲儿（指肌肉收缩使肢体做出的屈伸动作产生的力）做不出来，所以六梢儿发力的训练和打法是本门（形意拳门派）的嫡传拳法。郭云深老先生（李见宇先生对郭云深先生的口头称呼）把这个叫'屋里的玩意儿'。现在练形意、心意（形意拳、心意六合拳）的基本没人知道钻裹践怎样用了，就是勉强做出来也是明劲儿的东西，所以他们只能打五行拳。都听老先生在答记者问（《拳学要义（答记者问)》）中说形意的钻裹践，但也没有人能说清楚，就别提会用了。都说是老先生亲传的玩意儿，可这最基础的打法都不知道，还啥亲传呀？老话儿说'形意得一劲（指六梢儿的发力，即暗劲儿），八卦得一手（指单双川掌），太极得一化（指斜面力）'，这都是老拳（拳道，宋以前的拳）里面的东西，最初他们（指其他拳）都有这种劲儿，只是后来（传下来）走样儿了。"见过李先生的都知道，老人家平时高兴时总爱做几下试声发力，与人开玩笑或表演时都爱用单川掌，俗称"拿打"。

　　王芗斋先生在《拳道中枢》中说："形意拳当初有三拳，且三拳为一动作，所谓践、钻、裹，若马奔连环，一气演为三种力之合一作用也。至于五行十二形亦包括在内，盖五行原为五种力之代名词，如十二形，乃谓十二种禽兽各有特长，应博取之，非单独有十二形及各种杂类之拳套也。"

八卦掌的单双川掌

　　八卦掌是拳的名称，原名为"川掌"。"川掌"一词是八卦掌最早期的叫法，也是八卦掌最早立拳时的打法。八卦掌的发力有鞭梢儿劲儿和暗劲儿发力两种，它的打法是借鉴刀法的打法而来，因此八卦掌的打法是采用十指伸开的掌式，意为以掌代刀的打法，这种打法源于董海川先生，所以拳名取董海川先生的"川"字，称"川掌"。川掌的打法叫作"单双川掌"，"单川掌"为单挂单打，即单手挂、单手打。"双川掌"为单挂双打、双挂双打和双撑双打，即单手挂双手打、双手挂双手打、双臂撑双手打。单川掌打法是采用鞭梢儿劲儿发力的打法，双川掌打法是采用暗劲儿发力的打法。

据李见宇先生讲，八卦掌的拳名源于太极拳的拳名，董海川先生原立拳名为"川掌"，后受当时盛极一时的太极拳影响，将"川掌"的拳名改为了"八卦掌"拳名，但在当时，董海川先生的拳法中并没有走圈的练法。随后，在董海川先生的徒弟中出现了走圈的练法，笔者认为，也许是为了更好地体现"八卦"一词的含义吧。笔者粗略了解，在董海川先生徒弟中，尹福先生一脉基本没有走圈的练法，程延华先生一脉却有此练法。

在古刀法中有"撩刀"的打法，这种打法可以单双手持刀，在技击时将刀背朝向外斜侧（人体斜外侧），刀刃朝向己身斜侧，当对方器械来时，用刀背向里刀刃向外转，用刀背向上格挡并挂住对方器械的同时向上扬起刀，此击杀方式称为"撩刀"；再顺势身体向前进半步刀向下做砍杀，这整个动作刀只是一起一落，完成了一个砍杀的动作。

撩刀的技击方法，被当时中国的抗日武装国民革命军第二十九军副军长佟麟阁先生邀请的河北冀县（现冀州市）李晓臣先生教授予手枪队，成为令敌方胆寒的杀技。

八卦掌中的托阴掌打法，是借鉴刀法"撩刀"打法中"撩"的动作，在打法中是一手由下至上撩拨开对方来拳，另一手顺势由下至上用掌法打击对方阴部（裆部）。

八卦掌中的单川掌打法，类似托阴掌的打法，只是将由下至上的打法改为由上至下，另一手托阴的打法变成了横切咽喉，即一手由上或一侧挂住对方来拳的手臂，另一手顺势沿对方的这只手臂向上做切掌动作，击打对方的颈部（门内称为食嗓或气嗓），这种打法又叫"鬼扯转"。

双川掌打法近似形意拳中虎扑的打法，在此不赘述。单双撑打法见下篇《单裹双撑打法》。

王芗斋先生在北平《实报》的《拳学要义》答记者问中说："八卦掌

原名川掌……希望习八卦掌者，专研双单川掌的一举一动，深造力求，而于理论上亦当切实研讨，行之有素，庶乎近之。"

老三刀

老三刀是太极拳之前的拳名，也是打法，它最初的发力形式近似于形意拳中的暗劲儿发力。

老三刀又叫老三手，它的打法是由单手大刀的打法变化而来，因此老三刀的打法是十指伸开的掌式，意为以掌代刀，又因为它是采用单手刀法中的顺刀、单横刀和双手横刀三种打击形式，所以拳名和打法叫作"老三刀"。

在古刀法中有"顺刀"的打法，这种打法可以单双手持刀，在技击时将刀尖向上，刀把向下，刀背向外斜侧，刀刃向里斜侧，位于身体正前方。这种持刀的方式来源于持剑。当对方出器械时，己用刀背由上向下压对方器械同时转刀身向己侧后拨带（此动作称为"顺"，即沿着对方来劲的方向顺势做拨带）对方器械，己顺势侧身向前进步，将刀压着并沿着对方器械向对方头部做砍杀动作。此法为"顺刀"打法，来源于枪法中的打法。

老三刀中顺刀的打法是"顺刀"打法中"顺"的动作，打法是：当对方右手来拳，己方右手由对方来拳的左侧（以己身为参照）由上至下沿顺时针画弧同时转手腕，使手腕外侧挂住来拳手腕后，手顺势向己方侧后方做拉拽的同时己身向前用头部撞击对方面部，所有动作用类似暗劲发力一下完成；也可以在一只手顺对方的同时，另一只手以掌向对方面部或咽喉处做砍击动作，这就是川掌打法中的单川掌打法。因为此种打法是借鉴刀法中的顺刀刀法，所以此种打法也叫"顺刀"，也就是太极拳常说的四两拨千斤。太极拳八门（又叫八法、八劲）中的"捋"，类似这种打法的变形打法。

"单手横刀"与"双手横刀"的打法是：如己右手反握刀柄，将刀身的刀背贴于己右手臂后侧，刀刃向外，尖向上，对战时己右手握刀不变，将手臂弯曲并向体前抬至胸前或面前高度阻挡对方器械，同时己左脚向对方右后侧进步，顺势身体向左转身并带动右手拿刀的手臂做向左转切的动作，以此用刀前端对对方面部做侧切的攻击，打法中格挡进步转身侧切，所有动作在进步间一下完成，此为单手横刀打法。双手横刀是一手握刀柄，一手握推刀背，刀背朝向里（己身）横在胸前，用时身体向前扑，刀刃对对方脖颈处击杀，此击杀方式近似于单手横刀，只是单双手握刀或击杀的区别。

老三刀中单手横刀的打法是：当对方左手来拳，己方用右手和小臂沿逆时针方向向内裹住对方来拳的手臂，同时向前进半步穿裆步，这时是小臂弯曲位于胸前，类似单手横刀中位于胸前的动作，顺势用右小臂撞击对方前胸使其倒地，或用单手掌击对方面部，所有动作用类似暗劲发力一下完成。因为此种打法是借鉴刀法中的单手横刀刀法，所以此打法也叫"单手横刀"。曲臂发力的打法是李见宇先生较为擅长的打法，在太极拳中，自王宗岳先生太极拳十三式后便无此打法。

老三刀中双手横刀的打法，是采用暗劲儿发力的打法，因此基本类似形意拳中的虎扑打法。好似双手横刀中的握刀，将刀横放至胸前，一手推刀柄，一手推刀背，双手掌向外用类似暗劲发力将身体向前撞出。因为此种打法是借鉴刀法中的双手横刀刀法，所以此种打法也叫"双手横刀"。太极拳八门中的"按"就是源于这种打法。

自王宗岳先生将老三刀的拳名改为太极拳拳名，又将暗劲发力改为抖身震脚发力，老三刀中的暗劲发力及打法在太极门中已无人知晓。

八卦掌、太极拳、形意拳中的打法大相近同，其发力方式也基本相同，三种拳的明谱（拳谱）也基本如出一辙，因此八卦掌、太极拳、形意拳被视为同出一源。

王芗斋先生曾和李见宇说过："如果掌握了暗劲儿发力，实际上有（具备）太极拳中的一个起势或一个云手就够用了，用不了那么多下。形意拳也好，八卦掌也好，太极拳也好，古拳发力都是用筋力，打法也大同小异，实为同出一门的玩意儿。"

李见宇先生说："太极拳没有了老三刀的打法，原因是在传承中暗劲儿发力走样儿了，所以老三刀打法就没用了。这就和老先生用虎扑打人一样，虎扑只有用暗劲儿发力才能做，如果没暗劲儿，做虎扑时就变成推人了，技击时就都变成抡拳头的明劲儿了。你看现在有谁还用虎扑打人呢，不都是明劲儿的东西吗？"

丹田气与丹田力简述

"丹田"原是道教修炼内丹中的精气神时用的术语。丹田分为上丹田、中丹田和下丹田。上丹田为督脉印堂之处，又称为"泥丸宫"；中丹田在胸部膻中穴处，为宗气之所聚；下丹田在任脉关元穴，脐下三寸之处，为藏精之所。所以，"丹田气"是道家修炼所用词。

我们常说的"丹田力"，是指下丹田的位置用力时的称呼。如我们在唱歌或说话时，所说的用丹田气、用丹田发声，武术或气功中所说的丹田运气，都是指下丹田。

而丹田运气是用来形容丹田位置的用力，并非真的能够将气运到丹田。王芗斋先生说，丹田要是有气，那人早就死了。丹田也并非指丹田位置的点，而是指小腹。因此，丹田运气是指小腹的用力。

在我们日常生活中，当人体用最大力时，往往深吸一口气，然后憋住再用力，这样人体用出的力持久性强。深吸气就是为了有效调动腹部大量筋肉共同参与横膈膜对肺部吸气的做功。如在杠铃的挺举（提铃和上挺两个动作连接组成）中，是双手抓紧杠铃，深吸一口气憋住（不能向外呼气），然后身体再突然用力提起杠铃，顺势再翻手腕上举；如果在举杠铃时，向内吸半口气，则力量的持久性就大大减少。

人体在用力时，由于肌肉的大量收缩，肌肉中的静脉血被挤压到心脏中，造成了人体缺氧，肌肉得不到持久的收缩，人体用力不会持久。因此，在用力前深吸一口气，是为了尽可能吸入更多的气而增加对体内的供氧。在人体用力前，向体内吸入的气越多，用力的持久性就越长，相反就越短。

在武术或气功中人们所说的丹田运气，只是对腹部用力参与呼吸的形容，所以武术中所说的丹田运气就是丹田力，即丹田部位（小腹部）的用力。

武术中丹田力的训练，是在吸气时想着丹田的位置，意念中要把气吸到丹田处，或在吸气时将手放在丹田处用来增加意念的感觉来引导神经。这样吸气的方式在武术中称为运气，意为将气运行到丹田位置，在运气后憋住气，这时发出的力就是武术中所说的丹田力。如果在用力过程中人体向外呼出气，称为"泄气"。

运气简述

在武术中常听到"运气"一词，运气就是通过意念把气运行到所需要的位置。如要把气运到手掌，就是深吸一口气，用意念想着把气运行到手掌，然后憋住气，手掌绷住劲儿，这样手掌通过肌肉的收缩和筋膜的紧绷（肌肉收缩）对内形成有效的保护层，减少外来力造成的手臂疼痛，我们有时看到的抗击打表演也是这个道理。因此，武术中局部的运气，是形容用词，并不是真的有气运行到所需位置，它只是用神经指挥那里的肌肉做出局部的收缩而已。

屋里屋外的玩意儿

在上篇《招式与套路》一节中讲过，套路是武师们挣钱的工具。武师们在教授武技时，讲究屋里的玩意儿（拳行内称"玩意儿"）和屋外的玩意儿。

屋外教的以明谱为基础，大多是以套路为主及用拙力的功夫（石锁等）。屋里教的是以暗谱为核心的本门嫡传的真实功夫，且嫡传大多以单传形式传承。行话说"屋外的玩意儿是养师父的，要花钱买。屋里的玩意儿才是真玩意儿，虽然不要钱，可想进也真难"。

关于拳的传承，一种是维持家族传承的方式，另一种则采用单传的方式。单传方式的传承在我国传承的文化里并不少见，尤其是依靠技法为生的手艺行业，大多采用这种方式。

形意拳的传承，采用择人单传的方式。王芗斋先生在《意拳正轨》自序中说："戴氏昆仲精于是技，而独详传于直隶深县李洛能，先生授徒甚广，独得李老先师之绝技者，厥同县郭云深先生。"在选择传承人时，不论亲疏远近，只要符合师父的择徒条件和意愿，就可以作为进屋的徒弟。

王玉祥先生与于永年先生合编的《王芗斋生平大事记》中写道："郭老（指郭云深先生）对其他学员皆以常规拳套招法教之，唯独不教芗斋先生。先生遂从师兄弟处偷偷学习，郭老发现后，叱之曰（大声责骂说）：

'玉皇大帝在此，你不向他学，反而各处找土地爷，跟他们能学什么？'是以郭氏门下深入摩地，得心意门之真髓者唯先生一人而已。"于永年先生说，从此以后王先生就乖乖在屋里站桩了。所以，拳行里把真传的称为屋里的东西或屋里的玩意儿，屋里的东西或玩意儿是形意拳中单传的功夫。把在屋外面练的拳称为屋外的东西或屋外的玩意儿，屋外面的东西或玩意儿是形意拳中俱养师父的通拳（指大家都可以练的拳）。

同行不说拳，外行不演（表演、练）拳

李见宇先生讲："我一辈子没有伤过人，没有因为拳和别人抬过杠，因为老先生讲过：'在过去，如果门内（指师兄弟）有人知道你身上有玩意儿（功夫），早晚让同行下了绊儿（暗中害你），所以有了玩意儿要装着（装起来，藏着），别到处瞎显摆。'拳行还有句话叫'同行不说拳，外行不演拳'，就是说当着同行的面儿，都是练家子，不要谈论拳，难免会说到谁谁的好，谁谁的不好，说着说着就会抬杠，最后动起手来。他们（指师兄弟们）都知道老先生叫我天天跟在身边教我东西，就和我推手想套我东西，套不出来就给我设局，花样儿多了。看来老先生说对了，有东西要不装（藏）着点好，我活不到现在，指不定让谁下了黑手了。外行不演拳，因为你表演得再好，练得再棒，对于外行人来说，他们只是看外边，看不到内在本质的东西。29年在杭州擂台（指1929年在杭州举办的"国术游艺大会"）上，老先生上台表演了个武舞，被同门师侄辈儿当时所谓的名家说成戳脚。所以，玩意儿再好也要给有缘的人看才行，你给外行看，他不懂，给同行看，他又嫉妒你。"

真传看玩意儿

武技的各个门派因都有它的传承方式，同门师兄弟的功夫也会有高低。外行人大多看外表或听故事（谣传）。所以，针对王芗斋先生的拳学而言，是否真传，要看你是否具备王芗斋先生所说的符合拳理的发力及试声。这就是行家们所说的"真传看玩意儿"。

李见宇先生说："如果没有老先生的东西，甚至根本不知道什么是老

先生的东西，还非要说是老先生教的。老先生明明就没有打过十二形拳，也没有用过西洋拳的直摆勾，可徒弟如果非要说这是老先生教的，这不是把后人带到沟里去了吗？比如老先生告诉你往东走能到西单（北京地名），如果有的人没有听见老先生指的道儿（路），却非要往西走，当有人和他问道儿时，他告诉后人说往西走能到西单，并且说这是老先生告诉的，这些人一辈子也到不了西单啊。那么，为什么有些人会听呢？因为指路的说是老先生告诉的，就这样大家一股脑儿的都往西走了，把老先生的东西带走样儿了。老先生打人从不抡拳头，因为那是明劲儿的东西，明劲儿和暗劲儿从根本上就是两码子事儿，暗劲儿的东西是易筋易骨易髓高级的东西，因为暗劲儿不戕生，反而对身体有益，所以有了暗劲儿了还去弄低级的东西啊？虽然老先生自己不做明劲儿的东西，但也和一些徒弟们说过明劲的东西。

对于王芗斋先生的拳法而言，基本的技法是暗劲儿发力、有声试声、无声试声的打法。如果没有掌握这些基本的技法，甚至不知道其原则原理，就无从谈继承了王芗斋原传拳法或形意拳嫡传拳法，所以拳行里有句话叫作"真传看玩意儿"。没有玩意儿，故事编得再精彩也只能糊弄行外人。

王芗斋先生入室弟子窦世明先生在民国时期为政府人员，王芗斋先生在一些场面上的事多是由窦先生出面打理，如1945年在北平太庙（现为北京市劳动人民文化宫）注册中国拳学研究会等事宜。由于窦世明先生与王芗斋先生关系很近，对师兄弟们的功夫都有所了解，所以窦世明先生为王芗斋先生墓志铭的撰稿人及《王芗斋先生所传弟子简介》撰稿人。《王芗斋先生所传弟子简介》写于1992年，简介中对师兄弟们的习拳及特点都有较详细的描述。

在《王芗斋先生所传弟子简介》中，对李见宇先生及韩星桥先生的简介中说：李见宇，回民武术家，北京人，一生追随王芗斋老师左右，对老师所传"健舞""勒马听风舞"很有研究，表演发力动作与老师无二，入室弟子常志朗。韩星桥，北京人，其父韩友之，北京名武术家，系形意拳名家单刀李存义得意门生，因此家学渊源。由于李存义关系，王芗斋先生亲授技艺，又因其聪明好学，在王芗斋先生五十岁时带其返回故里授技三年。武技大进后，韩星桥返回北京协助先生教授意拳，姚宗勋的启蒙老师实为韩大师兄，其意拳理论及精湛的实践被王芗斋先生誉为入室弟子，能练王芗斋老师《龙舞》者只此一人。身在上海时，韩星桥、张长信、赵道新、高振东被上海武术界誉为王氏门下"四大金刚"，后居珠海教授意拳。

不难看出，窦先生在写这篇简介时没有按关系远近顺序排列，说明这篇简介真实性很强，为日后研究王芗斋拳法提供了可靠的资料。

《王芗斋先生所传弟子简介》虽然对王芗斋先生的徒弟们都有较详细的描述，但是对于王芗斋先生拳法的技法，只说了李见宇先生对王芗斋先生所传的健舞"勒马听风"很有研究，表演的发力与王芗斋无二；能练王芗斋先生《龙舞》健舞的仅韩星桥先生一人，除此之外均未提到任何人掌握王芗斋拳法的发力、试声、健舞的基础技法。

王芗斋先生和李见宇先生都是用武舞的形式展现技法，除了李见宇先生所掌握的与王芗斋先生无二的发力及有声试声、无声试声以外，其他任何师兄弟或王芗斋先生的后人均未展示过。

暗劲儿发力、试声及暗劲儿发力的打法是王芗斋拳法的核心，李见宇先生遵师命（遵守形意拳嫡传原则）没有在拳行或师兄弟中公开展示过。当下除了李见宇先生的武舞外，很少见到李见宇先生的各种发力和试声的视频公开，这给了一些人编造故事的机会，所以，后人无从分辨。李见宇先生说："老先生说过'是不是真传看玩意儿，故事能骗人，玩意儿可骗不了人'。所以，玩意儿是验证故事真伪最好的手段。"

李见宇先生在王芗斋先生身边特殊的地位和怀有的技法，使他免不了被同行嫉妒，甚至有人编造出一些故事来，说李见宇先生的东西是某某代师授艺（代王芗斋先生授艺），这故事来源于某某和李见宇先生的一段推手视频。那么 既然是代师授艺，为什么这个某某本身并没有李见宇先生的发力、试声及武舞呢？这与王芗斋先生不是郭云深先生亲手传授，而是王芗斋先生的姐夫李振山传授的故事如出一辙，而在郭云深先生所有的徒弟当中，包括李振山先生，都没有发现有谁具有郭云深先生和王芗斋先生独有的暗劲儿发力，所以，玩意儿也是戳穿谎言最好的手段。

李见宇先生曾说："都说是老先生亲手教的，什么教了多少天了，又和老先生住过多少天吧，这都没用，是不是老先生的东西看玩意儿就知道，如果你身上没有玩意儿（指王芗斋先生特有的发力、试声及用法），就算老先生是你的亲爹也没用，玩意儿骗不了人。"

郭云深

河北深县郭云深先生师从李洛能先生习拳十二年,得嫡传拳劲(指暗劲儿发力)并将其发挥得淋漓尽致,得"半步崩拳走天下"之美誉。正是这句话让我们感觉到,当时郭云深先生在实战对敌中,将暗劲儿发力的钻裹践打法发挥到了极致的厉害程度。后人赞:能得郭云深先生一爪者,皆能跃(郭云深先生墓志铭:得其一爪,皆能跃)。

当代拳圣——王芗斋

深入形意三摩地者,唯王芗斋一人而已。

王芗斋先生,姓王,名芗斋,原名尼宝,又名宇僧、向斋,字政和,号矛盾老人。形意拳嫡传弟子,即上古真技传承人(见下篇《王芗斋拳法——神意拳》一节)。1886年(清光绪十二年丙戌年)11月24日(农历十月二十九日)出生于河北省深县魏家林村(见后篇《关于王芗斋先生的真实诞辰》一节),卒于1963年7月12日(农历五月二十二日),享年77岁。先生幼年时期因患哮喘病,被家人送到同里郭云深先生处习拳健身。郭云深先生晚年对身边的小孩(王芗斋先生)非常喜爱,见王芗斋先生聪明伶俐,经常把王芗斋叫到屋里站桩习暗谱。(图9 王芗斋先生)

王芗斋先生回忆说:"由于郭云深先生患有脚疾,经常在炕沿上盘着腿坐着,看着他站桩。在王芗斋先生站桩三年左右时,有一次,郭云深先生突然想下地,可是压在身下盘着的腿没有抽出拿下来,于是,身体向前倒下来。这时在前面站桩的王芗斋先生下意识地顺势向前迈了一步,用双手去托郭云深先生的双臂,郭云深先生的双臂与王芗斋的两手接触时同时一震,郭云深先生才没有倒下来。"就是这回王芗斋先生莫名其妙地发现身上有了像师父郭云深先生一样的暗劲儿。

王芗斋先生与郭云深先生习拳只五年,便得郭云深先生拳劲儿及用法。王芗斋先生讲:"由于郭云深先生故去,在拳劲儿的方法运用上还缺少经验(实战经验),郭云深先生曾说过,'北方人做拳(技击)讲力气,讲功力,这就相对忽视了速度,所以,咱这劲儿(指暗劲儿发力)你越是力气大咱越得劲儿（打），很少有人能赢。南方人出拳讲究拳快，他们的拳法特点就是央、贼（刁钻），不好逮（抓住、挂住的意思），但是他们力量相对北方拳较弱，你以后多走走看看'。"正是由于郭云深先生的这句话，王芗斋先生在后来的实战中吸取了南方拳种的优点。20世纪30年代，著名武术史学家金警钟先生在其著作《国术人名录》中写道："深入形意三摩地者，唯王芗斋一人而已。"

图9　王芗斋先生

20世纪20年代末的上海，匈牙利籍世界轻量级拳击冠军英格，时任上海青年会拳击教练，因其败伤吾国拳术家多人，乃大言中华武功皆花拳绣腿，不堪一击也。王芗斋先生闻听，便上前与其交手，仅在相互接触之一瞬间，英格即被击出，仰卧地上。英格后在英国伦敦《泰晤士报》上发表《我所认识的中国拳术》一文，详细介绍了他是如何败在芗斋先生手下的，文中有句云"我如同被电击了一样"，显示出他当时的惊诧和不解，从此王芗斋的威名更远播海内外。每当谈起此事，王芗斋先生便赞叹英格先生之所以纵横于欧美，皆在于他的诚实笃厚，此精神是拳界必备之支柱，我们应当铭刻于怀。

1939年，54岁的王芗斋先生在北平《实报》上公开发表"欢迎武术界人士驾临弓弦胡同赐教，以武会友，共同研讨今后如何发展我国武术，欢迎观摩交流'的声明。

1940年，日本东京举办大东亚武术竞赛大会，邀请我国参加，并通过伪新民会顾问武田熙特请王芗斋先生出席，南京伪政府汪精卫组织以马良为首的代表团前往。王芗斋先生说，这是儿皇帝的政府代表团，以病坚辞谢绝，并告诉武田熙，欢迎日本武术家前来中国见面，交流经验。马良代表团到日本后，日方人士说，王芗斋先生未来参加，不能承认是中国的代表团。此后，日本的泽井健一、渡边、八田、宇作美、日野等人士先后与王芗斋先生比武，无不失败而归（见山西科学技术出版社于2005年出版的于永年先生著《大成拳站桩与求物》一书第345页）。

泽井健一是当时北平的日本驻军军官；柔道、剑道名家（当时是柔道五段，剑道四段），泽井先生与王芗斋先生在中南海万字廊（王芗斋当时的住处）比试拳法屡战屡败，再试，再败，后提出与王芗斋先生比试剑法，王先生只随手拿了根短棍与之相比，怎奈泽井先生也是屡战屡败，再试，再败。

在此期间闻名前来比武切磋的有日军1420部队的柔道六段教官日野先生、日本拳击高手、朝鲜人渡边先生、曾代表日本参加1936年11届奥运会的柔道六段八田一郎先生等人。特别是与日野先生的比武切磋，比武地点是在姚宗勋先生家的院子（跨车胡同14号，当时技击班设在姚宗勋先生家，主要由韩星垣先生、韩星桥先生和赵道新先生代师授艺。养生班设在太庙，由王芗斋先生亲自教授），隔壁院就是著名画家齐白石老先生的家（跨车胡同13号），于是齐白石老人便成了这次比武的见证人。齐先生看到王芗斋先生打败日野后当即挥笔写诗一首（图10）：

原说日落天已昏，九州仍有北斗明。
庭院周旋只一刹，布衣群里堪玲珑。
假虎假威非真烈，黄泥包中一庸颟。
亡魂幽灵应犹在，万里彩云观彩虹。

在当时，王芗斋先生的功夫大家眼见为实，齐白石先生的弟子们因此拜在王芗斋先生门下习武，最具代表性的有李苦禅先生。

李见宇先生说："老先生自号'矛盾老人'也是那时借鉴齐白石老先生自号的'白石老人'起的，后来我也自号为龙光道人。"泽井先生后来回忆道："我在那一瞬间完全失去自信，眼前一片黑暗，我只能求教于先生，没有其他办法了，但拜在王先生（指王芗斋先生）门下是非常难得的。希望拜在王先生门下的人到王先生那里以后，一般是被放置到练习场里的，必须自己去仿效师兄弟的动作来练习。我有幸是外国人，因此我可以提出各种冒失的问题和做出各种冒失的行动。与王先生交手时，我已是柔道五段，所以对自己的本领很有信心。一旦有了与老师练习实战的机会，我总是首先抓住老师的手腕，想使个招法，但每次都被就地撞倒……我每次被突然弹飞之际，感到心脏有一种被轻轻打了一下的感觉，当然打得很轻，我却感到非常疼痛和恐惧。我曾向中国最了不起的拳法家王芗斋先生请教真正的武道和真正的拳法，在这以前我对武道，尤其是剑道和柔道是自信的，但自从师王先生后我才被教知真正的武道的伟大（注：日本出版《中国拳法——太气拳》摘录）。

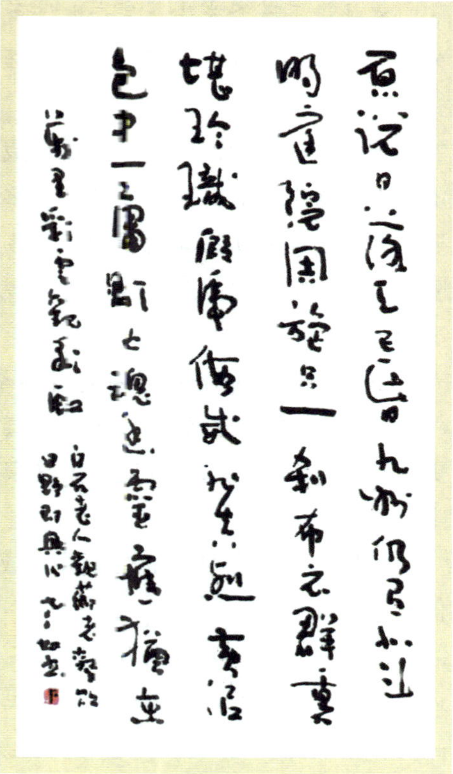

　　泽井先生在他的著作中提到王芗斋先生的拳法，泽井先生说："王先生对于对手攻击过来的拳，总是用腕的内侧迎着挂上，一下子把对方弹回去，好像把对方的拳吃进去，再吐出来。当时觉得不可思议，想这可能是神技，后想不让被挂住，上下摇晃去攻击，但总是被腕弹回。普通都是用腕的内侧把对手引过来，再用腕的外侧转为插手（手向前，插向对方之意）、拂手（手向旁拨之意）攻击。而像王先生用腕的内侧也能攻击的，确实不

图10　齐白石先生题诗

多。一般人几乎不知用腕的内侧，只是上下、内外来回挡，从感觉上不懂如何把拳吸过来。"因而，泽井认为王芗斋先生的这种技巧达到了绝妙的地步。

　　1945年8月15日，日本战败投降。泽井感到绝望，曾想自杀，后经过王芗斋先生开导才打消轻生的念头。他向王芗斋先生请求把拳带到日本，得到了王芗斋先生的许可，并让其对拳自行命名（因当时王芗斋先生不承认大成拳之名，也没有对拳命名，对外都称形意拳或站桩功）。泽井先生事后说："我觉得先生打我时我好像是被一种气打出去的，因此，将该拳命名为'大气拳'"，后改为'太气拳'。

　　泽井健一先生在与当时享有"空手道之王"盛誉的大山倍达先生进行的生死对决中一战成名（至今网络上仍有泽井健一先生与大山倍达先生此次对决的视频），至此，泽井健一先生在日本被尊称为"拳圣"。

★注：王芗斋先生一生击败过多位国外拳手，有传说，也有事实，堪为传奇。上述实例中人证物证均有据可查。

曾听抗日老兵们讲过，在抗日战争时期，日本人拼刺刀，一个普通的士兵能顶得上我军三四个人甚至更多。而作为一名日军军官或教官，肯定要比普通士兵的实战能力要强。王芗斋先生一个50多岁的人，迎战日本军队教官，并能轻松战胜，且让对方屡试屡败，直到心服口服，并且甘心归于门下。

王芗斋先生不仅在国内向各界拳派公开挑战，也是近代唯一让他国（日本东京举办大东亚武术竞赛大会）认可并能够代表中国拳学的武士，更是唯一以一己之力公开向一个国家（日本）的武术界发出挑战的中国武士。

1950年，中华体育总会筹委会成立，王芗斋先生受廖承志先生邀请担任武术组副组长一职。

以上均有官方记载，有据可查，并非社会传言。在中国近代乃至更久远的年代中，无论是历史记录或是民间流传的故事中，虽习武者众多，论武技、论气魄、论胆识，无一人能与王芗斋先生相比，因此，王芗斋先生不仅为郭云深先生拳法的唯一嫡传弟子，更是当之无愧的中国拳圣。

王芗斋先生弟子中，在当时社会中较有代表性的著名人物有：

民国时期（袁世凯时期）陆军部次长齐振林先生（总长为靳云鹏先生）之子齐执度先生

民国时期山东省政府主席韩复榘之子（小儿子）韩嗣煌先生

著名画家李苦禅先生

著名画家徐燕孙先生

著名篆刻家王石川先生（图11　王十川站桩视频截图）

中国式摔跤著名教练卜恩富先生（电影《宗师卜六》主人公）

京城名家王玉祥先生（祖父为清末将军，父为民初将军，杨氏太极名家杨澄甫先生在其家中护院）

图11　王石川先生

武术世家韩星桥先生（1973年周恩来总理亲自指示，由韩星桥先生在国家体委做了意拳现代科学鉴定。父韩友之为形意拳名家单刀李存义得意门生）

泽井健一（柔道五段，剑道四段，后在日本被誉为日本拳圣）

王芗斋原传拳法唯一真传弟子——李见宇

图12 李见宇先生

李见宇先生（图12），姓李，名见宇，原名建羽，字光怀，号龙光道人，人送绰号老顽童，回族，祖籍山东德州。得王芗斋原传拳法及站桩功，是王芗斋原传拳法唯一真传弟子，王芗斋站桩功真传弟子。李见宇先生生于1924年11月25日（农历十月二十九日），卒于2014年1月16日（农历十二月十六日），享年90岁。他6岁读私塾，拜京城著名书法家魏旭东先生学习书法，拜古文书画家林实馨先生学习国画，同年在大兴县（现北京大兴区）第一国术社与唐凤亭先生习形意拳。于1943年师从王芗斋先生，是师兄弟们公认的唯一能够全面掌握王芗斋先生原传拳法的弟子，也是王芗斋先生在世时唯一能够当面表演出发力、试声和武舞，并得到认可的徒弟。李见宇先生是王芗斋先生唯一亲手传授原传拳法的弟子，在从师的二十年中，李见宇先生与王芗斋先生几乎形影不离，也是唯一能够长期跟随王芗斋先生出入各种场合的弟子。

据李见宇先生回忆，当年他刚入门时因个头矮小（李见宇先生身高不足一米六），经常被师兄弟们拿来练手，也常常被打得流鼻血。师兄们说"你要想打人你就先学会挨打"，就这样，每每被打得鼻青脸肿时，李见宇先生就用这句话安慰自己。李见宇先生说："我这个名字是老先生改的。老先生说：'功到高级时不仅感受到宇宙的一些超自然现象的存在，更能置身于其中，观其变化，这就是我说的情趣。你那个名字太轻了（指建羽的羽），应该叫见宇，能看见宇宙，这个宇也是取我的名字的宇字（指王宇僧的宇）。'"

李见宇先生最初习拳是在跨车胡同的技击班，有一次，正赶上王芗斋先生过来（技击班是由王芗斋先生入室弟子韩星桥先生及韩星垣先生代师授艺，王芗斋先生每星期过来几次），刚进院子，看到了满脸是血的他，就瞪着眼睛和其他的徒弟们说："哪有这样练拳的？竟然打师兄弟？"随后转过身来对着李见宇先生说："你别在这里练了，以后跟着我。"就这样，李见宇先生跟随王芗斋先生左右形影不离，成为王芗斋先生的随身弟子（图13 1958年12月李见宇先生与王芗斋先生在中山公园合影）。至此，李见宇先生不去太庙的健身班站桩，也不去跨车胡同的技击班练拳了，因此李见宇先生不属于太庙派，也不属于技击派。当时王芗斋先生在北京太庙开设健身站桩班，在跨车胡同的姚宗勋先生家的后院开设技击班，所以大家每月都要向王芗斋先生交学费。据于永年先生讲："每人每月交给王芗斋先生学费是两块大洋。"据赵道新先生说，王芗斋先生在北京刚开班时因为学员太多，就给赵道新先生写信，让过去帮助教拳，赵

图13　1958年12月李见宇先生（左）与王芗斋先生（右）在中山公园合影

道新先生开始不太想过去，就没有回信，过几天王芗斋先生又来信催促，以为赵道新先生嫌钱少，所以在信中又加了一块（大洋），为每月六块大洋。赵道新先生到北京后和韩星桥先生、韩星垣先生负责在技击班教桩教拳代师授艺，当时王芗斋先生每月给他们三人每人是六块大洋。没过多长时间，赵道新先生以家有事为由返回天津，实为赵道新先生认为技击班有韩氏兄弟足矣，为了给王芗斋先生省钱所以才托词离开［赵道新先生讲，深县训练停止就是因王芗斋先生当时在经济上已无力再支撑下去，所以才被迫终止培训。张壁先生和齐振林先生听说后，为了王芗

斋先生今后的生计才邀请王芗斋先生到北京定居，并安排王芗斋在当时北平（现北京）四存学会体育班教拳授课］，之后早期（上海时期）跟随王芗斋先生的徒弟卜恩富先生、张恩桐先生等也时常去北京技击班教拳，不过王芗斋先生不给他们大洋。

李见宇先生勤快，天生的聪明伶俐，父亲是京城有名的古董商，与王芗斋先生是好友，所以王芗斋先生对李见宇先生非常疼爱，逢人就介绍说这是自己的黑儿子，王芗斋先生把李见宇先生比作是随身携带的小手枪。李见宇先生当时在银行做实习生，王芗斋先生在给李见宇先生讲拳时常用银行的话来讲拳理。李见宇先生讲："老先生常说：ّ站桩就是你要开银行攒本钱，本钱够了你才能够开银行，你从小没学过其他的花活（其他的拳种），兜里是空的好装新东西，装啥有啥，就像一张白纸，画啥像啥，不像他们带艺（武艺）来的，兜里都揣着别的东西，要想开银行攒本钱，要先把自己兜里乱七八糟的掏干净，才能装咱这东西，否则咱这东西没有地方装，即使勉强装进去，出来后的玩意儿也是四不像。'"这样的话后来成为王芗斋教拳的口头禅。

在跟随王芗斋先生习拳期间，为了让李见宇先生掌握更多有关拳法的知识，王芗斋先生特意介绍李见宇先生跟随好友田镜坡大师学习祝由科（《内经》曾有记载，类似于现代的心理医生）的伤科。后李见宇先生因个人原因离开银行的工作，于1960年随王芗斋先生到原卫生部中医研究院（现中国中医科学院）内外科研究所针对慢性病开创站桩功康复班。后因北京大搞气功，各派气功相互争斗诋毁，王芗斋先生无奈只得离开医院。由于李见宇先生当时已经离开银行，因此，王芗斋先生未让李见宇先生离开，事后王芗斋先生对李见宇先生说："你失去了银行的工作了，这里就是你以后的生活来源。"李见宇先生直至退休也没有离开师父给他留下的这份工作。李见宇先生同年正式调入中医研究院气功科，直到1985年退休。

1961年，王芗斋先生应邀到河北省中医研究院传授站桩功健身康复桩，与李见宇先生在中医研究院、于永年先生在铁路总医院（现世纪坛医院）分别开设站桩康复班，通过长期临床实践及对各种慢性病患者和亚健康人群的深入了解，经过不断改进、不断完善，最终形成了站桩健身及站桩康复完整的体系。

因此，在王芗斋先生的弟子中，只有李见宇先生和于永年先生较完整地得到了王芗斋先生亲传的站桩功（见中篇《站桩治病与健身桩、康复桩》一节）。

李见宇先生回忆，当年王芗斋先生经常带他到香山去练习试声，"王芗斋先生站在山坡上，让我跑到对面的山坡上"，王芗斋先生说，"什么时候你的内脏不紧了，声音也就不飘了，声音能打到我这儿了（指低沉的震感）就成了"。王芗斋先生曾带李见宇先生到天津赵道新先生家聊天，李见宇先生说："赵道新先生让我在站桩时尽量把手抬过头，说'因为你个子矮，别人会从上往下砸你，你要养成习惯把手抬高，养成自下向上发力才好使'。"李见宇先生和王芗斋先生在一起时经常聊天，李见宇先生回忆："有一回老先生说：我觉得咱们这个'意'字在先错了，意是想，一想就有（发力的反应），可是还有比意快的你知道吗？不想就有。老先生接着说：'神'比'意'要快，神意、神意，先有神，才有意，是神领导意，神比意快，所以咱这拳应该叫'神意拳'，是神意求之的玩意儿，应该先求神，以神求意，以意求力，神足了，其他就都有了，神是最重要的，庙在神在，庙倒神亡（图14－1）。要再加上武舞，咱们就真复了古原始的玩意儿了（指唐代以前的拳道叫法），但是现在拳道早已成为广义词了，那就应该叫神意拳比较贴切，也符合拳理。"自此，李见宇先生不仅在拳上以求神为首要，在书法上也练就了一笔神字（图14－2）。至此，李见宇先生的一笔神字，在书法界堪称一绝，每逢给他人题字总会写上"神意求之"四个字。

图14－1 李见宇先生"神意求之"书法

赵道新先生说："我在北京期间，李见宇先生就和先生（赵道新先生对王芗斋先生的口头尊称）形影不离，先生只要出门，不管到什么场合,甚至是吃饭都总是叫着他。我回天津后,先生带他来我家几次,在我印象中,那段时间先生还真没带其他徒弟来过,他和先生在一起的时间比先生和子女在一起的时间都长,不过李见宇先生也倒是机灵,对先生特别忠厚。"从当今保留的王芗斋先生的照片可以看出,李见宇先生与王芗斋先生出入各种场合的留影(见书后彩页E),在众多徒弟中包括王芗斋先生家人子女在内,今天我们也只能见到李见宇先生和王芗斋先生的合影。李见宇先生说:"他们用的有一张老先生的半身照片,是从我和老先生还有周秉谦那张合影中剪裁下来的。"

图14-2 李见宇先生一笔"神"字墨宝

这说明李见宇先生经常与王芗斋先生出入各种场合,平日里与师父形影不离。也正是因为师徒之间的这份感情,当李见宇先生得知王芗斋先生生病时,连夜冒着大雨骑了6个多小时自行车从北京赶到天津看望病重的师父王芗斋先生,照料王芗斋先生起居,陪伴王芗斋先生度过生命的最后时光,这足以说明师徒二人感情至深。正是师徒间有这样的感情及真传的传承关系,只有李见宇先生有资格为王芗斋先生墓碑的题字人,而直到八十多岁高龄仍是坚持每年为师父扫墓(图15-1:李见宇先生在为王芗斋先生题写的墓碑前留影)。

图15-1 李见宇先生在为王芗斋先生题写的墓碑前留影

李见宇先生留下的影像和文字资料显示,李见宇先生所掌握的王芗斋原传拳法的各种暗劲儿发力、有声试声、无声试声、武舞及形意拳原传的暗劲儿发力打法,均是在王芗斋先生其他任何徒弟的影像或文字资料中见到，也就是说李见宇先生与王芗斋先生一模一样的发力和王芗斋先生《拳道中枢》中所说的有声的试声及无声的试声，除了李见宇先生外没有第二个人掌握。赵道新先生说："先生带李见宇先生来我家时，李见宇先生做了各种试声，尤其是模仿先生的无声试声和顿气试声真是绝了，要不是先生让他做，估计这辈子我也见不到有第二个人会了。"而李见宇先生是按照形意拳暗谱单传的方法训练的，在王芗斋先生的徒弟中，除了李见宇先生之外，无任何一人按此方法训练（训练方法见《下篇》），甚至除了李见宇先生之外，无任何一人知道形意

图15-2 芗斋先生墓碑主碑正面照，题写人为李见宇先生。此碑立于1993年，由王芗斋先生家人及第一代、第二代主要直系弟子共同出资建立。

拳嫡传的（郭云深先生在屋里教授王芗斋先生的方法）训练方法。所以李见宇先生是王芗斋原传拳法的唯一传承人，也就是形意拳、心意拳单传拳法的唯一传承人，因此，李见宇先生是王芗斋原传拳法的唯一真传弟子。

李见宇先生作为王芗斋原传拳法唯一的真传弟子，能文能武，由于王芗斋先生与齐白石先生是好友关系，加上齐白石先生的弟子有许多在跟王芗斋先生学习站桩，因此李见宇先生与齐白石先生的多位弟子成为好友。他们一起相互交流拳学心得及绘画技法等，把拳学理念与绘画技法融为一体，相互贯通。在齐白石先生的弟子中，最具代表性的是李苦禅先生，李苦禅先生不仅在绘画上登峰造极，在拳学方面也造诣很深。李苦禅先生与李见宇先生是挚友，李苦禅先生在书画界被誉为"能文能武的画家"，李

见宇先生在武术界被誉为"能文能武的武术家"。

1953年李见宇先生所画的一幅《青松白云》山水画,被选为献礼毛主席六十大寿的作品,同时与100位绘画名家的作品一起被收录在中央档案馆出版的大型画册《毛泽东珍藏名家画集(1)》中,排在第50位。同时入选的画作有齐白石先生、徐悲鸿先生、李苦禅先生、李可染先生、娄师白先生等名家的作品。1993年参加当代名人名作展,五幅作品全部被国家收藏并获奖。李见宇先生的书法一笔"神"字,绘画作品《兰草》,堪称一绝。

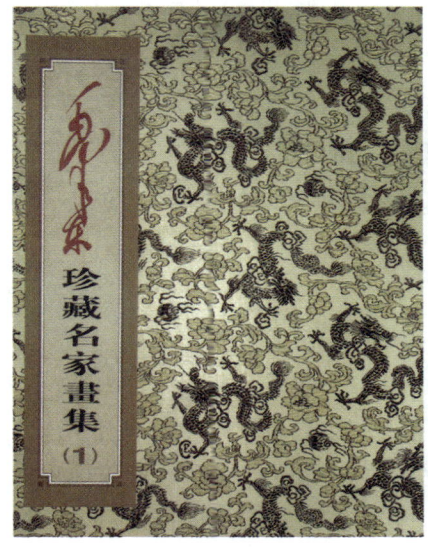

图16-1 《毛泽东珍藏名家画集(1)》封皮

图16-2 李见宇先生绘画作品,被毛泽东珍藏名家画集(1)收录在第50页

李见宇先生在第九届世界中医大会获气功杰出奖,被国外杂志报道为"能文善武的中国人"。

1992年中国中央电视台国际频道(CCTV—4)《中国报道特别节目之星座》栏目为李见宇先生做了专题报道。

2004年李见宇先生应邀为人民大会堂作画《咬定青山不放松》(人民大会堂收藏证书第998号)(图)。

2009年12月31日《人民日报海外版》以《文武见宇》为标题,对李见宇先生做了专题报道。

2012年中国中央电视台电视指南频道《艺海》栏目，以《文武大师——李见宇》为题目，为李见宇先生做了专题报道（图17）。报道中说："从1943年拜王芗斋先生为师，直到1963年王先生在天津辞世，在长达二十年的时间里，李见宇一直伴随在王芗斋先生身旁，这为他学习意拳创造了得天独厚的机会，至今李见宇是从精神上、形态上，能够酷似地反应王芗斋老先生行拳（指这种暗劲儿发力、有声试声、无声试声、雷声发力、暗劲儿发力的打法、武舞）神态（行拳时的表情和身体的姿势）的唯一传人。"

图17　中央电视台电视指南频道《艺海》栏目报道《文武大师——李见宇》截图

王芗斋拳法与大成拳、意拳

王芗斋原传拳法，简称"王芗斋拳法"，是王芗斋先生《意拳正轨》中所说"古曰，心意拳之拳法。王芗斋先生在《养生桩简介》原稿中称古心意拳。古心意拳为形意拳之意拳拳法（见下篇《王芗斋原传拳法——意拳（五拳六艺）一节》），即王芗斋先生为拳之方法。关于王芗斋拳法，香港意拳研习会编印的《意拳浅释》一书第1页中，由汤又觉先生（汤汝琨，王芗斋先生弟子）于1975年所写的《前言》中说道："先生（指王芗斋）往来大江南北，授徒无数。而从学者中能对其拳理具有真正之了解、正确之认识者屈指可数。其情形有如盲人摸象，触象鼻者则云象形如蟒，触象腿者则云象形如柱，触象身者则云如壁；实则均对意拳只一鳞半爪之了解而已。"（于永年先生将带有著者汤汝琨先生亲笔签名的《意拳浅译》一书赠予笔者）

关于意拳与大成拳，韩星桥先生的《见证意拳》一文中说到"上世纪20年代末期，上海南京路先施公司后牛街路正式挂牌'意拳社'并公开授徒"。

山西科学技术出版社于2005年出版的于永年先生著《大成拳站桩与求物》一书第351页收录了王玉芳女士（王芗斋先生之女）所写的《从意拳到大成拳》一文，文中说："20世纪20年代初期，先父在上海教授门徒时，发现有人只注重形式招法而忽略了精神意念的锻炼，深感如此本末倒置将有碍拳术发展，为时时提醒学生，遂将自己所习的形意拳改为意拳，其意是为了强调在锻炼中，每个动作都要贯穿以相关的意念活动，而不应单纯追求外形锻炼，也就是先师所说的，'只要神意足，不求形骸似'。当时先父将形意拳改为意拳的本意并不是为立拳名，而是为了强调意念的锻炼……另外，以'意'为名的拳种在很早以前就已经存在，如近来刊物中所介绍的山西太行地区的意拳。介于以上种种原因，先父认为所授的拳名为意拳似有不妥。在此十余年期间内先父游历大江南北，访名家会益友，自己的技艺又有了突飞猛进的发展，无论是拳理和训练方法上都更加臻于完善……所以北京的张玉衡（张壁）先生将这种拳定名为大成拳，即先父所著《拳道中枢》总纲首句所下的定语'拳本服膺，推名大成'，实为赐名为大成拳……"

于永年先生与王玉祥先生合编的由山西大同大成拳研究会于1986年9月发行的内部资料《王芗斋生平大事记》12页中说："张玉衡先生以'大成拳'名之，意以集我国拳术之大成也。当时先生（王芗斋）以盛意难却，未坚拒之，'大成拳'之名乃流传下来，实则非先生之原意。他曾对弟子们说过'拳学本无止境，哪有大成之理'。"

在其他版本的《王芗斋先生生平大事记》中记载，1940年夏，张壁（字玉衡）先生、齐振林先生二人赞许意拳，赠意拳名"大成拳"，因不合芗斋先生本意，当时曾有意辞谢，但又不便推去，况且张老先生已于1940年4月2日在《实报》上发表了《大成拳的命名》一文，大成拳名遂由此传开。后虽恢复意拳一名，但因大成拳已人称多年，广为流传，至今意拳、大成拳二名同存，实乃历史之产物。

据李见宇先生讲："王芗斋先生所著《拳道中枢》首句原文为'拳拳服膺，空灵松腾'，后被张玉衡先生改为'拳拳服膺，赐名大成'。"试想原本王芗斋先生不同意"大成拳"一名，不可能在《拳道中枢》中用推名"大成"一词，用了就等于承认了这个拳谱叫作大成拳了，而且与《拳道中枢》的题目相互冲突了。空灵松腾是该拳的核心，放在首句显要位置是拳谱的规矩。《拳道中枢》首句的原话为"拳本服膺，空灵松腾"，这在永年先生和杜吉星先生处都得到了证实。

清华大学富佐清先生（原四川讲武堂学员）曾邀请王芗斋先生到四川讲武堂授课。富佐清先生正是那时与王芗斋先生相识并拜其为师的，富佐清先生后居住在北京的清华大学，因年龄相差不多，王芗斋先生在北京期间，两人是亦师亦友的关系，经常见面聊天。据富佐清先生讲："王芗斋先生对他所教的拳一直叫'形意拳'，其实王芗斋先生的东西就是形意拳老的东西。"

关于拳名，于永年先生说："王芗斋先生在北京教拳时一直叫'站桩'。"据李见宇先生讲：

"王芗斋先生在上海时期注册过意拳社，那时是因为当时王芗斋先生打算要在上海立足吃教拳这碗饭，所以就需要注册拳馆招揽学员，因此王芗斋先生在钱砚堂先生和吴翼辉先生的帮助下用意拳的拳名注册了意拳社，王芗斋先生说意拳的拳名本身就是心意拳老的叫法。之所以后来放弃意拳拳名，并不是像王玉芳女士所说是因为山西太行山一带有叫意拳的原因，实为王芗斋先生当时只是用意拳拳名注册了拳社。在教拳上为了使学员们达到速成，所以采用了改进后的站桩，后来又为了应对拳击比赛，把形意拳三体式的桩进行了改良，变成了后来的技击桩，最早这个桩叫浑元桩（见后篇《王芗斋先生教拳授艺概况》一节）。目的就是想探讨出一种能够尽快适用于明劲儿打法的拳劲儿，由于大家多是带艺跟随王芗斋先生，所以当时的打法基本沿用各自擅长的打法，这样可以尽快训练出能够参加比赛的选手。因此王芗斋先生除了站桩以外，并没有确立或形成一套完整独立的适合竞技比赛的打法，只是在各自原有打法基础上做了去繁就简的改进。正是如此原因，这样改良的桩法和大家各自的拳法，已经脱离了原传意拳（心意拳）拳法的东西［见下篇《王芗斋原传拳法——意拳（五拳六艺）》一节］，所以王芗斋先生在北京教拳时用'站桩功'一词，却没用意拳的拳名。也正是当时王芗斋先生在北京时没有拳名，所以张壁先生才起了个'大成拳'的拳名。"

据查阅张壁先生当时在实报发表的题为《大成拳的命名：四存学会演述》及《大成拳的解说》的两篇文章，大成拳的拳名是张壁先生对王芗斋先生技法及倡导去繁就简，合乎人体卫生新拳学理念的赞誉，所以他是对王芗斋拳法所起的誉名，民间称为绰号。

王芗斋先生将形意拳的暗劲儿发力与健舞两者结合，形成了武舞，这就是古拳拳道的核心，即蝉眠蝶舞。因比，按王芗斋先生的拳法（惊炸力和武舞）应该叫"拳道"或"上古真技"较为确切。若按拳理，应该是王芗斋先生晚年所起的"神意拳"拳名更符合拳理。20世纪40年代初，王芗斋先生曾著有《拳道中枢》一稿且广为流行。

关于王芗斋先生所著《拳道中枢》书名被改为《大成拳论》，山西出版集团山西科学技术出版社于2011年出版的于永年先生著《大成拳站桩与道德经》一卡第350页序——《历史的见证》一文中说：

1944年，经罗耀西大夫介绍，我向王芗斋先生学习大成拳站桩功，当时王先生住在中南海万字廊。不久王先生亲自交给我一本线装红格旧式商业账簿，就用毛笔写得整整齐齐的《拳道中枢》原稿，嘱我回去好好抄写下来并作为学习资料。我抄写的这份宝贝原稿虽经"十年浩劫"，却一直完整地保存到今天，已有50个春秋了。当时由于条件关系，此稿未能铅印出版，只在同学之间互相转抄，并被当成唯一的经典著作学习。

1960年，杨德茂、姚宗勋二位师兄把这份原稿改称《大成拳论》，并刻成蜡板油印百余册分发给同学们传阅学习。由于这份原稿言语偏激，对其他拳种有所评论，不利团结，当时我与沈其悟教授曾向王先生建议删除其中过激言论，另外改写一份《拳道中枢》。王先生采纳了我们的建议，嘱我负责修改。我经过多年反复思考、修改，定稿后在1986年为纪念王芗斋先生百年诞辰时作为大同市大成拳研究会内部读物付印刊行，书名为《拳道中枢站桩功》，1989年编入拙著《站桩养生法》中并公开发行。因此，目前流传的版本中有过激言辞的原文者称为《大成拳论》，删除其中过激言论，重新编排改写者称为《拳道中枢》。以上两种版本的王芗斋先生的遗著可供同学们对照研究。

姚宗勋著《意拳》一书附录中的《拳道中枢》实际上是《大成拳论》的原文，但是其中缺少《拳学总纲》一节。上述两种版本总纲的第一句话都是"拳本服膺，推名大成"。可能是书名为《意拳》写的与"推名大成"不相符合的缘故吧,故此删去。但在《自志》中仍有"……另外一种特殊拳学,而友人多试之甜蜜,习之愉快,因金以'大成'二字为吾拳"。在《习拳述要》一节中有"本拳在20年前,曾一度有'意拳'之名"之句。关于"意拳""大成拳"名称之由来,只是历史,无法否认。"

王芗斋先生所著《拳道中枢》,题目与文章内容相符合。拳道是中国武技之道,中枢是关键的枢纽或核心,"拳道中枢"是指中国武技之关键枢纽。而《大成拳论》则是某一个拳种的论述性文章,但文章的内容却又不是论述性文章,所以《大成拳论》的题目与文章内容不符。李见宇先生说:"老先生原本写了个大学教材(指《拳道中枢》),他们却改成了幼儿书,但凡能耐下心来好好看看(指《拳道中枢》文章),也不至于这样改(指《大成拳论》的题目),文不对题的东西(指题目和文章内容不符),有中学水平的也能看得出来啊。"笔者认为,原作者委托他人改稿,文章题目必须征得原作者本人同意,重要或关键语句应征求原作者意见,若在没有征得原作者同意下擅自改动原意、题目或关键语句,从某个程度讲,也有侵犯原作者的修改权、保护作品完整权以及复制权的嫌疑。

关于大成拳拳名,由薄家骢先生(姚宗勋先生弟子)著,中国中医出版社于1999年6月出版《意拳中国最新实战拳学》第一章的意拳清源中写道"同道友人赞许意拳,并赠名为'大成拳'"。王先生当时推却不能,听之而已。但谆谆告诫自己的学生:学无止境,何谓大成?不允许自己的学生叫"大成拳"。

李见宇先生说"从张壁先生命名大成拳登报起,技击班那边就开始用这个拳名,直到今天大家都在用,因为当时没有别的拳名,老先生也不可能不让弟子们用,我天天跟着老先生,从没听说老先生不让弟子们用这个名,但是老先生自己却从来没用过这个拳名写过文章"。

关于王芗斋先生创拳,赵道新先生说"王先生早在26年就提出,国术要去繁就简及合乎人体卫生的拳学理念,这在当时是很创新的思想,齐执度先生(王芗斋先生弟子)所写的《拳学新论》就是以王先生新拳学思想的命名"。

王芗斋是智者而不是神

王芗斋先生是智者，之所以这样说，是因为他得到了形意拳中嫡传的功夫后，主张去掉传统武技中套路招式等不实用的糟粕东西，使武技恢复到实战技击的本来面目。李见宇先生说："技击没有那么多手儿（招式），手儿越多越骗人，西洋拳击就直摆勾三下。老先生说：'西洋拳的直摆勾三下是明劲儿最精妙的拳法，西洋击剑术是进退最快的步法，暗劲儿的东西（指暗劲儿发力的打法）就一个虎扑就够用了。'"王芗斋先生将武舞和健舞融入拳中，使失传了几百年的中国古拳"拳道"得以全面恢复。

一些大成拳的爱好者，将王芗斋先生视为神，也将其所写的拳学文稿神秘化，甚至被一些门内人士夸赞为几百年才出一个王芗斋。

赵道新先生说过："先生是人，不是神，要是几百年出一个，那么就没有李洛能和郭云深老先生什么事了。这就是庄稼人的玩意儿，没那么神秘，只是先生得到了别人没有得到的嫡传的玩意儿，先生要真是那么神，怎么在深县训练时一个都没能练出来呀？"

关于王芗斋先生在河北深县训练一事，坊间多有流传。据赵道新先生讲："先生在上海时想组织一些人训练后去和拳击打比赛，先生当时觉得拳击的直摆勾打法很精妙实用，为了应对拳击的打法和规则进行了针对性训练，先生的技击桩就是为了应对拳击打法，在形意拳三体式的基础上改进而来，因为拳击规则不许击打腰带以下，所以先生把三体式的后手抬高，站姿和双手环抱也是借鉴拳击中的站姿和防护手势。上海沦陷后，先生就带着几个能跟着走的徒弟回先生的老家河北深县训练。但是这种创新的方法，事后无一人能得大成，先生后来说'当年是有些太急功近利了，看来站桩不是解决明劲儿最好的办法'，实际就是先生对拳术的改革失败了。后来先生在北京开班时曾让他们（指技击班）研究拳击，先生的意思是研究对付拳击的方式方法的拳术，并不是学拳击的打法。拳击经过上千年的完善，它所有的训练体系比较完整，所以咱们再去用传统的东西训练拳击的直摆勾打法，肯定赶不上人家，这个概率几乎是0，因为传统拳的用劲儿与西洋拳击的用劲儿从根上就是两回事，就是说传统拳的用劲儿方法奠定了传统的打法，西洋的用劲儿方法奠定了西洋拳的直摆勾打法。"

李见宇先生在一次和王芗斋先生聊天时说："师父，我对矛盾桩有点看法，不知道对不对，您看，如果有了六梢儿力，怎么站怎么有，什么桩都成，我觉得，如果上手（新手）就是矛盾桩，会由于后手抬高，身体上下的劲儿脱节，虽然劲儿能很快站到手上去，但是稍不注意就容易出现肩紧努气现象，这样六梢儿不容易连上，所以，感觉这样的劲儿是虚劲儿（不实用的劲儿）。还有就是这个矛盾桩双手心朝向体内，与试力时双手掌心朝向前下、十指向外指有点脱节（练用不一致）。我感觉三体式容易出劲儿，因为三体式是后手在腰前向后拽，前手向前撑，两手之间容易形成争力，同时也容易与其他梢节之间形成争力，身体和手形成的也是反拉弓的状态，这样上下不脱节，劲儿容易上手，如果上劲儿了再站把手抬高的矛盾桩就容易多了。老先生说'你学的是嫡传的东西，嫡传的东西就应该按照规矩来，所以，上手和他们不一样，其实整劲儿（指六梢儿合力）有一个正桩就够了，用不了那么多桩，我学拳时也就一个正桩得的劲儿（指整劲儿），郭老先生（王芗斋先生对郭云深先生的口头尊称）教我时，一直是站正桩，就有了六梢儿，郭老先生让我站的是老桩的持枪桩（见下篇《持枪桩的站法》），这个桩从姬公（姬际可）时就一直是单传的，三体式我基本没站过'。接着老先生就演示了持枪桩的手势并说'别看这个大拇指一挑，比张着手上劲儿快多了'。接着老先生又说：'原本是因为过去的形意拳都太注重形了，所以我才强调去形留意念，是去掉多余无用造作花哨的形，保留原来的意念活动。现在咱们又弄出了很多桩，一大把的意念活动，这些都是为健身设立的，估计不出两代人，没准又搞出百十个桩和一大堆的意念活动出来，看来咱们也要和那些玩套路的一样了，可是咱们不是没辙吗，为师也要吃饭呀！'"

李见宇先生当年随王芗斋先生一道在中医研究院搞意念及康复疗法，李见宇先生讲："老先生那时没有生活来源，经人介绍到中医研究院，我当时已经离开了银行，老先生对我特好，就带我去了中医研究院。那时全国都是气功热，各个中医院都在搞气功疗法，教拳的也改行教气功了，老先生将形意拳中的站桩和试力中的意念结合并延伸，搞了站桩意念疗法，被划归到中医气功一类。当时老先生说过，咱们也是探索，不过有些病症也确实有很好的疗效，（病人）得到了康复。后因被气功派排挤，老先生被迫离开中医研究院。"

王芗斋先生一生,对拳学不断摸索,不断改进,有成功,也有失败。所以,王芗斋先生是智者而不是神。

论习拳

拳术中,一是发力,二是拳法,发力无外乎肌肉力的明劲儿和筋力的暗劲儿两种。

王芗斋拳法为形意拳嫡传拳法,发力属于暗劲儿发力,主要打法为暗劲儿发力的崩拳打法和虎扑打法。

一些人认为,虽然都是一个师父所传授,但龙生九子,子子不同,习拳者会因为每人对拳理的理解不同,所以做出的发力或打法也会各有各的特点。但是,对王芗斋拳法而言,发力只有对与错,不存在各有各的特点之说。因为人体的发力就是上述两种,要么就是肌肉力的明劲发力,要么就是筋力的暗劲儿发力,所以只要是肌肉力的明劲儿发力就是错误。这就像老师教算术时告诉你一加一等于二是正确的,不能说每个人理解不同,把一加一说成等于三或四也是对的一样。再比如,拳击老师明明教的打法是直摆勾的打法,不要做成了抡掌、切掌的打法一样,不能说是因为个人理解不同,所以才各有各的特点。再比如王芗斋先生明明用暗劲的虎扑打法,后人却做成了抡拳头的明劲打法,这也不能说是因为个人理解不同而形成的各有各的特点。

关于对习拳的理解不同会形成各自特点一说,应该是在已经具备或掌握了师父所传授的技法的前提下,再根据自己的特点,做出符合自己的打法。不能说还没有掌握或没有学会师父所传授的东西,就说是因为理解不同才形成了自己的特点,没有学到或没有掌握与龙生九子、子子不同的特点一说是两回事。

整劲儿发力辨真

发力是拳技的基本,检验发力是否正确唯一的方式就是实战技击。若不能用于实战技击的发力,只是类似武术套路的一种表演形式,或是一种骗吃骗喝骗名骗利的工具。

　　一切由肢体屈伸或腰、胯、肩的扭摆动作发出的力，均为明劲儿的发力，它包括形意拳或意拳（大成拳）打出五行拳或直摆勾拳时猛然一顿的发力。

　　整劲儿、短劲儿、寸劲儿、暗劲儿都是一种劲儿，只是叫法不同。整劲儿是中国武术中大多门派追求的一种在实战技击中的发力方式。虽然各门派都有整劲儿的发力，但都仅限于发力动作的表演，真到实战技击时却无从发挥。如我们常见的太极拳跺脚（震脚）抖身发力，大成拳的直摆勾的顿发力、转腰脊的抖身发力、转腰胯的抖身发力及丹田的抖身或震身发力等，但是这些发力者在实战技击中无一不改用像拳击似的抡拳，平时所演示的整劲儿发力踪影皆无，说明这些发力是错误的，因为它不能用于实战技击中，因此这些发力在中国武术界的各门各派中只是一种发力动作的表演，不具有丝毫实战性。

　　关于暗劲儿发力详见《下篇》。暗劲儿发力是形意拳中嫡传的发力，也是王芗斋先生立拳的发力，如果王芗斋先生没有这种发力，那么王芗斋先生的拳法也就不复存在。

　　在王芗斋原传的拳法中，暗劲儿发力的打法是虎扑打法，它是王芗斋先生惯用的手法。所以，虎扑打法是检验暗劲儿发力的代表性打法，如果发力不整，在推手练习中做出的发力动作就变成了手臂屈伸的推人动作，在实战技击中也无从发挥，这样在实战技击中就只能用肢体屈伸动作的明劲儿发力。在传承中，后人没有掌握正确的暗劲儿发力，才造成了太极拳老三刀打法及形意拳、大成拳虎扑打法的丢失，将之改为了明劲儿的抡拳打法，在推手中做出推人的动作。因此检验暗劲儿发力是否正确，要看它能否在虎扑打法中得到应用。

　　在技击中，暗劲儿发力是人体所发出的打击力，它是由人体中整体力量筋所发出的力（见下篇《心意六合拳名藏练法——筋力与六梢》一节）。所以暗劲儿发力又叫"整体发力"，这种发力是通过相对较少的肌肉去带动整体力量筋完成的发力，因此这种发力也称"整体筋力发力"，简称"筋力"。而明劲儿发力是通过相对大量肌肉去带动少量筋（部分力量筋）完成的发力，因此这种发力称为"肌肉力发力"，简称"肌肉力"。

　　所以筋力与肌肉力是相对而言，并非绝对筋或全部肌肉都参与做功的绝对整体（见下篇《筋力与局部力、全体力简说》一节）。

由于肌肉与肌肉之间是依靠筋把它们连接在一起的，若想要达到肌肉的整体发力，就意味着全身肌肉及大量筋都要参与做功，而全身肌肉与大量筋都参与发力的做功就是身体的僵硬状态。这种用力属于全体力，即全身体的用力，它只能应用于搬抬重物等的用力中，不能应于技击中。只要不是全部肌肉参与做功的发力，就不能称为整体发力，应该称为"局部发力"，即"局部力"。

王芗斋先生在解释整劲儿发力时，曾多次双手拿着衣服角做向两边拖的动作，就像一条绳子的两端同时用力向外拖，这就是绳子两端形成的争力，争力是大小相等方向相反的力。争力也叫矛盾力，由于绳子的两端同时向外用力，所以整条绳子受力均匀，这样作用于物体上的力就是整力，俗称"整劲儿""整体发力"。这就类似人体的力量筋梢节争力时所发出的力，因此，只有力量筋争力所发出的力才能称为整体发力（图18）。绳子

图中所示AB线段为人体力量筋梢节，箭头方向为用力方向。

图18　人体力量筋梢节争力发力（整体发力）示意图

的中间与一端或中间某一段的争力，称为局部争力，因为在这种局部争力作用下，整条绳子受力不均匀，所以这种力就属于局部力。这就类似于人体做出的肢体屈伸动作打出的直拳或做出的蹬踹，这种力就属于局部力中的屈伸力（图19）。由于筋只能做拉伸的动作，不能做拧转的动作，身体腰胯、腰脊、肩膀的拧摆动作主要是在相对大量肌肉作用下支配相对少量筋完成的动作，所以，由拧摆动作所发出的力属于局部力中的拧摆力，这

图中所示：AB线段为整体人体，箭头方向为用力方向。

A为人体脚端，B为人体头手端，C为人体腰胯及丹田位置，E为人体肩膀位置

图19　肌肉力（明劲儿）发力示意图

就类似于人体做出的腰胯或腰脊转动的动作打出的摆拳或做出的摆腿侧踢。比如由抖胯或甩胯发力、抖身发力、打摆拳时一顿的发力都属于局部力。（见下篇《筋力与局部力、全体力简说》）。因此，整体发力、整劲儿、整体争力是指暗劲儿发力。肌肉力、局部力、屈伸力、拧摆力是指明劲儿发力。

　　李见宇先生说："老先生扽衣角，就是告诉你发力是二争力，也就是老先生说的'矛盾力'，只有这样的力，才是老先生说的'无处不争或无处不矛盾'，到用时才能做到老先生说的'周身无点不弹簧'。所以你的发力对不对，看你做出来的是不是两头的争力，如果不是，那你的发力就和老先生的玩意儿没关系，所以并不是一哆嗦就都是整劲儿发力，那要看你是不是与脚发生关系（与脚产生争力），要是与脚没有关系，那就是错误，就不是整体的发力。"

　　在人体用力时，力主要来源于人体中三对力量筋（见下篇《筋力六梢解析》），力量筋的两端称为"梢"，三对力量筋共计六个梢，分别是双脚、双手、尾尖儿（尾椎）、头部，它们就好像绳子的两端，当六梢同时均等用力做相互扽的动作使六梢相争时，产生的争力，就如同绳子的两端用相等的力向外扽时产生的争力一样，这时人体从上到下的三对力量筋受力均匀，人体形成一种网状的立体力，这就是王芗斋先生所说的"浑圆力发力"，这样的力就是人体的整体筋力发力，拳家俗称为"整劲儿"。因此整劲儿是脚、手、头、尾尖儿六梢相争时所发出的力，王芗斋先生反复强调"根松梢紧"的"梢"就是指这六梢。

　　在虎扑打法中，打击对方时，脚借助地面的反作用力（脚蹬地）与双手、头、尾尖儿相互形成争力做出的虎扑发力动作，就是整劲儿发力的虎扑打法，这种整劲儿的发力也就是王芗斋先生平时所说的"脚踩多大劲儿，发出的力就会有大劲儿"。因此发力从外表动作看，它必须是脚与发出力部位的力量筋之间争力，才能称为整劲儿，这是人体发出整劲儿唯一的方法，除此之外人体的任何发力均不属于整劲儿。如在虎扑打法发力时，脚与双手之间的力量筋没有形成争力，这时做出的动作往往是手臂屈伸的推人动作，这种发力就属于局部力的屈伸力。因此在技击发力时，无论是抖身、抖臂、打出拳时一顿的发力，还是发于脊、胯、丹田、尾闾等部位的力，除人体力量筋六梢之相互争力参与的发力以外的任何发力，都属于人体的局部发力,不能称为整劲儿或整劲儿发力。

关于怎样整劲儿发力,在王芗斋先生的所有拳稿中基本没有直接描述。因此,一些人在王芗斋先生的拳稿中断章取义,甚至套用一些中医理论和太极拳理论去解释整劲儿发力。

虽然发力在习拳中至关重要,郭云深先生也只在解释拳经中用"如迈沟壑"四字形容。王芗斋先生在《拳道中枢》中也是含含糊糊用"非口传心授,未易有得,更非毫端所能形容,故不必详述也"一语带过。王芗斋先生的拳稿经后人删改的也不少,甚至将拳稿的题目根据自己的需要被替换成为《大成拳论》(原稿为《拳道中枢》)。将拳的核心删改掉。拳稿由"拳拳服膺,空灵松腾"改为"拳拳服膺,推名大成"。"空灵松腾"是习拳的宗旨,它包括站桩、试力、试声到技击的全部阶段。李见宇先生说:"对老先生的拳法来说,有了这四个字,这是精华。"李见宇先生和孙闻青先生所写《芗师语录歌要》中把原《拳道中枢》中被删掉的"空灵松腾"作为歌要的起始句为"拳拳服膺,灵空松腾",说明这四个字在拳中的重要性。

习拳爱好者们对王芗斋先生的拳稿都如获至宝,由于没有体认,今天他解释一两句,明天你又解释一两句,有些加上了太极或其他门派的理论,甚至还有些杜撰,大家都钻在王芗斋先生画的大圈子里东撞西撞的出不来。至今没有哪个人能把王芗斋先生的拳学理论系统地讲得清楚。

关于整劲儿的发力,在拳界常见的如下几种说法,为了方便大家学习,在此做一简单论述。

1. 遒放——蓄(缩)力发力

在王芗斋先生的拳稿中曾提到"遒放"一词,一些人认为王芗斋先生提到"放"就是发力,于是认为"遒"就是缩回来蓄力的意思,并且用郭云深先生在《形意拳经》中所提到过的"身似反弓"去解释,认为"遒"就是身体如弓反向(向后)拉起来或身体缩回来的动作为蓄力,叫蓄发力,然后身体放松或者身体正向(向前)做拉伸动作,这就是发力的过程。有些人解释其发力原理是借鉴弓箭或弹弓,先拉开弓弦蓄力,再放松就是发力。

这种形式的发力,姑且不说是不是整体的发力,但从技击而论,技击时瞬息万变,稍纵即逝,几秒钟,甚至一秒钟,就见生死或输赢,而上述发力时还需要事先拉起来或向后拽一下再发力,即便能发出力,试问若要连续做发力呢?所以这并不是王芗斋先生《拳道中枢》中所说"一触即发"的发力。李见宇先生说"实战中双方接触零点几秒就见输赢,谁还等你蓄力呀?老先生总说'发力是一下的事儿(指一个动作),您做出两下就错了'。再者说这'遒'字从哪儿解释也不是缩呀,这不是文盲吗?您查查字典不成吗?就这还教徒弟呢,徒弟们也是稀里糊涂就跟着学。遒放是指迅速短促发出最强大的力,要想达到这目的,无论站桩或试力,你真要用力去做就是错,永远得不到这种力(指整体力)"。

"遒"是指强劲、强大、有力、骤、短促、急迫等,如"遒劲"指强劲有力、刚健有力,多指书画的运笔。"遒"与"放"合在一起,就是发出最强大、最有力、短促、急迫的力。

王芗斋先生说,习拳要先明理,再择师,就是让习拳者先弄明白拳理,再选择师傅,否则不知用功切要之所在,易于走入歧途,功夫愈深,戕害欲烈,到老遗憾终生。

因此,上述错误解释遒放的发力不仅用不到实战中,也与王芗斋拳法没有任何关系。

2. 寒战发力

关于整劲儿发力,一些人认为是像打喷嚏或是打寒战的劲儿,并管这样的劲儿叫作"寒战劲儿",也有一些人认为是像小孩撒尿时的一哆嗦的劲儿。

打寒战也叫"打冷战",寒战或打喷嚏是人体突然受到外界刺激时的一种自我保护的生理反应。它是人体肌肉瞬间收缩完成的生理反应,这样收缩的力并不是向体外发出的打击力,所以作用不到物体上,形成不了打击力,因此,寒战发力不属于技击所用的发力。

3. 拉拽发力

在社会上常遇到习拳人演示,他们让对方把双手抬起来,他再把双手手腕搭在对方的手腕上方,如果对方没有用力,他会让对方用力往上抬,然后他突然用双手往斜下方猛拉,以显示自己的功夫。一位意拳爱好者在某电视节目及公开场合中,竟然把这说成是王芗斋先生的惊炸力,理由是王芗斋先生曾说过发力如摸烫铁(烧红了的铁块),于是一些人解释为发力就像伸手去摸到烧红了的铁块,当摸到烧红的铁块时,人的手会做出本能缩回的反应，在缩回的同时有力可反弹出去，这个反弹就是惊炸力。若按此解释，发力就是将人来拳突然向回一挂，再向外反弹发力，这样挂的动作，实际就是向回拉拽，再向外弹，而上述说的弹实际就是推人的动作，整个动作的过程就是一拉再一推。这种都是肢体的屈伸动作所做出的力，这样的发力要是王芗斋先生所说的发力，那就不用站桩换劲儿了。稍微具备点基本力学常识的人都知道，这样的向回拽不用练，谁都会，人体向回拉拽是肢体弯曲做出的向内的力，并不是向外的发放力。而人体肢体向内弯曲的力要大于向外的伸展力，这就是在上述动作中向回挂的力要大于向外的力。因此，当想往外发力时，往往就变成了推人。

李见宇先生说："老先生的发力是一个动作，所以叫一触即发，没有先往回带一下再往外发的发力动作。这种动作不能用于技击，是太极拳推手里常用的东西，在太极拳里这个叫引进落空。一些人把老先生说的挂解释为往回拉拽，所以就做成两下的发力了。实际挂就是拿、裹，是挂住、拿住、裹住的意思，老先生挂发（发力）或拿打（发力）、裹发（发力），都是一下做的（一个动作），在挂住对方来拳的同时做发力，这个动作太快，实际就是一接触就发力。所以在挂住对方时绝不能有一丝拽向自己的力，应该是偏，就是手腕微微一转的同时发力，转是把对方来的力转偏出去。这就是老先生说的出入螺旋式的发力，这种发力形意拳里叫化劲儿发力。老先生所说的如摸烫铁，是指发出的速度一触即回如摸烫铁。"

往回拉拽再推的发力方式，来源于在太极拳的推手中，因此在一些大成拳爱好者中也被用在了推手上。这样先往回拉一下再向外推，是两个动作，所以它只是一种不能用于实战技击的游戏。

记得当年赵道新先生说过："听说谁谁一下把人抖出去了，还不是模仿先生，无非是把先生当年的故事搬到自己身上，何况先生也不是说想抖谁出去就抖谁出去，这要得机得势才行。告诉你，有没有玩意儿（指发力），先看他师父，他师父要是没有的玩意儿（指师父不会），徒弟能有吗？"李见宇先生说："练太极的让你把手放在他胸口上让你推，有些习拳的也会挺着肚子让你打，撩起衣服让你戳肋骨，真到技击时，谁还推你的胸口，打你的肚子，戳你的肋骨啊，直接就奔着你口鼻气嗓去了。所以，包括什么铁布衫，那都是过去江湖卖艺玩杂耍的把戏。现在练大成拳的，有些人也会让你把双手抬起来，然后他把双手搭在你的手腕上，他们把这个动作叫作'挂住你',然后突然向回一挂(拽),再突然向外一推你,他们管这个动作叫作'发放',实际上这就是推人。这样向回拽再推的方法是来自陈氏太极的推手,只是游戏而已,在实战中两人一接触就分胜负了,你根本没有机会挂住对方,哪还有时间向回拽再向外推?双方接触只是零点几秒,哪里还等你一拽再一推?"

4. 鼓荡发力

拳界有一部分人认为,发力是靠腹部的一吸一呼来完成的,并把这样的发力叫作鼓荡发力,他们的理由是王芗斋先生曾在拳稿中提到"鼓荡"一词,于是就认为,鼓荡力就是人体技击时的发力,而鼓荡是腹部的动作,所以又得出结论腹部的丹田是发力的根本。这样的方式源于形意拳明谱和太极拳中。

王芗斋先生在《拳道中枢》中说"试声为辅助试力细微所不及,其效力是运用声波鼓荡全体之细胞工作"。《意拳正轨》中说"鼓荡周身",《王芗斋谈拳学要义》(答记者问)中说"至于动力之功能都是争力、弹力与宇宙力之接触和运用呼吸鼓荡开合的作用,及精神假想天空浑然之大气也,非世人所谓功之气也"。

"鼓荡"一词在王芗斋先生的拳稿中有多处出现,意思是指激荡,是指利用声波激荡周身细胞及运用呼吸激荡开合的作用,及精神假想天空浑然之大气。所以鼓荡并非是指腹部或丹田主导的发力。

5. 六面争力的整体发力

六面争力发力来源于六面力,六面力一说来源于浑圆力,一些人认为浑圆力就是上下、左右、前后六个方面平衡均整的力,并把浑圆力的整体争力视为全身上下、左右、前后共争一中的力,无论向哪个方向发力,都要从这个中心反向发出,认为这就是整体的发力。伪稿(见后篇《关于王芗斋拳稿的真伪》)《大成拳谱》中说"人的这种活力,用通俗的话说,就是整劲儿,用大成拳的术语说叫作'六面争力',也叫'爆炸力'。六面争力,体成一块,这是混元桩法的关键。站桩时,在意念里要上下相争,左右相争,前后相争,不论从哪一方面,有人一触,即刻六面爆发",上述说法几乎是大成拳界普遍的共识。

王芗斋先生在《意拳正轨》中说"关节无处不有上下前后左右百般之二争力,如是方能得周身之浑元力也"。所以,上述所说全身上下、左右、前后六个方面平衡均整的力为浑圆力或六面争力的说法，并非出自王芗斋先生之口，所以这种说法不是王芗斋先生所说的浑圆力。因此全身六面争力的整体发力方式也就不属于王芗斋拳法。

争力是大小相等方向相反的力，而共争一中的发力则是由中心同时向六个方向做出相等的力所发出的力，这在人体生理中是不可为的发力。就是说由于人体生理所限，做不出同时向上下、左右、前后的争力发力（指用于技击中打击对方的发力）。因此六面争力的整体发力或人体向六个方向的爆炸力，在人体各种用力发力中并不存在，这不符合人体力学常识，同时也超出了人体生理可为的范围。由于人体不能同时向上下、左右、前后六个方向做出争力的发力，所以有些人认为把它们分开练习然后再合在一起做出来，于是出现了把上下、左右、前后的争力分开独立训练站桩法。要知道，人体本身就是一个整体，无论人体的中，是丹田、脚掌、脊椎、头至脚的中线，还是其他地方，在独立训练上下、左右、前后的争力，都要共用一个中。因此无论单独训练哪个方向的争力时必定要牵连其他方向的力，所以即使能分开训练，但合在一起做就是上述所说人体生理不可为的发力。若发力时从中心做单方向反向发出的力，就与打出直拳时的单方向争力毫无差别，因此这种发力就不属于整体发力，也与王芗斋拳法无关。李见宇先生曾说："就是这么低级错误的六面力居然也会有人相信，就是因为相信了这种错误的说法，所以弄一辈子也弄不出来整体的力。"

6. 肌肉若一，体成一块的发力

在王芗斋先生《拳道中枢》中出现有"肌肉若一"一词，于是有些人认为整体发力就是全身体上下的肌肉成为一块的发力，伪稿（见后篇《关于王芗斋拳稿的真伪》）《大成拳谱》中也有"六面争力，体成一块"的说法。

"肌肉若一"被一些人解释为全身的肌肉犹如一块，于是出现了体成一块的说法，认为这样发出的力就是整体发力。甚至一些人在发力训练时做全身肌肉绷紧再放松的动作。岂不知这样全身肌肉紧绷时并没有力作用出去，并且体成一块的全身肌肉紧绷就是身体的僵硬，这不仅是戕生损命，也是技击的大忌。

"肌肉若一"一词出自《黄帝内经·素问》，是对真人的描述，在古语中，肌与肉是不同的两种概念，肌是指白色的肉，用现代话叫作肥肉；肉只是红色的肉，用现代话叫作瘦肉。所以肌肉若一是指肥肉和瘦肉如一块的肉，在《黄帝内经》和《拳道中枢》中是指不胖也不瘦，且速度、耐力与力量兼得的人，民间俗称有"干巴劲儿"的人。

7. 总结

近些年，对王芗斋先生所说的发力，出现了几种不同的解释，有的说像猫狗的一哆嗦，有人说像人打喷嚏或感到寒冷时身体的一哆嗦，有的说脊椎发力、腰发力、丹田发力等等。如果真像各位所说的像这个、像那个的，那么，当有人问起王芗斋先生什么是发力时，王芗斋先生干吗还做抻衣服角的争力动作解释发力呢？所以，整体发力就是人体整体的争力，也就是王芗斋先生所说的矛盾力，除此之外的任何力都不能称为矛盾力。

笔者在一次和李见宇先生聊天时，就关于种种发力做了讨论，李见宇先生对社会上传说的各种发力简单地做了总结，他说："退一万步说，即便那些发力能用于技击，但毕竟不是老先生所说的那种发力，老先生的发力用于虎扑，用他们那种发力做虎扑试试就知道对不对了。老先生教发力时说过：'发力是在放人时，用后脚猛然蹬地，前脚向下踩，将脚与地面产生反作用力作用于双手与头，距对方身体寸内（1寸以内）发力，打的是穿透劲儿，能使对方内脏受伤，力透敌背，使其气血逆流。但这样的发力，人不能被放出去。如果双手贴紧对方身体时做发力，人体不会受伤，但是会被放出去'。"

王芗斋先生拳法中的发力，是人体发出的短促打击力，这种发力是王芗斋拳法及形意拳嫡传拳法独有的发力形式。由于它的单传模式，导致了人们对这种发力的种种猜想和种种理解。许多人用物体、动物、自然形象或超自然等列举了许多拳力发力的例子，但就是不能直接说清楚人体如何发力，要知道，有许多物理中的力，有些是人体不可为（做不出来）的力，但是人体在技击中所发出的任何力都是符合物理力学中的力。所以，适用于技击的发力首要符合物理力学，更要符合人体力学，才能在技击中有效地发挥出应有的作用。

站桩辨真

站桩不是万能，站对了，对身体有益，得拳劲儿，站错了，气滞血瘀，损命戕生。

武术中大多都有站桩，行内有句话叫作"宁教十套拳，不说一个桩"。桩在各门派中显得很神秘，那么，桩是干什么用的呢？有人认为站桩是为了长功力，使下盘更稳，认为年轻时就应该下蹲、使劲站、多站，在很多影视作品中也演出少林桩不仅下蹲同时还负重站桩。也有人认为站桩是为了养气血，松松地站。究竟哪种对呢？下面就分析一下：

1. *气血说*

松松地站桩，就好像一个人浮在水中，周身不用力。这种肌肉和精神都放松的状态，有利于身体内部的气血循环，达到五脏的自主调节，这符合我国的中医理论。然而这只是利用站桩养生的一个方面，对于技击的拳劲儿毫无意义。

2. *长功力说*

一些人认为站桩的主要目的是为了增长功力，功力是指人体内部的力量，俗称力气。站桩长功力即长力气。站桩能适当增长腿部、手臂的肌肉，提高骨密度及相对提高人体的抗击打能力。如果说站桩只是为了增长功力，那么利用器械训练远比站桩得到的容易且快，何必站几年甚至几十年的桩呢？即使站一辈子桩，功力也比不上一个普通练器械的或健美运动员练三个月增长的功力大。与其这样，倒不如采用器械的训练方式，还增长得快。李见宇先生说，您一米七左右的个子，就算站一辈子桩，也比不上普通的欧洲人功力大，因此站桩的主要目的是为了增长功力是错误的说法。

3. *低矮姿势或下蹲势站桩说*

在习拳的爱好者中，一些人在站桩时喜欢采用低姿势下蹲的方式，这不仅违背了王芗斋先生的拳学原则原理，也对身体造成了极大的伤害。

我们全身的血液循环是靠心脏收缩，把血挤压到血管中，流遍全身，健康成年人的心脏每分钟可以输送出七升血液。小腿有人体第二心脏之称，小腿肌肉的正常收缩，会挤压肌肉中的静脉血液回流到心脏，有利于人体的血液循环，但人为过度地收缩小腿容易引起心血管疾病。我们可以做个试验，当你在医院测量血压，把小腿肌肉紧绷或摆出低矮下蹲的站桩姿势时，血压会大大超过正常值。若长时间低矮下蹲站桩，肌肉长时间地收缩得不到释放，会导致心脏受损。这就是为什么拳界很多人下苦功夫或下蹲卖力气站桩，未到中年大多患上心血管病，甚至早早殒世的原因。

关于站桩的目的，王芗斋先生曾多次在文稿阐述，具体内容如下：

《意拳正轨》桩法换劲一节中说："总以似曲非曲，似直非直为宜，筋络伸展为是。"

《拳道中枢》中说："然亦有云：用力则滞，用意则灵。"

《谈拳学要义（答记者问）》中说："若根本无力学的能力，任凭怎么都不可。至于用力与不用力之分亦如是矣。夫常人之动，非注血不得有力，凡注血之力皆板滞失和而不卫生。不注血而有力，即不用力而有力，用时得力，乃为本拳能之力也。"

《习拳一得》中说："要想增长力量，却不可用力，一用力反没有增长力量的希望，要求身手敏捷，动作迅速，锻炼时以不动（站桩）为最。"

4. 站桩的八虚说、穴位说

关于站桩，近年来出现一种说法，认为站桩的秘诀是八虚和穴位。关于站桩的八虚和穴位一说最早出自由湖北长江出版集团长江文艺出版社于2010年出版的曲黎敏著《从头到脚说健康2：健身气功与养生之道》一书的第三节《传统健身法秘诀大公开》中。

①关于八虚说

有些人认为虚就是放松，八虚就是指把人体的八个部位放松，这八个部位是两肘、两腋、两胯和两委中（腘窝处），所以站桩时才要沉肩、坠肘、松胯、膝盖微微弯曲。

八虚源自《黄帝内经·灵枢·邪客》篇，部分原文如下：

> 黄帝曰：持针纵舍奈何？
> 岐伯曰：必先明知十二经脉之本末，皮肤之寒热，脉之盛衰滑涩。其脉滑而盛者，病日进；虚而细者，久以持；大以涩者，为痛痹。阴阳如一者，病难治。其本末尚热者，病尚在；其热以衰者，其病亦去矣。持其尺，察其肉之坚脆，大小滑涩，寒温燥湿。因视目之五色，以知五脏，而决死生。视其血脉，察其色，以知其寒热痛痹。
> 黄帝曰：持针纵舍，余未得其意也。
> 岐伯曰：持针之道，欲端以正，安以静。先知虚实而行疾徐。左手执骨，右手循之。无与肉果。泻欲端以正，补必闭肤。辅针导气，

邪得淫泆，真气得居。

　　黄帝曰：扞皮开腠理奈何？

　　岐伯曰：因其分肉，左别其肤，微内而徐端之，适神不散，邪气得去。

　　黄帝问于岐伯曰：人有八虚，各何以候？

　　岐伯答曰：以候五脏。

　　黄帝曰：候之奈何？

　　岐伯曰：肺心有邪，其气留于两肘；肝有邪，其气留于两腋；脾有邪，其气留于两髀；肾有邪，其气留于两腘。凡此八虚者，皆机关之室，真气之所过，血络之所游。邪气恶血，固不得住留。住留则伤筋络骨节；机关不得屈伸，故病挛也。

　　不难看出，《黄帝内经·灵枢》中所说的八虚是针对针灸而言，并非指站桩。八是指人体八个部位，虚本意为大山丘，即墟的本字。虚，《说文》：大丘也。空、虚弱、不实，因此虚是虚弱之意。八虚是指人体中八个隆起来并且虚弱的部位，即两肘、两腋、两髀、两腘处，这八个部位是筋骨之间隙，气血最容易流注的地方，因此邪气容易在此处乘虚聚集，并非像一些人所认为的八虚是指人体的八个部位放松虚着，"虚"字并非放松不用力之意。严格说，人体只要在正常状态不搬、推、抬物体时，这八个部位基本都处于放松的状态，因此站桩中的八虚说是不切实际的生搬硬套。

　　②关于穴位说

　　A. 有些人认为站桩时就要百会穴对会阴穴，认为站桩中的提肛动作就是在提拉或紧闭会阴穴，这样往上提肛就等于是将会阴穴闭上了。

　　首先，人体通过自身某个动作关闭或打开穴位是错误的说法。严格地说，穴位的开合在中医中是不正确的说法，在社会上一般属于保健中用语，人体的穴位不能因为自身某种动作而做到开合。关于穴位，只能通过中医的针灸、按摩、刮痧、拔火罐等物理手段，直接刺激位于经络线上经络点的穴位或肌肉运动点的穴位，达到治疗疾病的目的。

　　若按上文所说，人体可以通过自身的提肛动作能使会阴穴关闭，那么人在排便或放屁时肛门的动作恰恰与提肛的动作相反，是否也会打开会阴穴呢？在日常活动中是否全身的穴位都会随着人体的活动开合呢？这显然违背了简单的中医学常识。

所以在站桩中利用某种姿势或通过某个动作使穴位开合的说法纯属无稽之谈。

B. 有些人认为站桩中两脚与肩同宽的目的是要使脚下的涌泉穴对着肩膀上的肩井穴。

涌泉穴位于脚掌前1/3位置的凹陷处（前脚掌中间凹陷处）（图20），肩井穴位于大椎与肩峰端连线的中点位置（图21）。人体在站桩时，重心是在脚掌中心略靠后的位置，由于人体重心所限，无论是直立站立还是站桩时，位于肩膀上的肩井穴与脚掌前面的涌泉穴是不可能对上的（图22），除非在站桩时身体向前倾斜，但是这又违背了站桩时身体上半身直立的原则。再者，对上与对不上并不能使人体生理发生任何变化，因此人在站桩中肩井穴对涌泉穴的说法不成立，这不仅违背了站桩的基本原则，且也毫无意义。

5. 总结

王芗斋先生在《意拳正轨》中特意用"桩法换劲"做标题，阐述了站桩的目的就是换劲儿。文章中指出，欲求技击妙用，须以站桩换劲为根始。王芗斋先生在《拳道中枢》中说"用力则滞，用意则灵"者，询其所以，则又瞠然莫辩，用力则筋肉滞而百骸不灵，且不卫生。

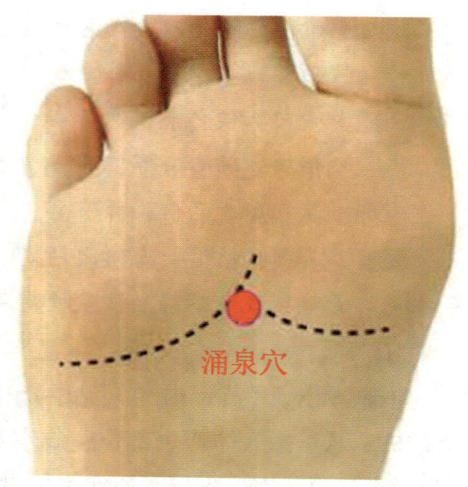

图20　涌泉穴位置图

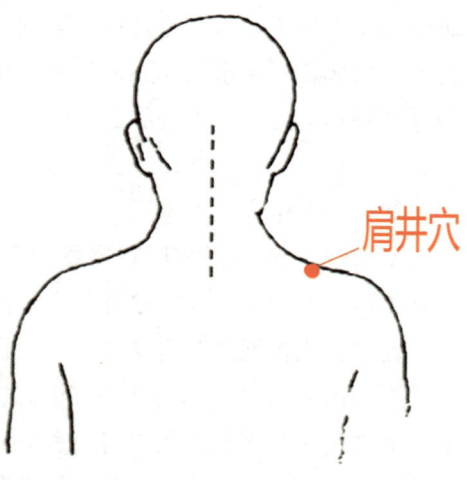

图21　肩井穴位置图

因此，对于王芗斋拳法而言，站桩的目的就是换劲儿，是将日常所用的肌肉力（局部力、拙力）换成技击所用的筋力（拳劲儿、整力）。所以，无论是加力（大角度）站桩、负重站桩还是松松地站桩，对于训练技击所用的拳劲儿毫无意义。在王芗斋拳学的站桩中从无穴位一说，因此无论是换劲儿站桩还是养生、健身、康复站桩，穴位开合或行气一说不属于王芗斋拳学。

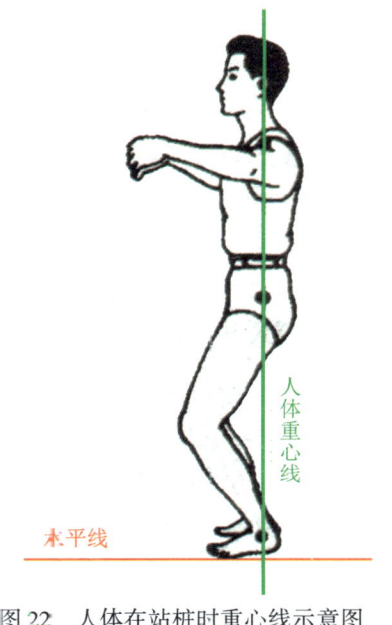

图22 人体在站桩时重心线示意图

所学非所用与择师

常有一些王芗斋拳法的爱好者站桩、试力、发力后，去打沙袋，技击时采用抡胳膊的明劲儿打法，却看不到平时通过站桩、试力所训练出的整劲儿的暗劲儿发力打法。

在王芗斋拳法中，从站桩换劲儿，到试力、试声，都是为身体整体的暗劲儿发力服务，而暗劲儿发力是利用筋力的发力，它是王芗斋拳法的核心，若没有了这种发力，也就不存在王芗斋的拳法，也就是说，没有整劲儿的暗劲儿发力，没有暗劲儿发力的打法，就不属于王芗斋拳法。而若是经过费劲巴力的站桩、试力后，技击时再去用抡胳膊的明劲儿打法，这就是所学非所用了。那么为什么在技击时会出现平时所做的发力用不上的情况呢？原因只有一种，那就是平时所做的发力不对，所以经不起在技击中的检验，这种情况几乎出现在所有整劲儿暗劲儿发力的拳种中。因此，整劲儿暗劲儿发力的正确与否，要看它能否在技击中运用。如果说站桩对明劲有作用，那只是相对增加筋肉的外撑力和相对增加了骨密度。否则国外那么多顶级机构及职业选手为什么不选择站桩的训练？

李见宇先生说："站桩原本就是为了整体发力，动手时反而用抡胳膊的局部力了，平时表演发力挺唬人的，动手时（技击时）就没有了，这说明根本不知道为什么站桩，什么是发力。既然表演的发力用不上，那也只好叫表演，学拳应该是学以致用，不应该学非所用。发力、试声和发力试声的运用是老先生立拳的东西，发力是基础，没有发力就什么也不是。一些教拳的人自己连个基础的发力也没有，净弄些零碎儿糊弄人，今天教这个桩，明天教那个桩，要不就是各种试力，各种意念。如果是教自己的东西那无可非议，应名儿教老先生的东西（打着王芗斋先生的旗号）收徒拜师，却教的不是老先生的东西，教了人家一辈子，徒弟陪着师父玩了一辈子，到头来连个基本的发力也没得着。如果是花钱没学到也不是什么大事，无非浪费点钱财，但是人家要花十几年甚至一辈子的时间，到头来连老先生拳的影子都没摸着（指基本发力），这不比损失多少钱财都重要吗？说好听的是误人一辈子，难听的不就是骗人家一辈子吗？人有几个一辈子呀？所以，无论你学什么，都要先看看师父教的拳理通与不通，是否符合老先生原传的东西，别净听人家说故事，任何拜师学艺都要找有体认（自己也会）的师父、明白拳理的师父。这就像你想去天安门问道儿（问路），他自己都不知道在哪儿，天安门长啥样都不知道，拿啥给你指道儿哇，给你指道儿也是瞎道儿。习拳也一样，你得问去过天安门的（指有体认的），他去过，给你指的道儿那肯定没错，你要是问那些没去过的，整天给你瞎侃，这辈子你就陪着他玩吧，你这辈子也摸不着门儿（指拳学的门）。"因此对于王芗斋拳法而言，无论是习拳或养生，要事先了解教拳者自身所具备的东西是否符合王芗斋先生《拳道中枢》及《意拳正轨》所说的拳理。

关于择师，拳行里有句话叫作"师父有的徒弟不见得有，师父没有的徒弟肯定没有"。意思是说在选择师父时，要先看这个师父的东西是不是与他师父的东西一样，如果他的师父本身就没有，那他的徒弟就不会有。但是如果他的师父有东西，也不见得所有的徒弟都会有。

关于调桩

近年来，在大成拳站桩中出现了"调桩"一词，调桩大多是指老师对学员站桩姿势的细微调整，调桩在王芗斋先生或第二代（指王芗斋先生的徒弟）人中从未出现过。"调桩"一词是借鉴中医和气功的"调理"一词而来，因此它大多出现在第三代以后的教站桩养生的人群中。

调桩大多是对站桩人从上到下每一个部位摆放的细微调整，如头、颚、脖颈、肩、肘、手、手腕、胸、背、胯、尾闾、裆、膝、脚甚至更细的部位。调桩的理由大多是为了使站桩人打开穴道或穴位，气血通畅等。

调桩表面上看似乎合理，但它违反了王芗斋先生站桩的基本原则。王芗斋先生在《拳道中枢》中说："非达到舒适得力，奇趣横生之境地不足曰得拳之妙也。"李见宇先生在教拳时说："站桩时，首要的就是在保证身体舒适的情况下，六梢儿在意念引导中做到微紧，即使微紧也要紧得舒适，紧过了就不舒适了，不舒适就要出毛病，要在站桩中把身体及各梢儿摆放得当。什么是得当？就是以舒适为准。身体感觉舒适了，就说明六梢儿的力摆放得当了，相反身体不舒适，就会感觉身体别扭，有的地方还在较劲了，这说明身体有紧的地方及有力出尖的地方。这种桩本身就不是浑圆桩，不仅得不到老先生说的那种劲儿（整劲儿），即使对于身体也是有害的，就更别提什么养生了，不得病才怪呢。过去老先生教桩只管你手梢儿的松紧程度，其他五梢儿的力度就按照手的松紧程度自己去做就行（图23－1、23－2 李见宇先生亲自给笔者讲解并演示手梢与其他五梢的松紧关系照），这个谁也帮不了忙，但要始终保持同身舒适得力时六梢儿的微

图23-1

图23-2

图23　李见宇亲自给笔者讲解并演示手桩与其他五梢的松紧关系照

紧。如果不是为了站拳劲儿，只是为了健身或康复站桩，师父连手都不说，只是让你肩膀放松，因为肩膀一紧，就会憋气，憋气就会心烦意乱，这样站桩对身体有害而无益。其实站桩时身上各部舒不舒适师父不知道，只有你自己知道，所以一切要由自己调整。如果别人帮你摆放各个部位，你会舒服吗？即使有些人当时感到舒服，那也是经过别人摆放后的心理暗示。所以站桩时，师父只是告诉你基本的姿势与要领，除了手以外，其他的一切要靠自己去调整。你看老先生的那个正桩照片（图24-1、图24-2），两脚还是外八字，昂着头，张着嘴，这要按调桩的说法，这个桩并不是那么规矩，但是老先生六梢儿的筋都挂起来了。从外表看，老先生的双手在用力绷着劲儿，其实老先生自己

图24-1　王芗斋先生低位浑圆桩照

图中箭头所示为争力方向

图24-2　王芗斋先生低位浑圆桩照中手部争力示意图

在浑圆桩中，将双手掌心向上或斜上方并位于腹部位置的称为"低位浑圆桩"；双手掌心向下或斜下方并位于头部位置的称为"高位浑圆桩"；双手掌心向内（己身）并位于双乳位置的称为"中位浑圆桩"。中位浑圆桩又称"标准浑圆桩"。

照片中显示，王芗斋先生在低位浑圆桩中，双手手掌的虎口圆撑，拇指后撑与其他四指的前伸形成了手梢的争力，同时双手向下撑及双脚向下踩与头向后上的昂及尾闾穴和会阴穴处的向前再向上提形成争力。

如果这个姿势将双手手掌翻过来掌心向下按做六梢争力，就是扒墙头试力。

觉得很放松，这就是老先生说的'内虚灵外挺拔，舒适得力，为基本不动之原则'，这就是天长日久站桩养成的筋力，这才属于浑圆桩。所以站桩的姿势好不好看不重要，关键的是要达到站桩所追求的目的。对于初学者，六梢儿挂没挂起来，只有自己能感觉得到，旁人谁也帮不了你。"于永年先生常说："在太庙站桩时，王先生就告诉你：身体如坐高凳子似的向下坐一点，把胳膊抬起来，肩膀放松，别的就不管了，有时走过来帮你抚一下肩膀让你放松。"因此无论是养练拳劲儿或是健身养生，都要始终保持身体在站桩中舒适得力的状态。所以调桩不仅对站桩没有益处，反而会使站桩出现诸多弊病，到老时一切病症就会反映出来。

王芗斋先生教站桩时用到的所有文稿中，甚至在第二代（王芗斋先生的徒弟）的文稿或在他们教站桩时的口语中，确实未见"调桩"一词，即使初学者由老师或师兄教站桩，大多都称为"摆桩"。

"调桩"一词多出现在二十世纪末期以教养生站桩为主的人群中，如某某为第几期学员调桩顺利完成，某某因某病经过老师调桩后病情好转或痊愈，这似乎增加了站桩和教站桩老师的神秘感。

因此，目前社会上流行的调桩方法，不属于王芗斋拳法或王芗斋站桩功的范畴，更不属于中医桩及道家桩范畴。

手要身与身要手

手要身，是指在技击或试力时，身体随着手的动作而动，它以手的动作为主导。身要手，是指在技击或试力时，手随着身体的动作而动，它是以身体的动作为主导。

双手在技击中起到的是打人拿人和防护己身的作用，手是前锋，就像器械对抗中的宝剑和大枪的枪尖一样，永远指向对方，由于手距离对方身体最近，所以能最快地接触到对方，既起到保护自己的作用，又能给对方造成威胁，进行最快的打击。因此在技击时，双眼要不离对方口鼻，双手也要永远指向对方的口鼻位置，身体无论怎样移动，眼睛都要盯住对方，双手的锋面也要始终指向对方。以便随时能做出最快的反应，这就是王芗斋拳法技击中的手要身。

在做试力初期，要求双手臂的动作尽量做得幅度大一些，其主要目的是为了使身体感觉到六梢与外界物体是否形成牵挂。待牵挂上后，双手臂的动作要逐渐变小，甚至在微动中都能感觉到六梢与外界物体的牵挂，从而形成用身体整体的动作拉动双手做出整体试力的动作。因此试力纯熟时，应该是双手不动或微动，用身体的整体去找手的动作，身体要随着双手的动作而动，这样做出的试力，才能试出整体的发力，这就是试力中的手要身。

试力是为技击发力服务，因此除了初期的扒墙头试力外，在做其他基础试力时，双手也要尽量指向对方口鼻位置。所以，无论是站桩，还是试力、试声技击，都是针对根松梢紧的训练，只有这样，才能把劲儿练到梢节上去，才能达到王芗斋先生所说的"力达指尖"练锤头的目的。

李见宇先生说："大多数人站了一辈子桩，都没有手的，劲儿憋在身上做出的东西不是抖身的发力就是抡拳头的东西，因为没有手，手就不会动，所以只能用身体做，这就是身要手的东西，这是花把式。谁会在技击时两只手来回瞎晃啊？看一个人身上有没有玩意儿，一伸手就知道。所以，站桩是把劲儿练到六梢儿，脚上能踩上劲儿，尾尖儿和头能拉上劲儿，手和脚才能连通，发力时脚和手才能争起来做发力，这叫作'身松梢紧'，也叫'根松梢紧'。"

执着己身

王芗斋先生《拳道中枢》中说"执着己身，永无是处"。

李见宇先生说："站桩是第一课，后面还多着呢。按老先生的站桩、试力、试声，站桩只是三分之一，别老钻在站桩里出不来。社会上别的拳也包括在内，没有玩意儿的（指没有技击的），都说养生，因为你有玩意儿可以做出来给人看、可以试手验证，没有玩意儿的只能谈养生了，养生的不用表演，咋说咋是，无从分辨，最后搞得云山雾罩、玄之又玄的博大了。就拿站桩来说，站桩可以养神、调养气血、合五脏、壮筋骨（易筋易骨易髓），就是教人家错了，当时也不能验证，等到验证了那就是快死了。你看现在大多教拳的和教养生的，不到五十岁头发稀疏花白了，眼睛也花了，牙齿也开始掉了，自己都不能养生，还教别人养生？老先生在北京教桩时，就很少有人见过他老人家站桩，因为劲儿通过站桩换过来了，就不用天天站了。有人说站桩是为了养生，老先生说：'站桩是一年级的玩意儿，咱别老在一年级待着，有了筋劲儿做试力、试声、发力，这些都是养生。'"

《黄帝内经》有云"发为血之梢"，气血的好坏能从发质反映出来，因此，习拳者六十发不白。

站桩的第一作用就是能养神，王芗斋先生在《拳道中枢》中说"敛神听微雨"。眼为神之窗，神壮而眼清（明亮），神衰则眼混（眼无神混沌），因此得拳者六十眼不花。

站桩可使骨密度增加，使骨骼健壮。《黄帝内经》有云：牙为骨之梢，骨硬则齿坚，因此，得拳者牙齿不损。

见过李见宇先生的人都知道，老人家80多岁了（时）写字看书从不戴眼镜，无任何眼疾眼花，眼睛明亮有神，牙齿坚固。

李见宇先生从不喝酒吸烟，李见宇先生说：老先生常说"酒激血脉（喝酒刺激血脉使心率加快），烟阻气血（吸烟有凝血作用）"。因此烟酒直接影响气血运行，对习拳者为大忌（王芗斋先生幼时患有哮喘病，所以要靠吸曼陀罗叶子抑制哮喘病）。

有形无意与有意无形

拳谱有云"静似书生，若女郎"，是形容在技击对抗时的外表形态。王芗斋先生说过，"不要还没动手就瞪眼怒眉，还没有打呢，就让对方知道你的意图。这就像平常家里养的狗，叫唤只能说明狗本身就害怕你，它是通过叫声吓唬你，俗话说'叫的狗不咬人'。真咬人的狗绝不叫唤，上去就是一口。在未动手之前外形就告诉人家我要打你了，你要注意，这是技击中的大忌，这叫'有形无意'。在技击中要面相平和，身体放松，给对方感觉你不会武功，像文弱书生一样，而你的心里绝不能放松，要暗藏杀机。简单地说就是外表神态要放松，让对方看不出来，心里不能放松，要随时准备出击"。王芗斋先生在《拳道中枢》中用"静似蛰龙（睡眠的龙），神犹雾豹"（隐居伏处，藏起来的豹子）形容。

站桩治病与健身桩、康复桩

　　站桩真的能治疗疾病吗？从医学角度严格说，站桩能不能治疗疾病，最起码要有站桩治病的理论及有效的临床数据支持，就是说人体在站桩中生理如何变化，它的变化对不同程度、不同阶段疾病的影响的科学依据及通过站桩治愈痊愈患者和未治愈患者的百分比数据等。

　　目前为止，全国各门各派的各种站桩都没有治疗疾病合理的理论依据，即便是有些患者通过站桩使自己的病情减轻或痊愈，也只是个案，否则各大医院早就推广设立专科门诊了，因此个案存在着偶然性。比如有人通过站桩治好了肚子疼，你能说所有同样类型肚子疼的患者都能通过站桩治愈吗？所以不能拿事物的偶然性去代替事物的必然性。疾病的治愈是多方面的综合因素共同作用的结果（除细菌感染、创伤），有些疾病恰好在你站桩时痊愈了，这只是偶然现象。比如，笔者有一个朋友从小习武，由于长期用力过猛，二十多岁时突然尿血，去了几个医院都没有检查出来病因，偶然机会他接触了站桩，于是，抱着试试的态度站了几天，病情慢慢减轻，一个多月下来，尿血没了。随后，他又去练武术的踢桩打袋，没有几天又出现了尿血，没办法又去站桩，此后只要练习那些踢桩打袋就尿血，站桩就不尿血，于是就认为这是站桩的神奇。后来才知道是训练时长期用力过猛造成了对肾脏的伤害，导致尿血，这种病休养几天就能减轻，只要不是再长时间用力过猛，慢慢就会痊愈。站桩时就等于对身体的修养（相对于踢桩打袋），使肾脏得到了休息，尿血慢慢痊愈。实际人体在松静状态下，都具有自我修复功能，只要不是器质性疾病，一般都能自我康复，所以这个实例能说明站桩治疗尿血吗？

　　李见宇先生讲："对于拳来说就是站桩换劲儿，同时也能使身体健康、五脏强壮、气血旺盛，使人体免疫力得到提高，对人体生理起到很好的调节作用。在这种情况下，有些病症在配合中医治疗中得到了抑制甚至痊愈，但不能说站桩就能治疗某种病症。一些人把站桩看作是万能，竟听说站桩站好的病例，岂不知站桩站死的也不少，客观说站桩对人体骨骼和神经系统的影响有显著的作用，而对于器质性疾病作用不太显著。站桩要都能治病，那老先生的哮喘病早就去根了，也不至于抽一辈子曼陀罗叶子

（王芗斋先生因小时候患有哮喘病，把曼陀罗叶子当烟抽是为了治疗哮喘病）。所以说，站桩治疗疾病只是个例，这里面影响的因素很多，不能以点带面。都说练武健身，站桩治病，可这些教武术或教站桩的里面，有几个是学中医懂医理的？没学过中医，不懂医理，它怎么就说站桩就能治病呢？在我国各门武术的创始人和传承人里，几乎没有几位是中医先生，那习武站桩治病的道理从何而来的呢？如果说是中医先生编出来的一套拳或操，说它能治病，到还有可信度。如果不是中医先生的外行人编出来的武术，说能治病，你信吗？说实在话，自己都不知道怎么站桩，不得病就不错了，都是瞎忽悠，你信了，不练没事，练了到老时早晚后悔，倒还不如那些不练的身体好。那些谈养生治病的，大多都是学了拳又不懂技击的，说白了就是不能打的人，只能依靠拳理谈谈养生或治病。因为养生本身就是很广义的，只要不直接戕害生命都可以说是养生，所以大家都拿养生说事而已，而对于治病，那就是瞎子过河了，所以从中医角度讲，站桩对身体的保健作用要远远大于对病症的治疗作用，这也是黄帝内经里说的上工治未病（未得病）。"

　　有一次，笔者和杜吉星先生去于永年先生家，谈起王芗斋先生时，于永年先生说："王先生平时总拿着一根皮管子敲打后背，就是使后背起到按摩活血的作用。那根皮管子一尺多长，我2005年搬到紫竹院时还有呢，皮都裂了，现在不知道放在哪里了，应该还在。"事后杜吉星先生说："那个皮管子前几年我们都见过，常放在师父坐的椅子下面。后来那个管子老化了，特硬，师父（指于永年先生）让我找一根，我找了根六分的胶皮管子，师父嫌粗，用着不太顺手，就没有用。"笔者去赵道新先生家也常看到，赵道新先生也时常拿一个一尺多长的掸子把（一尺左右长的木棍，前面绑着几块布，用来掸身上灰尘的）前面拴着一个小木球敲打后背。这说明站桩只是健身的一种方式，不能代替所有的健身。所以，站桩也好，武术也好，并不是健身或治疗疾病的万能方法。但是，这还要看练的正不正确。

　　因此，合理的站桩，对调节神经、强筋骨、壮五脏、调和气血，都具有一定的作用。它能够加强人体的自我修复功能，增加各部组织的协调性，有助于身体健康。与此同时，一些病症有了好转或获得痊愈。但这只是个例，并不代表站桩对此病症的治疗作用。就站桩健身及针对慢性病患者配合中医治疗的康复而言，它要优于任何一种锻炼方式。

王芗斋先生带李见宇先生在中医研究院首次针对慢性病开创站桩康复班，之后留李见宇先生在中医研究院继续担任康复班的教学与指导，随即王芗斋先生在河北省中医研究院、于永年先生在铁路总医院（现世纪坛医院）开设站桩康复班。王芗斋先生通过李见宇先生和于永年先生提供的资料，经过长期临床实践，结合对各种慢性病患者及亚健康人群的深入了解，经过不断改进、不断完善，最终形成了站桩健身及站桩康复的完整体系。

　　健身桩是针对健康或亚健康人群的一种健身运动方式，康复桩是针对慢性病患者配合中医治疗的一种辅助康复运动，或叫"康复疗法"。健身桩和康复桩统称站桩功，也可以泛指"养生"，因此这类桩法可以叫作"养生桩"。

　　李见宇先生说："我和于永年先生一直在医院，当时他在铁路医院，我在中医研究院，老先生在河北中医研究院，我们三个地方联合搞站桩健身和康复，所以掌握的第一手资料和实践经验比较丰富。老先生要改桩，包括改桩原因及改桩后对人体的效应等，也是第一时间通知我们，老先生那边我们定期过去交流，有时候王玉芳（王芗斋先生之女）、何镜平（王芗斋先生弟子）经常一起去，所以对于老先生的健身桩或康复桩的了解，我俩最有发言权。虽然我们出版的书籍也有治愈病症的案例，患者大多是在医院医生的治疗用药下再配合站桩（康复桩）治愈的，所以这是给同类病症患者提供的参考资料，现在好像成了站桩万能和意念万能了，他们简直都超过了老先生了，那干吗还打着老先生的旗号？要真是站桩万能、意念万能还用教桩争钱？联合国早就请走了。"

下篇
拳道正轨

中国拳术中不缺理论，缺的是具体且实际的训练方法和应用。

中国拳术中的整劲儿、短劲儿、寸劲儿、暗劲儿都是一种劲儿，只是叫法不同，它们都属于人体力量筋六梢合之争力，谱称六合力，它的高级形式是惊炸力，而王芗斋拳法，即神意拳（中匡拳道）是唯一能够得到和运用六合力及惊炸力的拳法。

王芗斋拳法——神意拳

王芗斋原传拳法，简称王芗斋拳法，为古心意拳、形意拳之意拳拳法。即王芗斋先生为拳之法。

古拳道自唐宋失传后，王芗斋先生的整劲儿发力得形意拳嫡传（见《王芗斋原传拳法——意拳（五拳六艺）》一节），又偶得健舞，后他将二者结合才使古武舞得以恢复。王芗斋先生在《拳道中枢》中说"切志倡拳学，欲复古原始"。王芗斋先生所说"拳道"是指为拳之道，道为方法，即为拳之方法，"中枢"是指起主导作用的核心。文中"古原始"是指中国拳道的原始状态，即上古之蝉眠蝶舞（又名"上古真技"），王芗斋先生在《养生桩简介》原稿中称古心意拳。因此王芗斋先生的拳法为古拳道，即中国拳道，王芗斋先生为古拳的传承人。

"神意拳"一词是王芗斋先生晚年根据拳理提出的叫法（见中篇《王芗斋原传拳法咥—真传弟子——李见宇》一节）。由李见宇著、邓昌成编、陈湘记图书有限公司于2007年出版的《神意拳养生功》一书，采用了此叫法。

李见宇先生说："拳名本应该就是拳理，是拳的核心，不应该瞎起瞎叫，老先生从最初的由形到意，又从意到神，并不只是字面上的变化，这是老先生对拳理的认识又一个提高，旁人理解不了，是因为他们的玩意儿没有到那种地步。现在意拳中的东西，本身就脱离了原传意拳（指古心意拳）的东西，这不仅埋没了原传的意拳，也埋没了老先生原传的拳法。老先生晚年在古心意拳拳理和拳名的基础上，又提出了神意拳的拳理和拳名，实际就是把心意拳的心改成了神，但这就像现在老先生的玩意儿一样都被淹了（指神意拳的拳名被大成拳或现代意拳的拳名淹没了）。"

因此，若按王芗斋拳法的拳理和王芗斋先生的意愿，王芗斋拳法的拳名应该叫作"神意拳"，即"中国拳道"。故本书所述王芗斋拳法之拳名为"神意拳"，以下均以"神意拳"作为拳名讲述。

在神意拳中，整劲儿发力是基础，钻裹践的单手崩拳打法和钻裹践的双手虎扑打法是主要打法，也是最传统的打法，其中虎扑打法是常用打法。对于整劲儿的练习，王芗斋先生在《拳道中枢》中说"本拳之基础练习即为站桩……其次为试力、试声"。因此站桩、试力、试声为神意拳整劲儿训练的三步功夫，简称"拳劲儿三步功夫"，而并非大成拳中所说"站桩、试力、试声、摩擦步、发力、推手、实作的所谓七妙法门"。"七妙法门"一说，并非王芗斋先生所说，在王芗斋先生所有拳稿中，均未见对这七种训练方法的叙述。在《武林》杂志1982年第10期第19页，王选杰先生所写的《大成拳》一文中说"大成拳的基本练法，包括站桩、试力、摩擦步、发力、试声、推手和实作等七种锻炼方法，称为大成拳中的'七妙法门'"。在此之前的任何拳稿中均未出现过他人关于这"七妙法门"之说，因此"七妙法门"一说，最早出自王选杰先生之口。

关于所谓"七妙法门"中的推手，于永年先生说："当时在太庙站桩的基本都是文人和社会名流，他们站完桩无事可干，但有些人也想谈论个输赢，又不想抢拳头，王先生就借鉴太极拳中推手的方式，叫大家站完桩推推手，这样在推手中也有输赢，赢了当然高兴了，输了就加劲儿站桩，这就增加了人们的兴趣，我当时一天和30多人推手也从没感觉到累。"涂行健先生著、武艺文化有限公司于2007年5月出版的《心意大成拳》一书中说"推手是在40年代发展出来的技艺，因当时在学拳的人中有不少有钱人、有地位的人，既要练拳健身，又想试试功夫成就，但多数上了年纪，或身娇体贵，总不能拳拳到肉的打搏击，于是折中求变，采纳了一些太极拳推手与福建鹤拳搭手的方法，研创了单双推手"。由此可见，推手只是一种健身锻炼方式或一种游戏而已，与王芗斋拳法中的技击没关系。

王芗斋原传拳法——意拳（五拳六艺）

王芗斋先生在《意拳正轨》自序中说："意拳，又曰心意拳。"

20世纪30年代初，侯序伦先生（光绪三一三年，公历1907年，深县举人）在《马庄旧本老拳谱》序中说："间尝读意拳旧谱，无所谓今之五拳十二形也。窃意为，后人所加，而合称形意拳。考意拳拳名，始创于南宋岳氏，据旧序云，兹见岳武穆王拳谱。意即纯粹，语亦明畅，王少受业于名师，精通枪法，以枪为拳。立一法以教将佐，名曰为意拳。"

意拳，意是指心意，意拳又叫心意拳，心意拳为心意六合拳、六合拳、践拳、心意把。

意拳最初的打法只有钻裹践三拳为一拳的两式打法，一式为钻裹践暗劲儿发力的崩拳打法，一式为钻裹践暗劲儿发力的虎扑打法，因此意拳也叫践拳。王芗斋先生在《意拳正轨》的意拳正轨一节中说"意拳之正轨，不外古势之老三拳与龙虎二气。龙虎二气为技，三拳为击、践、钻、裹也"（见中篇《形意拳不传之秘——崩拳和虎扑打法与钻裹践简述》一节）。

这两种打法都是人体整体发力的打法，而整体发力主要是用意念的方式训练神经，使其能够指挥人体发挥出最大潜能的发力，因比叫意拳或心意拳。意拳的整体发力是利用人体中整体力量筋（三对力量筋）的六梢之间相争所发出的力，因此这种发力又叫六合力或整体发力（见下篇《心意六合拳名藏练法——筋力与六梢》一节）。

随后在钻裹践的崩拳打法的基础上变化出了打上节为炮拳、翻拳为钻拳、横打横拨为横拳、砸掌（拳变掌）为劈拳的打法，因此，崩拳、炮拳、钻拳、横拳、劈拳共称为五拳，五拳虽然仍为整体发力的打法，但也可以用于明劲儿打法。五拳用于明劲儿打法按阴阳五行的拳劲又称为五行拳。因此五拳是心意拳中的叫法，五行是形意拳中的叫法。随着五拳的出现，由龙虎二气引申出了六艺，在龙虎二技的基础上增加了鸡技、熊技、鹰技及大自然气象中的雷声（图25-1、图25-2）。六艺则是对龙虎二技虎扑打法的要求与说明（见下篇《六艺不传之法——虎扑》一节）。暗谱称五行取其意，用其力，六艺取其意，用其势，故五行六艺为取意的意拳。因此从练拳的用心意，到做拳的取意，拳拳不离意，所以此拳古称意拳，即心意拳。因心意拳的整体发力为六合力，故心意拳又叫心意六合拳、六合拳。

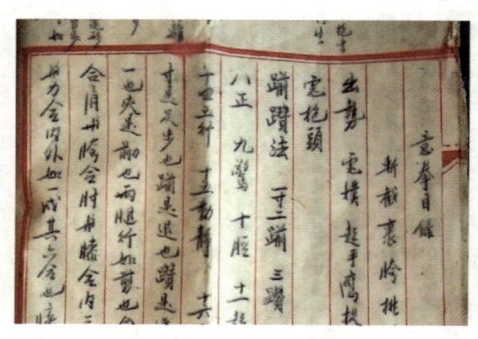

图25-1　意拳老拳谱

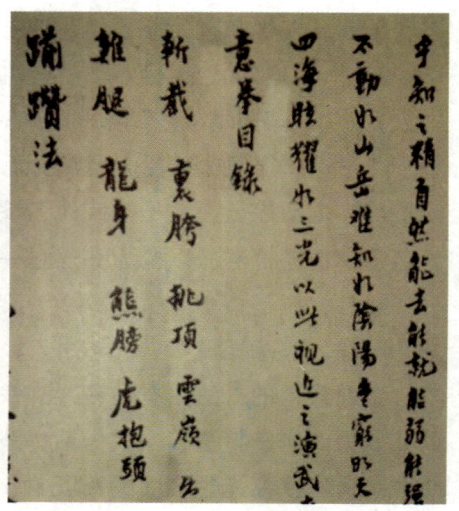

图25-2　戴隆邦六合拳谱

意拳整体打发力的崩拳打法和虎扑打法是心意拳老拳，也就是王芗斋先生在《意拳正轨》中说的"古势老三拳与龙虎二气"的打法，此为心意拳单传功夫，也称嫡传功夫。

在五拳六艺之后出现了由六艺中鸡、龙、熊、鹰、虎五种动物按照十天干延伸出的模仿十种动物——龙、蛇、鹰、鹞、鸡、燕、虎、马、熊、猴动作特性的十大形的象形拳打法。十大象形拳在心意拳中称十大真形，真形，即象形。在十大真形打法基础上按照十二地支添加鼍形和蛇形，又延伸出了形意拳中的十二象形拳的打法。十二象形

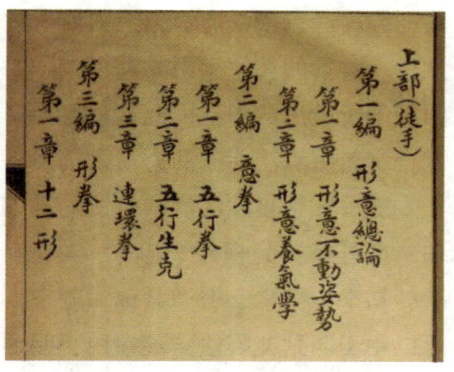

图25-3　形意拳老拳谱中所述
意拳与形拳截图

拳在形意拳中称十二形拳，心意拳的十六真形与形意拳的十二形拳又称形拳，形拳加意拳组成了形意拳，这便是形意拳的由来（图25-3）。

在心意拳和形意拳中，意拳一直延续单传模式传承，单传是以暗谱单传的嫡传形式传承。五行拳的明劲儿打法和形拳属于通拳，通拳是指在门内公开教授的拳，其拳法以明谱形式记载并传承。王芗斋先生在北平《实报》的《拳学要义（答记者问）》中曾说"要知'形意'嫡传并无十二形练法"。

因此，王芗斋原传拳法意拳之正轨为古心意拳、形意拳中意拳之嫡传拳法，非象形拳的形拳。

心意六合拳名藏练法——筋力与六梢

神意拳中的整劲儿发力是人体反常态的一种用力方式，因此必须通过一种特殊的训练才能获得。

拳劲儿乃筋力六梢之运用，筋力六梢乃双足（脚）梢、双手梢、头梢、尾椎（尾尖儿）梢（见下篇《筋力六梢的训练——站桩》一节）。

"心意拳"，又名"心意六合拳"，心意六合是该拳的核心。前面讲过拳谱分为明、暗谱，以文字形式记载的是明谱，口传心授的是暗谱。因此用文字表述的心意六合拳谱属于明谱。明谱大多看着深奥、广大、包罗万象，实际要想都做到明谱所说是不可能的，这就是往往拳谱写的与实际拳师们做的差距很大的原因。无论是"心意六合拳"还是"形意拳"，核心都是养练整体筋力及整体筋力的发力与应用。整体筋力的发力是指利用人体中三对力量筋（俗称"三对大筋"，见下篇《筋力六梢解析》一节）整体所发出的力，所以人体的整体筋力是习拳的关键。如果习拳者没有掌握和不懂运用人体的整体筋力及整体筋力的发力，习此拳就没有意义。王芗斋先生称没有整体筋力、没有六梢儿或不会整体筋力发力的人"'力不整'，身上没有'玩意儿'"。

关于拳的发力，虽然在流传的明谱拳谱中没有直接表述练习整体筋力及整体筋力发力的具体方法，但它已经隐匿在拳名中，老话叫"明谱藏暗谱"，也叫"明普藏头"，行内叫"隐语"。

"心意六合"是拳的名称，在明谱中解释为"心意是指意念，六合是手与脚合、肩与胯合、肘与膝合，此称为外三合；心与意合、意与气合、气与力合，此称为内三合"。如果按照明谱中这样的解释直接去练习，估计很少有人能做得到这样的六合，这也正是明谱用文字绕人的地方。

明谱中所说的六合分为"明六合"与"暗六合"。明六合是明谱中用文字叙述给单传以外的人看的，暗六合是单传口传心授的。暗六合是指人体在用力时，人体中三对力量大筋（简称"力量筋"）的六梢各梢的力均等及各梢之间的争力均等，并且相通相连、协调一致、相互配合的状态，在明谱称为"六合力"，简称"六合"，在暗谱称为"六梢崩力""六梢劲儿"，又称"整体筋力"。王芗斋先生后称为"浑圆内争力"，简称"浑圆力""六争力"，即六梢争力，又称"内争力"。

人体中三对力量筋的六梢之间在六合状态下借助自身重力与地面产生的反作用力相争所发出的短促、迅猛、有力的力，暗谱称为"六合发力"，即暗谱六合力、"崩力发力""崩炸力"，简称"炸力"（见下篇《崩拳拳法藏筋力用法——筋力整体发力》一节），又称"整体筋力发力"，简称"整体发力""整劲儿发力、"筋力发力"。它们在拳行里统称为"拳劲儿""整劲儿""筋力"。由于这种力在发力时短促，好似身体一哆嗦或一颤，且没有明显的肢体屈伸或抡摆动作，因此这种发力在形意拳明谱中称为"暗劲儿"，行外也称"短劲儿""寸劲儿"。在化解对方来力的同时做出的暗劲儿发力称为"化劲儿"，也就是王芗斋先生所说的出入螺旋式，又称为拿打合一。

王芗斋先生在《拳道中枢》中说"何时发力，力始平均，平衡之后，仍须返原"，是指六梢在发力时各梢相互平均的争力，这就是浑圆力发出的力，发完之后立即恢复发力前的状态。

关于这种发力，王芗斋先生曾说："外人看着糊里糊涂，只有你自己明白是怎么回事，就说明你做对了（指暗劲儿发力）。如果你做了一个炮拳或打了一个劈拳，人家能看得清楚，说得明白，这就说明你没做对，你这是明劲儿的玩意儿，不是我的东西。"

李见宇先生说："筋的六梢儿没有达到六合状态，用老先生的话说叫'六梢儿之间还没形成内争力'。筋只有在六合状态下相争所发出的力，才能叫整劲儿。"

整劲儿是中国大多数拳术追求的一种用于技击的发力形式，对于整劲儿，不只是神意拳离开筋的六梢无从入手，任何拳术的整体发力离开筋的六梢都无从入手，可以说没有六梢的发力就不属于整体发力，所以在神意拳习拳中的一切手段也都是为力量筋的六梢服务的。

心意六合意思是说，用心意（意念），不能用力去求（练、寻找）筋的六梢的合力，即内争力。这样就能得到整体的筋力，也就做到了明六合中所说的六合。所以以意求六合是养练整体筋力的最佳方法，也是唯一方法，因此用心意而不用力的练法是对整体筋力的训练，这就是王芗斋先生所说的不用力练出的力，即筋力。

王芗斋先生曾和李见宇先生说："人家（指明谱）给了你一个六合，又告诉你六合有内外三合，你练去吧，你这一辈子也练不出来。如果人家直接告诉你六合就是六梢儿的劲儿，你再直接去练，明谱说的六合不用刻意练，你自然就合了，如果按照明谱去练明六合，这儿与那儿合，那儿与这儿合，你光求合了，也就不知道什么是整（指整劲儿）了，一辈子也做不出来整劲儿，反而越练越造作。如果直接告诉你六合就是以意求筋六梢儿的六合力，你就会很快出（练出）整劲儿，那不是就方便多了？如果揭了这六梢儿的秘密，师父还靠啥吃饭？再者说，如果公开了，不出两代人又都走样儿了，指不定又会弄出什么幺蛾子，就像现在的太极拳一样，本门（指太极拳门）里有谁还知道他们老祖宗立拳时的老三刀啊？实际上，拳谱写得再多也没有用，只这'心意六合'四个字就够了。"

李见宇先生说："老先生告诉我说：'戴隆邦先生所说的自古六合无双传，并不是指明谱所说的六合拳无双传，而是指三对儿大筋（三对力量筋）六梢儿的六合不能双传。这是整劲儿的秘密，一直是单传的。明传拳的老规矩是六梢儿不能齐，筋力不上谱。'明传拳说的是屋外的玩意儿，对外公开教的拳。'六梢儿不能齐'，说的是在单传以外公开教拳或写拳谱时虽然可以说梢，也可以说三梢儿、四梢儿、五梢儿，就不能把六梢儿说齐了（完整）；'筋力不上谱'也是同样，都是说单传以外公开教拳或写拳谱时可以单独说筋，也可以说筋骨，但就是不能说明白筋力，这说明六梢儿和筋力是拳的核心。老先生在拳稿中也只是说根松梢儿紧，提到了筋骨，唯独不说六梢儿和筋力。现在许多人认为梢儿就是手脚四梢，这四梢儿不用说谁都知道是手脚的四梢儿，但是对于用力，光有这四梢儿就不够了。你看如果腰扭了或闪了的时候，当你咳嗽、打个喷嚏甚至使劲儿放个屁腰都疼，这说明人体只要用力就离不开腰。还有就是只要腰用力过大，脚都要向下踩，头同时也要向上争，这样腰才能挺上劲儿，手脚才能用得上劲儿，这就是脊梢儿的作用。人体手脚是两条为四梢儿，可还有脊椎这一条呢，所以他们的四梢儿里还少了脊椎的两个梢儿，那能出整劲儿吗？即使出了劲儿也不是整劲儿，也有人认为做拳的发力要靠腰力，有的发力腰眼儿一挺，这就又片面了，什么腰发力、脊椎发力，还有胯发力、丹田发力这都是太极拳和形意拳明谱的东西，其实这都不属于整劲儿发力。有些人还认为老先生说到过筋骨桩，就以为站桩是为了站出筋骨力呢，其实那都是后来为了健身锻炼筋骨的桩，我也说过筋骨桩，但它和整体筋力发力没关系。有些人认为站筋骨桩，站出来的就是筋骨力，那要是站伏虎桩就出伏虎力吗？这不是扯呢吗！人体肌肉能发力，筋能发力，骨头可发不了力！谁听说过骨头力？老先生说的'站桩换劲儿'能是换骨头劲儿吗？所以肌肉收缩就是发力，筋的六梢儿相互一争也是发力，这只是肌肉力和筋力的区别，也是相对而言，若是筋骨力，怎么发出来？所以骨力也好，筋骨力也好，那只是说说而已，你真要让他做时就没有了。"（王芗斋先生六梢争发力动作及方法见图26-1、图26-2）因此，神意拳整劲儿发力的根本是人体力量筋六梢之六合！

 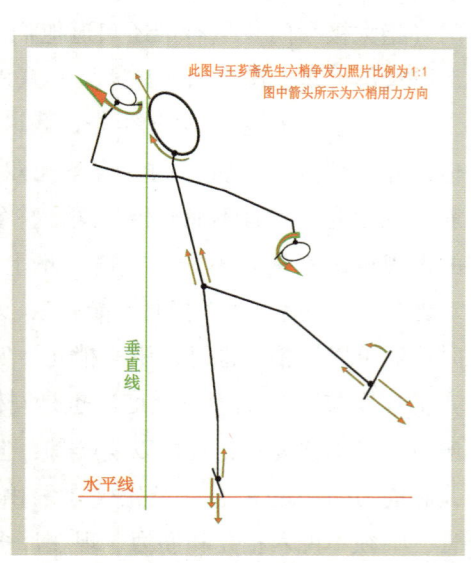

图26-1　王芗斋先生六梢争发力照[①]　　图26-2　王芗斋先生六梢争发力示意图

注：

①王芗斋先生六梢争发力照片第一发表人为于永年先生，原版来源于吴振法先生（王芗斋先生在保定时期徒弟）。1985年保定由振忠先生从其师父吴振法先生家得到该照片及另外一张王芗斋先生的半身照，便拿给于永年先生，事后吴振法先生将原版要回做纪念，于永年先生便将此照片翻拍两张留存，原版交于由振忠先生，另外一张不慎丢失。此照片"独立守神"桩为于永年先生命名，并在所著书中公布。事后于永年先生将两张翻拍的照片分别送与杜吉星先生和笔者留存。

一次，笔者与杜吉星先生在于永年先生家聊天，谈起该照片时说："于老师，这个'独立守神'桩好像站不了，抬起一条腿站不稳，即使能勉强站稳了，也站不了多长时间。另外从照片上看，王芗斋先生的头部已经向后偏移出支撑脚太多，要按这个要求，谁也站不稳，所以我觉得这不是桩，好像是王芗斋先生在做发力，只有在人体六梢猛然一抌的动作中，才能出现这种现象。"说着就模仿该照片的姿势比画了一下六梢的争发力。杜吉星先生接着说："师父，您教的大步桩（伏虎桩）即使全身都提了起来，我也能站一个半小时，但是这个桩我真站不了。"于永年先生说："当时谁也不知道这是桩还是什么，看来这应该是王先生的发力。"

几天后，笔者和于永年先生聊天又谈起此事，于永年先生说当时得到这张照片的时候正研究老子的《道德经》，就用道德经中的"独立守神"命名了。

关于照片上王芗斋先生的姿势是发力的看法，笔者特意向李见宇先生求证，李见宇先生说"这个谁也站不了，这是老先生的争发力"，说着起身做了类似姿势的争发力。

图中双手手势为持枪桩中拇指挑起手势（见下篇《持枪桩》一节）。左脚抬起，脚尖向上钩，沿脚掌方向向前下做蹬踏的动作，与下颚向后上方抌的动作形成争力；左手顺时针转的同时向下外沿左脚蹬出方向做撑的动作，与右手逆时针转的同时向后上沿下颚抌的方向做抌的动作形成争力；右脚向下蹬地面的动作与下颚和右手向后上抌的动作形成争力。尾闾穴及会阴穴处沿下颚方向做上提动作，同时与右脚向下蹬地面、左脚向前下蹬、左手向前下争的动作形成争力。

此为"六梢争力发力"，简称"争发力"，即六梢抌发力。

崩拳拳法藏筋力用法——筋力整体发力

六梢为阴，神意为阳，阴阳相碰，六梢崩裂，此乃六合之崩力，拳劲儿也。

崩拳是形意拳打法的名称，它也是利用明谱藏暗谱的方式将六合力的发力方法隐匿在明谱的打法中，所以崩拳在明谱中它是打法，在暗谱中它是用法。

"崩"在暗谱中是指六梢之间相互的崩力，即相互的争力，又称"六梢崩力""六梢劲儿"，将这种崩力发出体外就是崩力的发力，即暗谱的六合发力。这种拳劲儿的打法是老谱中钻裹践的单手崩拳打法和钻裹践的双手虎扑打法。"崩"是"炸"的辨析，因此也可以视为六梢崩炸所发出的力，即"崩炸力"，简称"炸力"。

王芗斋先生将六梢之间相互的崩力的"崩"用更形象的"争"字表述，即六梢之间相互的争力所发出的力，并把此力称为"浑圆争力发力"。简称"浑圆力发力"，这种发力的高级形式就是王芗斋先生《拳道中枢》中所说的"惊炸力"。

李见宇先生说："知道了六梢儿，还要知道这六梢儿力怎么发出去，这个'崩'字就告诉了你这种发力并不是抡拳头的屈伸发力（指肢体的屈伸），也不是往回拽的力，而是向外崩出去的一种发力。因为抡拳头是身体单一方向的用力，崩是指身体多方向的用力，这就是六梢六个方向之间的相互争力，这个争力过去在暗谱叫'崩力'，老先生后来改叫'争力'，所以'崩'说的是六梢的发力。老先生教我时，有时还用"崩力"这个说法，老先生说：'什么时候你体内的六梢儿之间形成了崩力，这叫内崩力，我叫它内争力，再把这个内崩力加大向外崩炸出去，这叫外崩力，我叫它外争力，外争力是你的六梢儿在六合状态下用意念与外界物体相互连接，这叫外挂，也叫牵挂，通过这种意念活动使体内六梢儿的争力延长到外界的物体上，然后意念中六梢儿挂着物体再做争力，这时的争力就是外争力，也就是暗谱所说的外崩力，这样力就发出去了，这就是咱们的发力，这时候你的六梢儿才算真正有了。'当我六梢儿能一动一动地做争力时，老先生说：'这是你身体里的大筋靠你六梢儿一拉一松做出来的，这个叫立体争力，就是我说的浑圆力，也叫浑圆内争力，你这一拉就是把筋拉紧了，你再一松筋就自然回去了，这就是利用筋的弹力特性，这个叫筋弹力，这是整体发力的初级阶段，也就是六梢儿的内争阶段。等到你什么时候能把六梢儿的内争力做到了外争力时，就是真正把六梢儿的劲儿发出去了。所以内争力是六梢儿之间的事儿，外争力是六梢儿与外界物体之间的事儿。暗谱中说六梢儿为阴，意念为阳，意念稍动，就是阴阳相碰，阴阳相碰，六梢儿即崩，这就是六梢儿发力的方法。什么时候能达到以神领意、有感即应的发力程度，就是暗谱中说的惊弹力，也就是我所说的惊炸力了。"所以崩拳的'崩'字在暗谱中它是六梢儿发力的方法，这种发力在古时候也叫'顿挫发力'（唐代诗人杜甫在《观公孙大娘弟子舞剑器行·序》中所写'浏漓顿挫'，浏漓，即流利飘逸；顿挫，即为顿挫发力）。"

李见宇先生讲："整体筋力的发力必须是人体借助地面的反作用力六梢儿相争才能发出力来，老先生说'离开地面，无从发力'就是这意思。你看猫在受到突如其来的惊吓时，会突然跳起很高，它在弹跳起来时都是突然蹬地借助地面的反作用力才能弹跳起来，但它们的腿并没有做过大的屈伸动作，它是在没有准备的情况下突然一下就弹跳起来的，这就如同人体在发力时的筋猛然一争一样，实际上并没有多大动作，它只是利用筋的弹力特性把筋一抻，所以有时候在做发力时还会上瘾，越发越有精神、越兴奋，发力也感觉不到累，反而感觉到很有趣、身体很舒服（李见宇先生八十多岁高龄时常做发力，有时做发力半个多小时）。要是做两下发力就呼哧带喘的，那就不是这玩意儿，还有人把发力做得夯吃夯吃的，看起来很用力，其实劲儿都憋在身上了，这都不对，做多了还伤气血。实际上在做发力时并不用那么费力，筋就这么随意一抻一抻的，外人看不出你在用力，就看到你一哆嗦，这就对了。抻筋这个叫法，还是于永年先生先叫出来的，过去口传都叫'崩'，明谱叫'紧'，老先生改叫'争'，一抻、一崩、一紧、一争都是一个意思。老先生后来又用'矛盾力'形容这个'争'，把六梢儿相争叫'矛盾力'，形容人在发力时人体的状态叫'无处不争'，也就是'无处不矛盾'，只有六梢儿争了，人体才能达到无处不争、无处不矛盾的状态。老先生用'争'或'矛盾'形容发力也是在发力中的自身体会，有人经常问老先生什么是发力，老先生也经常用衣角一抻一抻的来形容这种发力的争和矛盾，老先生后来把人体在应激反应时发出的这种力叫作'惊炸力'。现在有些人认为把筋拉紧，再放松，就把力崩弹出去，这只有用像弓箭和弹弓那样的东西才能做得到，这都是人体的生理不可为（做不到）的动作。实际有了整体筋力就能体会得到，真要是在发力时先把筋先拉紧了，到发力时再一松，这就做反了，这力还咋出来呀？也有人认为老先生拳稿说的紧，就是肌肉的紧，认为全身肌肉的紧就是整体发力，可是肌肉再紧它也只是收缩，如果全身肌肉都紧，那就是僵了，这都是对明谱中所说'站桩身如反弓''身背五张弓'及对老先生拳稿错误的解读，因此崩拳打法的叫法来源于整体筋力发力和用法。过去的拳名不是像现在似的瞎起的，这都是过去吃饭的玩意儿，有的是救命、保命的玩意儿。现在的桩、拳都叫这浑圆、那浑圆的，什么是浑圆都不知道，其实就是六梢儿一争这点儿事儿。全中国武术的大部分门派都在寻求这种整劲儿的发力，可谁也没得着，这老玩意儿归了包堆儿也就这么点儿事儿，就像一层窗户纸，没人告诉你，这辈子你也不知道咋回事。"因此，六梢的内争力与外争力是神意拳六梢发力的关键！

心意拳拳名与形意拳拳名

形意拳拳名由李洛能先生首用，因此社会上大多认为是李洛能先生将心意拳拳名改为了形意拳拳名，这要源于戴隆邦先生在教授李洛能先生习拳时，常把形拳、意拳以形意合称。李洛能先生为意拳嫡系传人，因此李洛能先生回乡后为隐藏与练法有关意拳、心意、六合，才将拳名改为形意拳，严格说形意拳的拳名源于戴隆邦先生。

王芗斋先生在北平《实报》的《拳学要义（答记者问）》中说："戴先生虽以'心意'变'形意'，然也不背原意，故以拳拳服膺之意名之曰拳。要知'形意'嫡传并无十二形练法，然周身十二形之意当尽有之。亦无五行生克之论，不过指五行为五种力之代名词，非手法与拳套也。

所以形意也是练法。将"心意六合"改为"形意"，这样一来，代表整劲儿的"六合"一词却藏到了拳谱中，虽然这也没有违背拳的原意，但有谁还能知道以意求整劲儿呢？

王芗斋先生最初教授形意拳时的拳学理念是"去形留意"。其一是因为当时习拳的人们，无论是站桩还是操拳，都过分地追求身体某部位的摆放及身法、身势、招式的细节；其二是去掉模仿动物象形的形拳（十二形拳），即去形拳，留意拳。王芗斋先生与众不同的拳学理念不仅得不到同门的承认，甚至不承认王芗斋先生是郭云深先生的弟子。王芗斋先生毕竟是暗谱单传的传承人，所以众口难辩，承认也罢，不承认也罢，王芗斋先生的拳法是最好的证明。

关于习拳

在一些习拳爱好者中，往往习拳十几年、几十年甚至一辈子都毫无结果，到老只能搬出王芗斋先生曾说过的一句话："站桩寻理趣。"对此李见宇先生也曾说："寻理趣一寻就一辈子，理趣没寻着，反倒让桩绑了一辈子、折磨了一辈子，到死这理趣的门儿也没摸着。"

王芗斋先生把习拳过程分为站桩、试力、试声三部分，这是暗谱中的三重功夫。站桩只是一年级的课程。但是这一年级的课程却难倒了众多拳技爱好者，无论老师、师父还是学生、徒弟，都被王芗斋先生的拳谱、文稿圈在这个大圈子里，但没有人问过为什么。其实细读王芗斋先生的文稿，好似都说得再明白不过了，但是又感觉什么也没有说清楚，使习拳者无从下手。

王芗斋先生的《拳道中枢》说道："盖因师法不良，用功不细心，追求表面，人学亦学，人云亦云，所谓盲从者是也。若习而不果，愚昧亦永无体认之可言，茫然一生，毫无实际，且易起神秘思想，终不得望见门墙，由是而罄其所学，以致终无体认也，哀哉！须知巧者不过习者之门，文曰：子孙虽愚，读书不可免，亦要明理，更要实践，表里内外，互相佐之，否则终难入轨。"

李见宇先生说："你学个三五年还是不明理，不知道什么是发力、怎样发力，甚至还没有搞懂习拳对生理起到什么作用和影响，就要产生疑问，是老师没有讲，还是老师自己也不懂？这年头，如果人家管你借十万块钱不还，你要找人家玩命，要是人家说教你拳，可你一辈子什么也没有得着（没有学到），浪费人生时光，有的甚至损伤身体，就这样骗你一辈子，你不见得能和人家急，过年过节你还要给人家磕头、送礼，还要叫人家师父。如此这样，你再教徒弟，一代骗一代就这么骗下去了。"

因此任何学习都有时间性、阶段性、周期性，随着他的阶段性、周期性逐步提高，习拳也不例外。

缄默知识（通常所说的知识是用书面文字或地图、数学公式来表达的，这只是知识的一种形式，还有一种知识是不能系统表述的，例如我们有关自己行为的某种知识。如果我们将前一种知识称为显性知识的话，那么后一种知识就可以称为缄默知识）程度较高的人，用老话说，就是有机灵劲儿的人，基本用不了两三年就能得劲儿，五年左右就能把试声、发力运用自如，十年就能达到不练自练、不养自养的程度，即王芗斋先生所说"三年一小乘，五年一中乘，十年一大乘"。

神意拳的发力——人与地面的争力

整劲儿发力的根本就是人体与地面发生关系。

在日常生活中，人体作用于物体上的力，通常是通过肢体的屈伸、抡摆或躯干的拧摆动作完成的，它分为局部力和全体力（见下篇《整力与局部力、全体力简说》一节）。

在人体的用力中，四肢单独的屈伸力（指小臂与大臂之间、小腿与大腿之间的屈伸）要大于四肢单独的抡摆力，小于躯干的拧摆力，而腿部整体的伸展力（蹬踹力）是由小腿与大腿之间伸展动作和大腿与躯干之间的伸展动作共同完成的，因此大腿整体的伸展力要远远大于人体中任何部位独立的力，俗话说胳膊拧不过大腿，所以由腿部整体伸展产生的力是人体肢体最大的力。若将这种力与全身相互配合，借助与地面产生的反作用力所发出的力就是人体能发挥出的最大的伸展力，它是通过脚蹬地面使人体与地面产生争力形成的，因此脚能否与地面发生关系，是人体能否发出力的根本所在。所以人体在用力发力时借助与地面产生的反作用力，使人体与地面产生争力，就是神意拳中发力的根本。王芗斋先生说："利用人体与地面的反争力，将力作用到对方身上。"老话说"整劲儿发力的根本就是和地面发生关系"，因此，人体与地面的反作用力是神意拳整劲儿发力的基础！

筋力在技击中的作用浅说

在肌肉力的用力发力中，由于肌肉长时间频繁过量用力或用力过大、过猛都会对内脏造成伤害，严重的会引起内脏出血或出现尿血等症状。在整体力量筋的用力发力中，由于是相对较少的肌肉参与，因此不仅不会对人体造成任何伤害，反而对身体有益。这种发力由于没有过多肌肉的参与，所发出打击力的强度和速度的综合性要远远优于肌肉力。由于这种发力主要依赖筋，而相对较少依赖肌肉，所以它不仅可以减少人体在发力时的耗氧量，也不会因为人体衰老产生的肌肉萎缩（结缔组织代替）而发力减弱，相反发力会相对更纯、更强，这是因为在人衰老时，萎缩的肌肉渐渐被结缔组织（筋）代替。

由于力量筋在发力瞬间的拉紧，会带动人体表皮筋膜瞬间形成一个拉起来的保护层，这样能够有效地提高该部位的抗击打力，它的作用类似于现代武装坦克车所用的反应装甲原理。同时，这也会使身体从脚到手以及头形成一个相对的整体，使己身形成斜戗（支撑，支持。如墙歪了，用两根木头来戗住这堵墙）的形式，在技击中能对抗大于自己身体几倍的力。这就是王芗斋先生所说的"不是我把你打倒的，是你自己的力把你打倒的，我根本没用力，这就是小个子打大个子"。于永年先生讲过："在拳上，赵道新先生看不起张恩桐先生（王芗斋先生的徒弟），虽然张恩桐先生功力大（力量大），但是弄不过赵道新。"赵道新先生说："他（指张恩同先生）天天和那些摔跤的较劲儿，就是他能摔倒一头牛，也弄不过我，外行还以为我功力多大呢。对于做拳来讲并不是谁力气大谁就能赢拳，所以，在拳行里，讲功力、说力气的基本都是门外汉。"李见宇先生说："老先生说过，'咱这拳从用劲儿，到养生摄生，都是筋的东西，这和肌肉没关系，他们老弄（练）肌肉，弄一辈子也弄不出来'。"

筋力与局部力、全体力简说

王芗斋先生在《意拳正轨》用锻炼筋骨为提纲，说："力生于骨，而连于筋，筋长力大，骨重筋灵。筋伸骨要缩，骨灵则劲实。"

人体利用各部组织的运动所产生出的力（俗称内劲儿、内力）作用于物体上，使物体受力，物体所受到力的大小，我们一般视为"人体使出力的量的多少"，简称"力量"。人体在生活中的力大致分为"局部力"、"全体力"、"筋力"。

人体肌肉大多是因后天自身需要逐步形成的。人体在婴幼儿时期，由于肌肉较弱还没有形成能够带动肢体做单独运动的肌肉群，所以这时身体的大部分动作都需要借助各部组织相互协调共同完成，因为人体从上到下是由筋将各部组织连接成为一个整体的，因此这时期人体各部组织协调的动作主要是依赖身体中的三对力量大筋（见下篇《筋力六梢解析》一节）在极少量肌肉参与下完成的，所以婴儿的大部分动作就属于筋力动作的表现，这就是拳行中所说的"筋力"。随着人成长和生活的需要，人体中渐渐形成了能够支配各肢体进行独立动作的肌肉群，局部力渐渐形成，四肢和身体各部开始独立工作。

人体肌肉由多个单块肌肉组成，单块肌肉是一个纺锤体，每个群体或每层肌肉纤维组织都是方向不同相互叠加的，它们分别附着在白色的筋膜上，所以看似两边与筋相连的肌肉，实际是附着在一条肌腱上的，只是筋在肌肉中与肌肉相互连接形成薄膜的形状，这条筋出了肌肉后便是细长的条形，因此肌肉与肌肉之间是通过筋相互连接，这样在人体用力时筋的负重力相对加大了，这时就形成了以大量肌肉和相对少量筋的运动。

在生活中，当人体的局部力量完成不了某种需要时，大脑神经会调动身体其他组织的力参与完成。

譬如，当我们要拿起一个杯子时，用一只手就可以将它拿起来，这种动作是由手臂中大量肌肉做收缩动作使分别附着在手臂骨骼两端的筋做牵拉动作完成的肢体（手臂）单独做功运动，在筋的牵拉运动中同时也会承担附着在筋上无用肌肉的重量。这种以局部肌肉为主导做功，使部分肢体完成的动作，就属于局部力完成的。

当人要想拿起来一块砖时，会自然地伸出一只手去拿。如果砖的重量超出人体一只手臂可以承受的重力，这时人体就会自动加上胳膊和肩膀的力量去完成拿砖的动作。当我们需要从地上搬起等于或超过自身承受力量的重物时，人体会自动加上全身各部组织（头、手臂、腰、胯、小腹、腿、脚等）及内脏器官，包括呼吸的配合，去完成对物体的做功。当人体所用的力超过物体的重量时，物体会被搬动。人体各部组织参与做功的多少，是根据物体的重量所决定的，这是人们在生活中形成的肌肉记忆。

人在搬重物体时，头和脖颈向上挺与脚向下踩的身体形成了一个整体的争力动作，使人体与地面形成了一个反作用力。在这个过程中，人体从头到脚每一部组织都参与了这种做功，小臂与大臂之间屈伸向里搂抱的动作、脚向下踩、小腿与大腿之间屈伸蹬腿向上撑的动作、躯干与胯之间屈伸向上挺腰脊的动作等，而我们感觉用力最大的是脚和小腿的蹬力、腰脊的挺力、手臂搂抱力、头颈的挺力和呼吸的配合（憋住气）。这时就需要全身肌肉收缩，使全身的筋来拉动全身的骨骼包括内脏去完成搬重物的动作，这就是人体在用力时的最大力，它称为"全体力"，即"人体全部的力"。

筋力六梢解析

力生于骨，蕴于筋，故筋长力大。

在人体的对抗中，力是主要手段。我国中医学认为力生于骨，蕴（蕴藏）于筋，筋是力的来源，故有"筋强骨壮"之讲。古语有云：筋长者力大也。

筋：①肌腱或附着在骨头上的韧带。②可见的皮下静脉的俗称，如~络，~脉。③像筋的东西。

筋，肉之力也。——《说文解字》

筋，力也。——《释名》

中医学意义上的筋包括肌肉、韧带等附着在骨头周围的软组织，是身体健康的源泉，也是力的本源，它同西方肌肉力学的理论不同。一切人体力量看似是肌肉的力量，实则本蕴藏于筋。我国中医学素有追溯本源或表里之分的说法。体内生劲为里，肉外发其力为表象。

肌肉和筋就像一对亲兄弟，两者互相依赖且又相互矛盾。肢体的屈伸动作要靠附着在筋上的肌肉做收缩运动，使分到附着在骨头两端的筋做出的牵拉运动完成。人们在日常生活中常看到山区的人扛着或挑着货物健步如飞，他们往往体型瘦小，也没有强壮的肌肉；而举重运动员有强壮的肌肉，虽然能扛得起挑得动货物，却走不了几步。又如，跳高运动员和举重运动员相比，跳高运动员没有举重运动员那样的力量，相反举重运动员也没有跳高运动员那样的弹跳力和速度，两者体形和肌肉的发达程度有很大差异。挑夫和跳高运动员虽然都没举重运动员那样发达强壮的肌肉，力量也没有举重运动员的力量大，但是他们的筋却要比举重运动员发达得多，这说明人体的速度、耐力和弹跳力取决于筋的发达程度，而单纯的力量则取决于肌肉的发达程度。所以，单独追求力量，会损失速度、耐力和弹跳力；相反，要单独追求速度、耐力和弹跳力，就要损失力量。这就是筋与肌肉的关系。若力量与速度、耐力和弹跳力兼得就需要达到《黄帝内经》和王芗斋先生《拳道中枢》中所说"肌肉若一"的状态。

在人体健美运动的器械锻炼中，当肌肉酸疼超出自身的忍受程度或肌肉没有力量再继续维持锻炼时，就会停下来歇一歇，这次运动累计次数为一组，经过短暂休息后再做同样的一组运动，这样如此重复，直到通过休息后不能再继续运动为止。这是因为，人体在运动时，先是肌肉的收缩拉动筋做功，当肌肉不能做出收缩动作时，就是我们俗称的没有力气或没有力量了，这说明肌肉已经不能再维持这样的运动了。可这时的筋并没有感到疲乏。肌肉经过短暂的休息后又可以继续再做运动，这样反复运动几组过后，当筋感到疲劳不能继续维持这种运动时，人体会感到没有丝毫力气了，这种状态就是人们常说的"筋疲力尽"。因此人体的力取决于筋的耐疲劳程度，即耐劳度。

人们的跑步、登山等运动，主要依赖腿部的大量肌肉频繁收缩来完成，肌肉每一次收缩，都会压缩肌肉中的静脉血管使血液流至心脏，由于肌肉反复收缩，会使脉搏加快，造成人体缺氧而呼吸急促，但这时体内的筋还远远未达到锻炼的效果，这说明筋的耐疲劳程度要远远大于肌肉。

由于筋中基本没有血管，因此筋的活动不需要人体提供过多的氧气，所以筋的运动是人体在不缺氧的正常呼吸状态下完成的，在这样运动中没有过多肌肉的参与，人体中的大部分肌肉得到了相对的放松，这样骨骼与骨骼之间就形成了一种相互依赖支撑的状态，从而使骨骼内部的骨髓细胞（骨髓分为红骨髓和黄骨髓，红骨髓是人体的造血器官，除造血功能之外，红骨髓还有防御、免疫和创伤修复等多种功能，成年人的红骨髓能产生红细胞、粒细胞、血小板以及部分淋巴细胞。黄骨髓主要由脂肪组织构成）自身运动起来，达到养精、蓄力的目的，这就是王芗斋先生所形容的人体在站桩中"骨骼与骨骼支撑"的状态。

李见宇先生说："因为筋力发力不需要消耗过多的氧，所以当你发力做对了的时候，不会感到累和呼吸急促，相反在发力时体内的筋会有越争越舒服的感觉，因此不管你多大岁数，只要能活动，就能做这种筋力的发力。老先生说过，'你发力用筋时，筋会越用越长，越练越粗，筋力发力也就越大。社会上虽然都知道筋长力大，却说不出原因和出处，更别说如何练习了'。"

人体中的筋就像一条线，肌肉附着在筋上就如同这个线上挂着的一个个重物，当筋的两端想要抡起来做整体运动时，挂在筋上面的不用功肌肉（没有参与做功的肌肉）也会被牵动，这样筋的两端就形成不了整体的运动。相反来自筋两端的力也会被挂在上面的肌肉消耗掉，使筋两端的力得不到连通，做不出整体的运动，若要想让筋的两端相互连通做出整体的运动，就只有尽量卸掉中间的这些影响力传导的多余肌肉，筋两端的力才能相互连通做出整体的运动。如一条绳子两端为A、B，在A、B之间挂着C、E两个重物，当拉动绳子一端A时，力量会首先作用到C再到E最后到B端。当A端的拉力小于C和E的重量时，A端的力会被C或E吸收掉而作用不到B端。只有当A端的力大于C、E的重量时，A端的力减去C、E所消耗的力，剩余部分的力才能作用到B端。所以，要想A端所用出的力能直接作用到B端而不损失，就需要卸掉C、E两个重物，这样的力即是A到B线段的整力。

人体中的筋是从上到下布满全身的，肌肉与肌肉、骨骼与骨骼、内脏各器官等都是通过筋相互连接在一起的。人用力主要是依赖人体中从上到下的三组大筋来完成的，这三组大筋称为"力量筋"，又称"用力筋"。在人体用力时，这三组力量筋同时相互用力，人体就会发挥出最大的力。若用全身肌肉参与这三组力量筋发力做功，就属于全体力，若用极少部分肌肉参与这三组力量筋发力做功，就是拳家们常说的"整力"，即整体筋力。这三组力量筋就是人体在用力时的主要力的来源，也是人体全体力或整体发力的三驾马车，缺一不可。

人体的三组力量筋分别是双脚之间的力量筋称为"下肢筋"、尾椎与头颈之间的力量筋称为"通体筋"他和双手之间的力量筋称为"上肢筋"。在这三组力量筋中下肢筋与通体筋下面的梢节在尾沟处交会后以膜状结于腹部。上肢筋与通体筋上面的梢节在脖颈处交会后以膜状结于面部。俗称的"三筋两膜"就是指三对力量筋和腹、面部筋膜。腹、面两膜又称"两面"，即腹面和脸面（相）。它是人体用力的关键。在人体用力中若能有效调动三筋两膜都参与做功，会使人体发出最大的力。

人体三组力量筋中的双脚、双手及脊椎的上下两端各自分别处于三对（三组）力量筋的六个梢节，这六个梢节在暗谱中称为"六梢"，即"筋六梢"。在六梢中脊椎上端的头部和下端的尾椎分别是脊椎上下两个梢节，这两个梢节分别称为"上脊梢"和"下脊梢",暗谱称"头梢儿""尾梢儿"或"尾尖儿",上脊梢和下脊梢统称"脊梢"。它们与双脚、双手组成了人体中筋力的六个梢,所以六梢为双脚、双手、头(上脊梢、头梢儿)和尾椎(下脊梢、尾梢儿、尾尖儿)。它们就如同三条中间没有挂任何重物的绳子,它们每个梢节就如同这条绳子的 A、B 两端,当三组 A、B 端的绳子相互抻拉时,它们六个端之间就相互形成了争力。将这种争力作用于体外,这就是神意拳中的整体筋力发力,即王芗斋先生所说的浑圆力发力。这就是我们在前面《心意六合拳名藏练法——筋力与六梢》一节所讲的暗六合中的发力,没有六梢整体参与的发力不属于人体的整体发力。

在日常生活中,当人体的力作用于物体时,物体的重量只要超出人体的局部力,就离不开力量筋的六梢,这就是由全身肌肉参与六梢做功发力的全体力,它们表现出的是带有明显肢体屈伸或躯干拧摆动作。由少量肌肉参与六梢做功发力的属于整体发力,肢体或躯干没有明显的屈伸或拧摆动作,这就是拳行外流传的"人体一哆嗦"的发力。

在六梢发力中,没有过多肌肉的阻碍,才能达到全身整体筋的发力,这样用出的力就是整力,即整体的筋力。只有通过对人体六梢的训练,卸掉影响六梢运动的阻碍,使六梢得以相互连通形成争力,才能使之发挥出整体筋力应有的效应。

这种六梢发力正是一代代拳家们追求的整劲儿发力,它不仅是神意拳的核心,也是中国内家拳整劲儿发力的核心。

整体筋力发力与肌肉发力优劣简述

与肌肉发力相比,整体筋力发力的优点是符合人体卫生基础,并满足卫生的需要。发出力的力量大,速度快,突然性强,能达到对方在接触到己身的同时做出有效的攻击性发力,在技击中没有无效发力(指空击的发力)。在连续发力时不会造成人体因缺氧导致呼吸急促,持续发力时间要远远优于肌肉发力,发力速度和力量不会受年龄影响。由于在发力时是脚借助地面反作用力做出的整体争力,因此这种发力称为有根的发力,即有支撑的力。所以在发力时,人体呈斜饿姿势时,能支撑或迎接大于己身几倍的外来力。从训练到应用全过程有益于身体健康,且不戕生。缺点是,必须与对方贴身发力，攻击距离短，训练时间长。

与整体筋力发力相比，肌肉发力的优点是以实战格斗为基础，满足快速实战格斗的需要。不用贴身攻击，肢体屈伸动作加腰胯或腰脊拧摆的发力力量大，训练时间远远短于筋力发力，因此适用人群广泛。缺点是，技击中有无效发力，肌肉连续发力会造成人体缺氧导致呼吸急促，持续发力时间远远短于筋力发力，因发力距离长造成发力速度慢。由于这种发力是源于腰胯或腰脊拧摆的动作，不是借助脚与地面反作用力发出的力（没有脚的完全支撑）。因此这种发力称为无根的发力，即没有支撑的发力，所以支撑或迎接外来力的功能相对较差。从训练到应用，由于肌肉长期频繁收缩，容易对心血管造成损伤，不益于身体健康，属于戕生。发力速度和力量会随着年龄的增长逐渐减慢和减弱。

因此，整体筋力发力与肌肉发力互有优劣，满足不同人群的不同需要。

筋力六梢的训练——站桩

求劲儿，筋力也！易筋、易骨、易髓唯桩也！

按《筋力六梢解析》一节中所讲的绳子 A、B 端的理论，只有卸掉后天形成的影响和阻碍六梢运动的肌肉作用，人体才能够得到六梢的整力。这就需要有一种既能使六梢同时运动起来，又能使多余的肌肉不参与六梢的运动，而又使这些肌肉得到相应放松的运动方式。

古人在长期的活动中总结出，人体在直立放松状态时的位静运动的"站桩"中，没有大量肌肉的参与，因此这些肌肉得到了相应的放松（见下篇《站桩姿势与六梢简释》一节）。在这种状态下，用意念引导（通过神经指挥）让六梢的筋慢慢运动起来（微微绷起来），六梢就得到了运动。经过长期的训练，六梢的筋力会增大，而影响六梢运动的多余肌肉就会慢慢与之分离出去，使人体形成另一种用力的方式，即神意拳中所特有的六梢力的用力方式。

站桩是唯一能够使六梢得到锻炼而又使人体中的大量肌肉处于相对放松状态的运动项目。人体力量筋六梢的力唯有通过站桩才能获得，这就是神意拳中的站桩，即浑圆桩。

在站桩时要求全身肌肉放松，又要维持基本间架，而维持基本间架只依靠少量肌肉和部分筋来完成，不需要大量肌肉参与做功，全身的肌肉也得到了放松。这时通过意念活动使大脑神经能够逐渐对六梢形成相应的独立指挥，就是王芗斋先生《拳道中枢》中所说的"温养神经"。因此，在神意拳站桩中，对六梢的训练，主要是对神经系统的训练。

　　王芗斋先生一再强调的"根松梢紧"的梢，就是指人体的双脚、双手、尾椎和头这六个梢。于永年先生说："有一次在王先生家，人家问王先生怎样站桩，王先生随手指着门后挂在衣架上的衣服说：'看见挂着的衣服了吗，就像那样。'"之后笔者问李见宇先生，李见宇先生说："这叫提纲挈领，就是把六梢儿挂在那里，然后周身放松，这就是老先生说的舒适得力。"可以说，神意拳从站桩、试力、试声到武舞，甚至到用法，都是围绕着六梢运动的。李见宇先生说："六梢儿是这门拳的核心，站桩是站六梢儿，试力是试六梢儿，发力是发六梢儿，实作是用六梢儿，六梢儿齐了（用力均衡），劲儿才整，六梢儿不齐那就是局部力。"

　　李见宇先生说："老先生的发力是梢儿与梢儿相争做出的发力，就像两条绳子往两边拽一样，因此身体决不能搁劲儿，就像绳子中间一样，永远是松的，这就是站桩时老先生为什么总强调'根松梢紧'的缘故。"

　　站桩能够在有益于身体健康的前提下扔掉后天形成影响筋力运动的多余肌肉，找到或恢复婴儿时期的整力。这就是王芗斋先生在《意拳正轨》中说的"桩法换劲"。通过站桩将后天形成的用肌肉局部力的习惯换为先天的用筋整体力的习惯，而不是像现在人们普遍认为的那样，站桩就是把身体的肌肉从上到下、从左到右、从前到后连接成为一个整体，这样就形成了整体的力。这样的整体，会使身体形成一种僵硬的状态，这种僵硬的状态会阻止人体向外发力。身体的僵硬和整力是两个不同的概念，全体力与整力，区别在于肌肉或筋参与的多少，这其中没有绝对的筋用力，也没有绝对的肌肉用力，筋力或肌肉力都是相对而言的。

　　李见宇先生说："你知道了为什么站桩，就知道了怎么去站桩，古时候口传下来的站桩，就是叫'季鸟（知了、蝉）趴树'（蝉眠），它的作用就是筋力。还有就是治未病（《黄帝内经》：上医治未病，中医治欲病，下医治已病）。这俩表面看，一个是为了技击，一个是为了生理，其实就一个目的——'卫生'。站桩也没有那么多说道，能做到身松梢紧（根松梢紧）睡觉就都有了。不像现在这么站、那么站的很多说道，这都是人们自己弄烦琐了。明清以后中国好多武术门派都讲究站桩，现在练拳击、散打的也站桩。其实他们的站桩与实际运用都不搭嘎，因为屈伸胳膊打人用的主要是肌肉的力，和筋力没大关系，所以站完桩再去抡拳头没有意义。这都是因为不知道站桩是怎么一回事，就都按照自己的理解和喜恶去站了，都以为一抬胳膊（指站桩）就都有了呢。更有一大部分人虽然教着人，本身却对站桩一无所知，好点的也是一知半解，得着啥理论都一股脑儿地往站桩上套，什么太极理论、阴阳学说、中医理论，有的甚至把王芗斋先生的拳法和原子对撞理论挂上钩，然后再拿这些理论去忽悠别人，所以现在站桩才千人千样儿。过十年、二十年后再看这些人，还是那样儿。"

站桩姿势与六梢简释

站桩是使人体得到六梢整力的唯一方法，但不是唯一目的。

站桩主要是在顺应生理需要、促进人体健康的前提下针对人体力量筋六梢力进行训练，并卸掉后天增加的影响六梢运动的多余肌肉，使六梢之间相互连通，并且使人体得到六梢的合力。那么，训练筋的六梢力为什么非要通过站桩的训练呢？有没有其他方式呢？站桩的姿势为什么要腿和手臂弯曲呢？

前面讲过，只有使除人体力量筋梢节以外的其他部位都达到相对放松的状态，梢节才能逐渐形成力量，并且相通相合。当肢体伸直或过于弯曲时，人体肌肉的伸肌（使关节伸直的肌肉）或曲肌（使关节弯曲的肌肉）都处在紧（收缩）的做功状态，这时关节处（骨骼两端）的筋与力量筋也都处于做功的拉紧状态。只有当肢体的关节略弯曲时，人体大部分肌肉（伸肌和曲肌）及力量筋才能够同时处于相对放松的状态。王芗斋先生《意拳正轨》第一章《桩法换劲》一节中也叙述了这种状态，说"尤忌扬头折腰，肘腿过于曲直，总以似曲非曲，似直非直为宜，筋络伸展为是"。这种状态就是人体中肌肉对力量筋运动影响最小的状态。如人溺水死亡，在水中的姿势基本都是手臂的肘关节处、腿部的膝关节处和胯部（俗称大腿根处）都呈略弯曲的状态。双手抬起，肩膀腋窝处于张开状态，这种姿势就是上古时期人体在蝉眠中的姿势。它（蝉眠）与近代站桩的区别是采用双手高举过头的姿势，近代站桩采用的是双手环抱在胸前的姿势，在广西宁明花山岩画中反映了这种姿势的蝉眠（见上篇中的图6）。在这种姿势下，大部分肌肉及力量筋处于相对放松的状态，人体在水中或太空中自然漂浮时都呈此状态。当人体处在这种相对放松的状态时，才能慢慢加强对六梢运动的训练，使神经能够在不受影响或在最小影响下同时指挥六梢慢慢运动起来，除此之外，通过任何方式都达不到使人体在周身筋肉处于相对放松的状态下对六梢进行训练，也就是说，站桩是对人体六梢力训练唯一方法，即整劲儿训练的唯一方法，但是站桩的目的不只是对人体六梢的训练。这就是王芗斋先生所说的"内虚灵，外挺拔，舒适得力为基本不动之原则"。王芗斋先生所说的"内虚灵，外挺拔"的状态，就是指人体在站桩时，力量筋的六梢微微拉起时，身体所反映出的状态。

1985年笔者与曹万科先生在于永年先生家曾双手高举过头（蝉眠的姿势，类似投降的姿势），用十指轻轻扶着墙站过，杜吉星先生也说在于永年先生家站过此种姿势，这叫扶墙桩，只是当时不知道为什么这样站。事后李见宇先生说："扶墙桩老先生过去和他们（指其他徒弟）聊天时说过，只是当时没说为什么要这样站，实际这也是正桩的撑托桩。"

这就是为什么站桩（正桩）的姿势是弯腿、掖胯、曲臂的由来。这种相对放松状态的姿势是武家、医家、道家站桩的基础。王芗斋先生《意拳正轨》桩法换劲一节中所说"总以似曲非曲，似直非直为宜"。

李见宇先生说："为什么站桩非要弯腿、抬手、环抱？别的姿势不行吗？别的姿势您练的就不是六梢儿的筋力了，人体必须在筋肉放松状态下才能做出老先生说的根松梢紧，达到温养神经、训练六梢儿筋力的目的。所以凡事都有它的出处。中国武术各门派都有站桩，关于站桩姿势的由来，别说武术界，就是全世界也没人知道，所以它是单传的玩意儿，没人知道为什么站桩，就更不知道什么是正确的站桩了，老话儿说盐打哪儿咸，醋打哪儿酸您都不知道，您（指教站桩的人）还教个啥呀？甚至有些人用中医理论或太极拳理论往里面瞎套，实际上有站桩时候，还没有形成完整的中医体系呢。"

筋力六梢训练之要点——六心

六梢之根在于身，六梢之要（要点）在于心。

上文讲过，六梢是指人体中三对力量筋的六个梢，它是在站桩中养练整体筋力的关键。李见宇先生说："无论站桩、试力、试声还是发力，始终都要保持根松梢紧的状态，否则永不得力（永远得不到筋力），反而会给身体带来伤害。"暗谱中说"六梢之根在于身，六梢之要在于心"。"六梢之根在于身"，意思是说六梢的根的关键是身，暗谱中有"身松则根松，身紧则根紧"一说，因此对于六梢而言，身即是根，根即是身。王芗斋先生所说的"根松梢紧"就是指除六梢以外的地方都要放松。"六梢之要在于心"是指六梢在做争的运动时的关键用力点，这个点称为"心"，即用力的核心位置。意思是说，只有这个用力点用力才能使梢节形成争力。因此六梢的六个用力点统称为"六心"，所以六心是六梢能否形成争力最重要的位置。李见宇先生说："过去师父真要想教你，主要就是亲自手把手教你手掌撑起来的松紧程度，这是拳劲儿入门最关键的，做过了就紧了、僵了（肌肉参与做功多），不够就泄了、软了（肌肉和筋都没有做功）。只要你手梢儿有了（做对了），其他梢儿就照着这个力度做就行了。除六梢之外，身体不许有丝毫多余用力之处，身体始终要保持舒适得力，这样六梢儿的力度就都合适了。除了六梢以外，身体任何地方都不要搁劲儿，搁劲儿就会影响六梢力的形成（搁劲儿就如同在绳的 A、B 两端中间刻意挂上重物，影响 A、B 之间力的传导），身体其他地方都应该自然随着六梢的劲儿走。这就是老先生《拳道中枢》里说的'擎放得当'。《拳道中枢》里说的'松而不懈，紧而不僵，松紧紧松勿过正'就是指六梢儿的这种劲儿。过去师父看桩（看，读第一声。指监督、亲自指导站桩）就是看这个（指六梢的六心）松紧的程度（用力程度）。所以要看站桩对不对，先看他的手有没有撑起来，要是没有手（指手没有撑起来），就是力没有到手上，这就谈不上技击了，没有手怎么打人呢？中医讲"舒筋活血"，手上的梢儿头儿没有起来（指筋的梢节撑起来），身体里的筋就得不到完整的舒展，都在里面团着呢，筋得不到舒展，还活啥血？天天在那里团着（指站桩），每天就这样耗一个多小时，到老不得病才怪呢。所以无论技击还是养生，首先看他有没有手，要是没有手，说啥都是瞎掰，当然有了手，就再看六梢儿了。

六梢是指双手、双脚、头、尾椎，这六梢的用力点分别是双脚脚心、双手手心和上脊梢的后咽（靠近后脖颈的位置），暗谱称"后嗓儿"，及下脊梢，暗谱称"尾沟儿"，明谱称"尾闾"或"谷道臊根"，这六个用力点统称"六心"。

关于六心，社会上大多按明谱解释为手脚四心、本心和顶心（头顶中心）。李见宇先生说："老先生的《意拳正轨》和《拳道中枢》中也用了"六心"，大家都不懂，就按老先生说的相印是明谱中概念的相印，并非相互实际的合在一起，明谱标注的手心、脚心、本心和顶心去解读。老先生说的六心相印、六心相合，这五心都可以相合，头顶中间不能动，咋印、咋合啊？老先生说的相印是明谱中概念的相印，并非相互实际的合在一起，如果只是概念上的相合，那对于做拳发力毫无意义，这不就等于空话吗？而且按老先生争力或浑圆力说，争力就是两个方向相反的矛盾力，这矛盾力可是成对儿的，这手脚是四心相互能形成争力，剩下一个头顶的力，和谁去争啊？这可就不是老先生的浑圆力了。所以按明谱的六心相印去解释暗谱的"六心"相合是极为错误的，因此除了手脚四心外，还要有上下脊梢儿的两个心才对。老先生教我时常说：'在站桩时脊柱儿要保持中正，且胸不努（胸不向前努）、尾尖儿不翘（即尾椎不向后翘），意念中脊柱儿两头要有如意状的劲儿（如意的形状像长柄钩，钩头扁如贝叶），整身（身体从上到下），并不是要如意状的形，这样整体才能出如反弓的劲儿。但这些都要用意念去做，动作上有一丝即可，不能做出形。六梢儿用意用力要一致，不能破体（破坏均整力的姿势）。要知道我说的如意劲儿的目的，一是为了使站桩中脊椎呈竖直的状态，因为人在站桩下坐时难免会出现努胸翘屁股的状态，这样脊柱儿就变形了，有这个劲儿脊椎才能在下坐时保持竖直的状态。二是训练脊梢儿的劲儿。所以脊椎要真做成如意的形状那就又错了，同样整身儿要真做出反弓的形状也错了，总之要恰到好处才对。'"

六心是六梢的核心，没有六心就没有六梢争力的存在，六心用力才能使梢节形成争力。如在站桩时（以浑圆桩为例），意念中要求双脚的脚掌向下踩，十个脚趾撑开微微扒地（撑踩），脚的这种动作暗谱称为"踏"，切记，不要脚趾勾地；同时脚腕向上提拔，脚心内吸，即内凹（脚背方向为内）。这样脚趾与脚心之间的筋会相互形成争力，使脚掌和脚趾踩地更有力，整体的脚向下踩也与小腿向上提拔相互形成了争力。因此双脚的脚心为脚梢的用力点。双手也和脚掌一样，双手十指沿手指方向做前指，并撑开手掌（十指撑开），手的这种动作暗谱称为"撑"；同时手背向外拔（手背方向），手心向内吸，即内凹，手掌做撑微抓，暗谱称"掌撑指扣"。这样手指与掌心之间的筋会相互形成争力；同时手腕沿肘方向向后抽拔，这样手掌向前指撑与手腕向后抽拔会相互形成争力。因此双手的手心为手梢的用力点。这就是双脚和双手四梢中四心内收的原理和作用。

剩下的就是身体中形成筋力最重要的脊梢。为了使上脊梢的脖颈处的头部与下脊梢的尾椎处形成争力，以及避免人体在站桩中因双臂抬起出现的耸肩努胸（前胸向前凸）现象，和因人体下蹲时脊柱下端的尾椎出现翘尾现象，俗称"撅屁股"，影响生理健康和脊梢筋力的形成，对脊椎整体的要求是脊椎上下两端分别向前微扣，在意念中要使脊椎上下两端带有类似如意形状的劲儿，暗谱把这种劲儿称为"如意脊"，这就是王芗斋先生在《意拳正轨》中所说的"上兜下附"。

如意脊上脊梢的动作是将咽部的后部向后贴再向上提拔，这个动作反映出的外表动作是下颚微向内收，好似下颚与脖子之间夹着一个小球的动作；同时脑后脖颈两侧风池穴连线中间风府穴向上约两指位置的凹陷处向后再向上提，暗谱称"提后嗓儿"。这个动作也称"扣颚拔项"，即扣下颚，拔脖项，王芗斋先生《拳道中枢》称为"头顶项竖"。这时头部后颈椎处的筋会微微绷起，使上脊梢的头部与脖颈之间的筋相互形成争力，同时也避免了人体在站桩中因双臂抬起出现耸肩努胸现象。因为这个动作中头部会有微微向前扣的劲儿，所以这个动作暗谱也称"扣首"，这就出现了王芗斋先生《拳道中枢》中所说"上有绳吊系"的感觉（头顶犹如有绳子向上提的感觉）。因此后咽部的位置，即后嗓儿，为上脊梢用力点。

下脊梢的用力点在尾闾穴处至会阴穴处的筋，明谱叫作"谷道骚根"（谷道即肛门，骚根即生殖器）。用尾闾穴处至会阴穴处的筋同时做微微向前再向上提的动作使腰做出微微向后靠的动作。王芗斋先生形容叫"如坐高凳，力始谷道骚根"。这种动作暗谱称"勾阴"，即生殖器前向上方勾，这在他拳中称"提肛缩阴"，但若按提肛缩阴去做是极其错误的，望习者切记！尾闾穴处至会阴穴处筋的这种动作暗谱称"纵尾沟儿"，即向前再向上提。王芗斋先生形容叫"裆下夹有三寸木"，这句话是明谱中的叫法。由于人体的生理构造和神经传导，尾闾穴处的筋不足以独立完成使尾椎做出内扣的动作，因此就需要尾闾穴至会阴穴的整条筋来拉动尾椎做出向内扣的动作；由于会阴穴处的筋同时还承担着将双脚处的筋向上提拉的作用，这时会使小腹部的筋膜也参与这种做功，从而使腰出现了微向后靠的动作；在腰向后靠的同时，会有胯两侧前上端，俗称胯尖的部位自然形成向前裹包，俗称"包胯"或"裹胯"的感觉。这样小腹部的筋膜也与腰脊部的筋形成了争力，会阴穴处也和双脚下形成争力，好似两脚至会阴穴处的筋被会阴穴处勾提起来的感觉，这样就避免了人体在站桩中尾尖向后翘现象的出现，脊柱下端就会自然向前收，俗称"溜"，这就是站桩中常说的"溜臀"。脊椎上扣下溜就像竖立的如意。由于溜臀的整体动作是由尾沟儿处的筋完成的，因此下脊梢的用力点是尾沟儿。又因为尾沟儿后端的尾闾穴距离尾椎最近，因此明谱中把下脊梢也称"尾闾"。

  上述是神意拳浑圆桩站桩中对六梢用力方法的要求与说明。六梢力是整体筋力的基础、站桩的核心，形成不了六梢力，就无从谈整体筋力。李见宇先生说："力不整，说明就没有六梢儿（没有形成六梢力），没六梢儿首先表现出来的就是没有手（指尖没有力），练了半天没练出锤头儿（锤子的头），反倒是把锤把儿练得很粗，劲儿都憋在身上，还打什么人？你看他们站桩时那个手都是挼（ruá，北京土话，形容软、软弱、无力）的，再看老先生站正桩儿那张照片上的手啥样儿（见中篇《关于调桩》一节中图24－1），外表好像手绷着劲儿，其实根本没用力。站桩的目的就是六梢儿力，要不老先生为什么叫'浑圆桩'呢。其实站桩的姿势好不好看，首先是要有手，要是连手都没有，那肯定没有六梢儿，这就是站桩的初级都没有毕业。没毕业就去做试力，试力、试力，就是试着发力，发力是六梢儿的争力，没有六梢儿，就是没有锤头儿，拿什么争啊？怎么发呀？这话老先生过去都说过。"

  在人体的发力中，只有六梢相争发出的力才是整劲儿，即浑圆力，也只有通过站桩才能使六梢逐渐形成六梢力，才能做出六梢相争动作的发力。所以站桩是人体得到整劲儿的唯一方法，六梢相争则是整劲儿发力的唯一方式，除此之外，别无他法。人体达到这种程度，初级站桩才算毕业，才能进行六梢合一的试发力训练。

★特注：上述六心等的一切动作，并不是真的要明显或用力做出来，正确的应该都是用意念去做，动作上略有一丝即可，千万不要做出形，切记！松紧紧松勿过正。王芗斋先生在《拳道中枢》中说："用意即是用力，意即力也。然非筋肉凝紧，注血之力谓之力，若非用意支配全身筋肉松和，永不能得伸缩自如遒放致用之活力也。"

六心与身备五弓之说

足似拉弓，箭上弦；手似撑弓，满月圆；脊似弓梢，两头扣；身似反弓，欲放箭。

关于六心的用力，暗谱中有"足似拉弓，箭上弦；手似撑弓，满月圆；脊似弓梢，两头扣；身似反弓，欲放箭"的 身备五弓之说。

这句话的意思是，双脚脚掌向下踩，脚腕处向上拉，好似箭在弦上拉起的弓，身体有筋向脚下延伸、骨向回缩的感觉，王芗斋先生《意拳正轨》中称"筋伸骨要缩"，即由骨骼支撑的筋力，明谱称筋骨力。总之筋骨之间似有争力。双手手掌好似撑起来的弓，劲力十足，如满月一样；脊梢上下两端相扣，像弓骨（弓架）的两端一样。这样双脚掌为两张弓，双手掌为两张弓，脊椎为一张弓，即身怀五张弓。这是人体在站桩中，对六梢用力的形容。通过六梢的用力能形成这样的五张弓，人体的整体就形成了反拉弓的状态，六梢之间也就相互形成了争力。

切记！这五张弓只是对六心用力后的形容，绝不可真的用力去做！！

关于五张弓，太极拳、八卦掌、八极拳、形意拳等的明谱中都有"身备五弓"之说，并注释为身为一张弓，两腿弯曲似两张弓，双臂弯曲似两张弓。

李见宇先生说："他们说的都是人体的外形，看到弯曲就说是弓，所有的拳谱都这样写，这就是糟粕，这种说法在拳谱上也有上千年了，除了老先生这门的单传，你看哪种拳或哪个人有老先生的一下整劲儿发力？要真按他们说的那样身备五张弓去做，身体就是僵的了，还发什么力呀，这不是和天桥儿的耍把式卖艺的那种身拉五张弓一样了吗？这节目人家也叫'身备五张弓'，要真是那样身体就僵了，别说整劲儿了，力也发不出来了，这不就是等着挨打吗？实际身备五张弓是对六梢儿用力的形容。但是你要真用力去做就又错了，只有梢儿节用力，根部松和，才能运动灵活。这并不专说咱这个拳，任何拳包括拳击也是一样，技击时都要尽量保持身体根部肌肉松和的状态。"

人体在站桩时的六梢与蝉眠

在本书中篇《拳道起源——蝉眠蝶舞》一节中讲到过站桩源于蝉眠。蝉在树干上睡眠时的姿势是全身呈放松状态，只有六只足微微抱住树干，头和尾微微扣向树干。这种姿势正是人体在站桩时对六梢的要求。人体的上肢类似蝉上面的两只前足，下肢类似于蝉最下面的两只后足，胯两侧前上端的胯尖类似于蝉中间的两只中足（详见上一节），人体的头和尾椎类似于蝉的头和尾（图28），这就是人体在站桩时六梢动作及要求的来源。

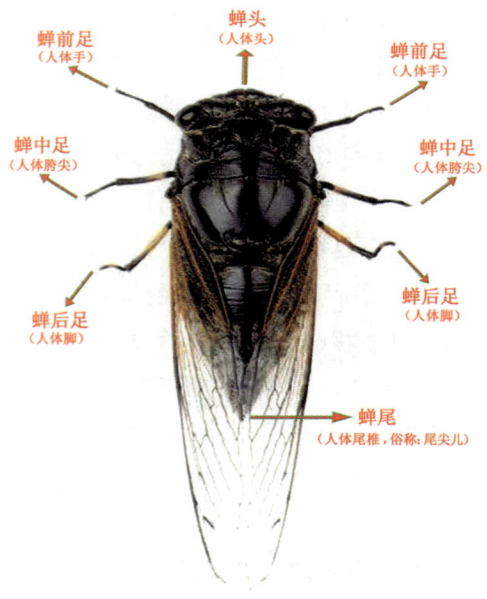

图28 蝉与人体站桩六梢对照示意图

拳劲儿浅说

拳劲儿，简单地说，就是打拳用的劲儿。老话说，推车有推车的劲儿，挑挑儿有挑挑儿的劲儿，做拳有做拳的劲儿。

李见宇先生说，"老先生说：'过去农村推的独轮车用的是巧劲儿，你看农村的小孩比车才高一点就推着车满处跑，很快、很灵敏，推这种车与人的劲儿大小没太大关系，如果你不会推，没掌握推车的劲儿，有多大劲也翻车。农村挑挑儿（挑担子）的妇女，挑得满满的东西，走起来特别稳，它是利用身体借助扁担上下的频率来与步伐相互协调地迈步，这时它用的劲儿就是挑挑儿的劲儿，这和别的劲儿又不一样，这种劲儿也属于筋力的一种整劲儿。在过去，一个妇女挑着满满的担子走几十里或百里都不成问题，如果掌握不了这个劲儿，就算是大汉也走不了多远。所以，推车要有推车的劲儿，挑挑儿要有挑挑儿的劲儿，它们都属于相对的整力。咱们拳中的劲儿就类似这种劲儿，它是用于做拳（攻击）的整劲儿，所以叫拳劲儿，现在能懂拳劲儿的人太少了。拳劲儿是人体专用于技击的力，它和推车、挑挑儿一样，用的都是巧劲儿。外行看着以为你有多大劲儿，实际你作拳用不了多大劲儿，只是六梢这么一争发出的整劲儿而已，但是要用到对方身上，让对方感觉你劲儿很大，这是因为你的发出的力整，所以做拳讲功力都是门外汉。'所以老先生的拳劲儿和生活中用劲儿不是一回事，根本没有关系。"

意念与神经浅说

在我国许多武技中非常讲究意念的运用，王芗斋先生甚至在《拳道中枢》中把意念的运用提升到了前所未有的高度。那么，什么是意念呢？它在神意拳的技击或养生、摄生中究竟起到什么作用呢？

意念是大脑的假想活动（思维活动），依靠神经传导使身体各部有了感知。现代生理学证实，人体细胞的细胞膜内外两侧存在着内负外正电位差，这种电位差被称为膜电位。正常细胞的细胞膜具有电容性质，即具有充电和放电特性。所以大脑的意念活动就是神经传导的过程，它是利用细胞内外钠钾离子的电位差来传递信号的，即用电流形式在神经纤维上传导。生物电流产生的电场可以激发生物磁场产生。也就是中医讲的"气"，这个"气"是对神经传导过程抽象的形容。因此，所谓人体在修炼中产生的"气"，就是人体的意念活动所产生的局部生物磁场。

人体各部都有独立的生物磁场，包括每个细胞、每根毛发等，它们一起形成了一个完整的大生物磁场。

神意拳中的意念引导就是通过神经传导加强、完善身体各部的生物磁场，使之统一。它的作用有二：一是通过意念活动调节生理，改善或加强身体中或病灶处的紊乱的弱磁场，改善或加强人体表皮细胞的生物磁场，来提高神经的敏感度及增强身体的应激反应能力，最后达到技击时应激而发出整体筋力发力，王芗斋先生把这种现象称为"有感即应，一触即发"，把应激而发出的整体筋力称为"惊炸力"。这就需要在静位运动中通过意念的引导、内视和静默三个部分的训练来完成。二是通过意念引导的方式使神经能够相对独立地指挥到六梢做出相应运动，并且通过长期的训练，使调动六梢运动的肌肉形成记忆，从而扔掉后天形成的局部力肌肉的记忆。如在站桩中通过意念引导做出根松梢紧的动作，实际就是神经相对独立地指挥六梢做出紧的动作，在试力中通过意念假想的方式使神经指挥六梢做出能够应对假想物体所发出的争力。

所以神意拳是以意念为主导对人体神经的训练，这种训练王芗斋先生在《养生桩简介》中称为驯服神经。它体现出了心意六合拳名中"心意"一词的重要性。李见宇先生说："试力是在无实物的情况下，假想着有实物去做，这样才能真正试出发力来。试力时，刚开始你用意念想着去推树，再往后你想着去推楼，这样六梢儿的力会逐渐加大。试声也一样，发声时要用意念想着把声音抛出去，越远越好。这些训练都是器械代替不了的，所以它是高级的玩意儿。"

在神意拳的意念训练中，时间不宜过长，站桩的姿势要与意念相互配合，试力时意念要与身形或身体的动态配合，形意兼备，不可脱节。重形（沉重的姿势，指大步站桩）或训练时间过长，会使身体多余肌肉参加做功而损失筋力，重意（沉重的意念活动）或意念训练时间过长，轻则造成意念活动与人体的实际用力脱节（意与力脱节），重则会使神经长时间处于高度紧张的状态引起亢奋，从而使人体消耗大量气血，影响生理的正常运转，产生疲劳感或出现昏睡等症状，严重的会昏睡数天。王芗斋先生曾在《意拳正轨》站桩换劲一节中说"最忌身心用力"，在《拳道中枢》站桩一节中说"切记身心不可用力"。身心用力就是指身体肌肉的用力和精神的用力，精神就是指意念的用力。因此身心用力就是指重形重意。

过去听老人们讲过，在战争时期，经常由于连续几天几夜阻击敌人，神经高度紧张引起亢奋，当救援来到时，大家都瘫在阵地上，有的甚至昏死过去。在大成拳爱好者中，出现过因长时间重形站桩或长时间重意念的试力训练后昏睡几天的现象。这都是神经在意念活动的高强度训练中极度亢奋使精神透支造成的。意即是想，想即是思，常思则损伤脾脏。因此，无论是站桩或试力的训练，时间都不宜过长，意念运用也不可时间过长和训练过重，以免影响身体健康。

浑圆力与浑圆内争力浅说

"浑圆"是指圆融，完整而不可分割的整体，无棱、无角，球之意。

王芗斋先生在《意拳正轨》中说"关节无处不有上下前后左右百般之二争力，如是方能得周身之浑元（圆）力也"，就是指人体周身各关节处都有上下左右前后各种各样的二争力，这就是身体的浑圆力。王芗斋先生所说的，就是人体六梢在六合状态中相互争力时周身关节所出现的各种二争力，也称"浑圆内争力"，简称为"浑圆力"。由于它是身体内部六梢之间相互的争力，所以又称为"六争力""内争力"，也就是在前面《心意六合拳名藏练法——筋力与六梢》一节中所讲暗谱的"六合力"。李见宇先生讲："只有筋的对拉（指分别向两头拉），才能使关节处的上下左右前后产生出二争力，老先生所说的状态就是人体六梢儿合力时产生出的状态。老先生教我时说：'六梢儿不合，必有不齐（指六梢），六梢儿不齐必有力出尖；神形意力有着象（有意识地表现出来的形象状态），必有多余用力之处，也为力出尖。凡力出尖为力破体，破体之力不为浑圆之力。'"

浑圆力与浑元力、混元力

"浑圆力"也叫"浑元力"，"浑元力"一词是过去老明谱中的用法，王芗斋先生早期拳稿也沿用老谱，用"浑元力"一词。浑元力是指人体中的先天之力，元即人体初始之力或指婴儿时期的整体筋力，也就是王芗斋先生《拳道中枢》中所说的"返婴寻天籁"，即二次返先天的力，这种力又叫"浑圆力"，因此"浑圆"与"浑元"在神意拳中毫无差别，只是用字不同。

混元是指混沌初始状态，混元力则是混沌初始状态时的力。王芗斋先生在《意拳正轨》桩法换劲一节中说"盖初学时，桩法频繁，如降龙桩、伏虎桩、子午桩、三才桩等，兹去繁就简，采取各桩之长，合而为一，名曰混元桩"，因此各桩合一的混元桩中所得力为混元力。

浑圆桩浅说

浑圆桩又称"正桩""基本桩"。无棱无角，六梢相合，浑然一体，即为浑圆，形不破体为桩之浑圆（浑圆桩），力不破体为力之浑圆（浑圆力）也。

浑圆桩是学习神意拳入门的桩，它是以训练身体中三对力量筋六梢的合力为主要目的的。在站桩时要做到周身中正，不偏不倚，重心不偏移，即形不破体；同时要做到身（根）松梢紧（除六梢用力点外，其他部位都要放松），才能养练出六梢的力，并使六梢各力均等相合。

李见宇先生说："浑圆桩是练六梢儿力的基本桩，是习拳者的入门桩。通过基本桩的练习，身上有了浑圆力，这是一年级的东西，以后无论站什么桩身体都要有这种浑圆力，试力、试声、发力时也都离不开这种浑圆力。如果在试力中始终不丢浑圆力，你六梢儿一争就是发力。什么时候能把浑圆力用在技击中，就算毕业了。老先生说'力到梢儿节方为用'，六梢儿没玩意儿（指力没到六梢），就去瞎动（指做试力），拿什么试，试什么呀？其实浑圆力和浑圆桩就这点儿事（指道理），没有多难，就是师父告诉不告诉你罢了，可以说除我之外没有第二人能说清楚什么是浑圆力和浑圆桩，更不用说懂了所以关键还是那个六梢儿（指筋力六梢），这层窗户纸不捅破，后面就瞎琢磨去吧，这辈子也摸不着。这（指浑圆力）是老拳（指形意拳）立拳的玩意儿，也是老先生看家立拳的玩意儿，学拳学的就是这个。他们（指其他人）口头都说不清楚（指理论），更不用说上身了（学到身上），往后再练就都是瞎掰了。都搞不清楚为什么要站桩，就都在那里瞎钻（琢磨、研究的意思），所以就都死在桩里了（一辈子就在站桩这里停止不前了）。"

呼吸弹力浅说

呼吸弹力是在声与气的试声中,小腹部筋膜在做抻筋运动时筋产生的弹力。呼吸弹力可以单独通过试声练习,它的运动主要是在六梢外争力的作用下的运动,因此它是筋力发力中不可缺少的一部分。

惊炸力浅说

"惊炸力"是王芗斋先生对人体在应激反应时所做出的整体力发力的称呼,这种发力要远远快于和强于大脑神经指挥做出的发力及肌肉记忆的发力,因此它属于浑圆力发力的高级形式。王芗斋先生把这种现象称为"一触即发或有感即应的惊炸力",暗谱中称为"惊弹力"。

李见宇先生说:"按老的叫法(指单传中叫法),这种发力是有感即应(应激反应)所做出的六梢儿崩力发力,它是人体的本能反应,所以,惊炸力的发力不能通过表演的形式展现出来,它是人体在受到突如其来的威胁时做出的本能反应的发力。暗谱中叫法的'惊弹力'的'惊'字表示这种发力时的反应速度和发力时的精神状态,老先生常说'一惊就发力'。老先生为了避免别人误以为发力是人在受到惊吓时的一哆嗦,因为人在受到惊吓时的哆嗦是出于人体自我保护的本能反应,这种反应的哆嗦是人体做出的突然向内收缩的力,并不是用于技击中向外发出的力,所以老先生把应激发出的六梢儿力用崩炸力的'炸'字形容,实际'崩'和'炸'本身就是一回事,这也不违反老谱(暗谱)中的'崩',它们都是向外爆发的力,这就与平常人的哆嗦有了区别了,'惊炸力'的叫法就是这么来的。表面上看暗谱的'惊弹力'与老先生的'惊炸力'就是一字之差,可是'惊炸力'的叫法更能形象地展现出这种发力的状态,这些事儿都是老先生和我闲聊天儿时告诉我的。"

无论是浑圆力发力还是惊炸力,都要在站桩中,通过对神经的训练,让每个细胞都在松和状态下运动起来,使内脏、筋肉及神经得到相对完整平衡的活动。它在站桩初期表现为全身由内往外的发热现象,而全身感觉不累又很舒服;当站桩练到一定阶段后,可表现为忘掉已身的存在等现象

（这种现象因人而异，并非绝对）。所以站桩大忌过紧或过松（懈）。过紧是肌肉的锻炼，而过松（懈）则达不到细胞活动的要求。

似笑非笑与似尿非尿简说

"似笑非笑"与"似尿非尿"两词，是拳家对站桩中人体出现的一种状态的描述，在王芗斋先生的拳稿中见于《站桩功初稿》。似笑非笑是指人体通过长期站桩的训练，由于六梢争力逐渐加大，在站桩中面部似笑非笑的一种状态。这是上脊梢的后嗓儿向上提起，使面部出现微变形的结果。这种状态是逐渐自然形成的，并非站桩者刻意做出来的，因此当这种状态出现时站桩者本身并不知道。王芗斋先生的低位浑圆桩照片中，面部就是似笑非笑的状态。所以，似笑非笑不是有意模仿出来的面部动作，它是随着站桩的深入，使六梢的争力逐渐加大到一定程度后形成的结果。在六梢相争发力时，面部的这种状态会更加明显，甚至出现咧嘴、瞪眼、梗头及面部扭曲变形的状况，这就是王芗斋先生所说的面部变相的相击法。似尿非尿也似同理，不再赘述。

习拳旨要

王芗斋先生在《拳道中枢》第一节中说："切记身心不可用力，否则稍有注血，便失松和，不松则气滞而力板，意停而神断，全体皆非矣。总之无论站桩、试力或技击，只要呼吸一失常或横膈膜一发紧，便是错误，愿学者慎行之，万勿忽视。"

王芗斋先生在《拳道中枢》中以"空灵松腾"为神意拳的核心，这说明了这四字在神意拳中的重要性。

空灵松腾在站桩中为意念空（《拳道中枢》：扫除万虑，默对长空，内念不外游，外缘不内侵，以神光朗照颠顶，虚灵独存），以空求神灵，根松、肌肉松，求筋腾。

空灵松腾在试力、发力时为筋肉空灵（《拳道中枢》中说，试力为筋肉空灵，思具体毛孔无不有穿堂风往还之感）。神松，意腾（紧）。

因此，身松则筋腾，筋腾则力灵，力灵则神意空（即随心所欲）。

关于习拳

李见宇先生说："在练拳之前，要扔掉以前习武形成的所有习惯和观念。我之前没有学过别的拳，只练过一段时间的形意拳，基本也是一张白纸，老先生说：'基本白纸也不行，那也要扔掉，因为你那个纸不干净，就像兜里装着别的东西，没有掏干净，你会在练拳中有意无意地加上这些东西，到最后这拳就走样儿了，到头来你还告诉说我没教你。以往的拳都是这样，学习者都会有意无意地加上自己一些零碎儿，这不仅真东西没拿着（没学到），还耽误了自己。这样没出两三代，就变成百十招了，拳谱也由原先的几句话变成了百十页的书了。所以你扔不干净就别学这拳，学了也上不了身（学不到）。'"

因此，在学习神意拳以前，要扔掉平时习武养成的习惯，包括思想和认识。在习神意拳的过程中，不要加入其他拳的理论或练法，更不要自己认为如何，这样才能维持原传的东西不走样儿。

王芗斋拳学中站桩的三大类别

王芗斋拳学中的站桩，根据应对人群及用途，大约分为三大类：第一类是适用于技击，以技击为主要目的的站桩，俗称"拳桩"，即操拳所用的桩；第二类是适用于健康或亚健康人群以健身为主要目的的站桩，称为"健身桩"；第三类是适用于慢性病患者，以身体康复为主要目的的站桩，称为"康复桩"。健身桩和康复桩在社会上又被统称"养生桩"。

于永年先生在帮助王芗斋先生创立站桩24式之前曾问过王芗斋先生，咱们这个桩有多少种，王芗斋先生答说，你要多少种，就有多少种。李见宇先生说："老先生已经具备了六梢儿的力，所以咋站咋有，怎么站都是桩（怎样站都能保持六梢力的存在），但是初学者还要从初级桩的正桩开始。正桩是这门拳的基础，更是关键，老先生就是从正桩里得到的六梢儿劲儿，然后再根据自身的需要一步步地来。老先生在太庙（王芗斋先生早期在北京市劳动人民文化宫开设的养生健身站桩班）时和于永年先生搞出来的桩（指24式）都是为了健身锻炼身体的桩，后来在中医院又针对慢性病搞了一些有益于患者的康复桩，这些桩都是借鉴了单传拳法中的站桩搞出来的，还有一些试力也是这样，都为了人们锻炼身体才借鉴了单传拳法中的试力搞出来的，这些都和技击没直接关系，所以健身桩、康复桩和练拳劲儿的桩不是一回事儿。"

站桩旨要

根松梢紧，肉松筋紧。即身松，双脚、双手、尾椎、头六梢微紧。

1. 无论站什么桩，最忌身心用力，站桩要在身心松和、排除杂念的状态下进行，做到内念不外游，外念不内侵。

2. 无论站什么桩，都要保证身体在松和状态下，六梢始终保持在微紧的状态。身松梢紧是养练筋力改造生理的关键。在站桩时，六梢只可以在意念的指挥下微微用力，通过意念引导使神经能够慢慢指挥到六梢。

3. 在站桩时，六梢微微用力，切记不可过大，过大则会有多余的肌肉参与用力，过小则对筋起不到应有的作用。在初站桩时，周身摆放得当后意念要尽量放在手上，手是关键。李见宇先生说："老先生说过：'三年不练手，这辈子也别想有（指六梢力）。手是锤头儿，是挠钩，没有锤头儿和挠钩，还能打人吗？'所以，手在过去授徒中（指公开教拳），是万万不能说（教）的。老先生公开也只说了根松梢儿紧，至于为什么要根松梢紧？什么是梢儿？松到什么程度？紧到什么程度？老先生也没公开说清楚。"因此一个人有没有玩意儿，看看手就知道，读者们可以看看本书中或网络上李见宇先生的照片对比一下。

站桩注意事项

1. 站桩时，忌身上有束缚，如手表、眼镜、腰带、手串、项链、戒指、兜里重物、女士胸衣等。

2. 在站桩前后一个小时左右以内，忌情绪过激，如大喜、大怒、大悲或心情极度压抑等。

3. 站桩时，如遇呼吸急促、胸闷或是内心烦躁，应当立即停止，活动一会儿，待呼吸、心跳平缓后再站，如仍出现此现象，则隔日再试。

4. 站桩时，不要刻意追求腹式呼吸，除六梢外不要有多余用力的地方，意念不可过重。

5. 站桩时可以微闭双眼，意念内视，体察六梢，鬼谷子叫"内视反听"，也可以睁开双眼远视。

6. 户外站桩应选择背靠山或树、面朝阳的视野开阔地。对于养生健身或摄生来讲，背靠银杏树、松树、柏树面朝阳最佳。在《黄帝内经》中，此为负阴而抱阳，即人体后背为阳面，前身为阴面，因此人体的前面在站桩时要朝向太阳的方向。

7. 站桩时间约40分钟左右为宜，不可过于疲劳，若稍有兴奋最好。

8. 无论站什么桩，站完后，不要马上坐下或做剧烈运动，应尽量活动四肢，如散步、摆臂、抻筋等，活动时间最好在20分钟以上，这样有助于全身血液的均衡循环，行内称为"醒桩"。

站桩中的九不站

1. 夏不站水。夏天由于汗毛孔打开，水边的潮气容易进入身体，不宜站桩。

2. 冬不站冰。冬天冰上大寒，由于脚掌直接接触冰面，寒气容易进入体内，不宜站桩。

3. 冬不站三九严寒。三九天是冬天最寒冷的时候，体能下降，耗费身体精气则有损身体，不宜站桩。

4. 夏不站三伏酷暑。三伏天是夏天最酷热的时节，体能下降，耗费身体精气则有损身体，不宜站桩。

5. 风雨雷电不站。大风、大雨、打雷、闪电的天气，不容易入静，不宜站桩。

6. 喜怒哀乐过旺不站。喜怒哀乐过旺后精神激动，神经不易平复，心率过高，不宜站桩。

7. 过劳不站。重体力劳动或健身过后，气血不易稳定，不宜站桩。

8. 子午时不站。子时是夜里23点到凌晨1点之间，午时是上午11点到下午13点之间，若此时站桩，会使人体生理及神经发生紊乱，损伤身心。按中医理论，这两个时辰是天地阴阳交会和人体生理阴阳气交会时，应安歇静养，不宜大动，避免劳心劳力损伤身心。这段时间就是我们常说的睡子午觉休息的时间，所以此时不宜站桩。

9. 迎风、风口不站。这种环境会影响人体正常自然呼吸，不宜站桩。

浑圆桩与技击桩的站法

图29-1　浑圆桩
（示范：杜吉星先生）

图29-2　手掌与小臂示意图
（示范：杜吉星先生）

浑圆桩又叫正桩、基本桩（图29-1、图29-2）。它是由蝉眠变化而来，与蝉眠不同的是双手从高举过头手心向前改为了位于胸前位置，双手臂呈环抱状，手心朝向己身、在站桩中，用劲儿为撑抱提抓劲儿。浑圆桩是集技击、摄生为一体的桩，因此极为重要。站桩时，身体自然站立，待呼吸平缓后，两脚左右自然分开（无须刻意追求两脚之间的平行，以自己舒适为宜），与肩同宽，着力平均；头直目正自然目视前方（也可以微闭双眼），下颚微向内收，意念中下颚与脖子之间如同夹一个小球，这样会使脑后脖颈筋微微拉起。这个动作就是《筋力六梢训练之要点——六心》一节所述上脊梢"提后嗓儿"的动作。头顶自然向上领起，如顶物状。双腿自然微微弯曲，身体微微向下坐5厘米左右，不可过大，以个人感觉腿部似曲非曲、似直非直即可。双脚向下踩，脚腕处向上拔，使脚心微内收，脚心与脚掌形成争力，小腿向上拔与脚向下踩形成争力，这个动作就是《筋力六梢训练之要点——六心》一节所述双脚梢的动作。胯部用尾沟儿处向前再向上纵提，这样腰会随着综筋的动作自然做出微向后靠的动作后使胯尖部形成包胯。这样尾尖会随之做出微微向内收的动作，这个动作就是《筋力六梢训练之要点——六心》一节所述下脊梢的动作。双手自然抬起位于胸前，初习者双手高度在高不过鼻、低不过双乳之间任意调节，以个人舒适为宜，待以后身体逐步形成六梢争力后，双手高度可根据自身需要任意调节，非特殊训练，应在高不过眼眉、低不过肚脐之间。双手手掌撑开，但不要有意用力，双手中指相对，意念中如有一丝相连，拇指戳天（戳进云端），小指划地（划开地面），每个手指尖部之间都有夹有小球的感觉。十指指尖要内扣，呈抓球状，手掌要有撑抓劲儿，使掌心微内凹，手掌心内凹和手指内扣要微微用力，手腕向后拔（与中指相反方向），使掌心的内凹与十指的向内扣形成争力，手掌与小臂之间形成争力。双手之间的距离在 20 至 35 厘米为宜，双手至前胸约 40 厘米左右。手臂呈抱球状，前胸及肩膀放松，在保持肩部放松的状态下，将双肘向上抬起，使小臂与手掌横向（手掌心与小臂内侧）基本在一条直线上（图 29-3），使两腋张开。这个动作就是《筋力六梢训练之要点——六心》一节所述双手梢的动作。李见宇先生说："老先生教我时说过，'站桩中手是关键，手腕也是关键，这里关乎今后力是不是能到手掌甚至到指尖儿上，这里要是折了（手掌心与小臂内侧横向不在一

图 29-3　浑圆桩（示范：杜吉星先生）

条直线上），这辈子力也到不了手掌，都团在手腕上了，更不用说力到指尖儿了，从技击而言这就无从谈发力'。因此除手向上高举过头手心向外或向上翻的撑托桩外其他桩都要保持手腕这里不折。"双手手臂外撑同时向里抱，手臂要有撑抱劲儿，撑抱劲儿比例为撑三抱七，意念中好似抱在怀里的是气球，用力大了就爆了，用力小了就飞了的感觉。站桩中，一切以呼吸自如为宜，稍有憋气或呼吸急促则应立刻停止，待活动后再站。初习者会感到肩膀处容易紧或酸疼，切记时时调整肩膀，令其放松。站后腿部膝盖会出现酸疼症状，属正常现象（建议参看《筋力六梢训练之要点——六心》一节）。

要点：站桩中，除了六梢以外，其他部位要尽量放松，即根松梢紧，特别是肩部要始终保持放松的状态，前胸不向前努，尾尖不向后翘，呼吸平稳，心情不憋不躁，坐胯，双脚平均着地；用意念检查；身体各部是否摆放得当，六梢是否用力一致，如除六梢外的其他地方出现过紧或六梢之间用力不一，要随时调整，待全身得当后，意念主要放在六梢上。检查以手掌为主要：指尖是不是内扣，手掌心是不是内凹，手腕处是不是有掌撑腕拔的劲儿。

上述所讲桩中各处用力，并不是真的去用力做，只是在意念的作用下做出一丝力。王芗斋先生《拳道中枢》说："要知用力用意乃同出一气之源，互根为之，用意即是用力，意即力也。"李见宇先生说："六梢儿力就是在意念中慢慢养练出来的。这种力度很难把握，不可过大或过小，过大手掌多余的肌肉会参加工作，过小又达不到养练六梢儿力的目的。这是过去师父教真玩意儿时必须要看（kān，监督的意思）的，行内称'看（kān）桩'。"

在站桩时，初级的正确生理表象为感觉肩部越向下，下颚越扣，头越向上顶（头向上顶的力是慢慢站出来的，不要刻意去做）。这时脖子后面的两根大筋会感到下坠得酸疼，肩部的肌肉越松越酸疼。站桩中级的正确生理表象为感觉全身重量全部压在脚和地面之间，会感到脚底面被全身重力压得疼。这说明全身的肌肉已得到了很好的放松。李见宇先生说："老先生说过，'站桩站到什么时候你感觉你那一百多斤全放在脚面上了，就对了，到这时候脚就能空踩上劲儿了（当人体在搬重物时，脚向下踩，腰向起挺才能搬起重物，重物越重脚向下踩的劲儿越大。空踩劲儿，就是在没有实物时，也能够如同有实物时脚向下踩的劲儿，行话叫作空踩劲儿，也叫作假借实物真实做。这属于试力范畴，通过站桩，六梢儿力越大，空踩劲儿就越大）。能够达到这种程度，说明六梢儿之间相互形成了有效的整体连接，六梢儿之间形成了立体的争力。这时身体中的筋在六梢儿力的作用下如同微微拉起的弓弦，这就是暗谱所说的浑圆桩中的人体反拉弓的状态。这反拉弓就是六梢儿的整体发力，到用时，六梢儿这样一拉，也就是六梢儿相互一争，就是发力'。"于1939年编写的《拳学新编》中写道："芗斋先生曰，临敌发力，缩骨而出（筋伸骨缩），如弓之反弦（反拉弓），鱼之发刺（发力时的动态）。"

当站桩到达一定程度时，由于手腕处的争力加大，会自然形成肘尖与手指尖之间的争力，这样两肘尖部会出现向身体两侧用力横出的感觉，同时肩部也会随之出现像两侧横撑的感觉，这就是王芗斋先生《拳道中枢》中所说的"肩撑肘横"，但在站桩时切不可有意识去做肩撑肘横，否则会造成肩紧，甚至影响正常呼吸。

待人体在浑圆桩站桩中逐渐形成六梢的争力后，若将双手手掌微微向里（拇指向里，小指向外）一翻，手掌向下微微一按，头会自然上顶，同时脚也会向下踩，腰也会向上挺劲儿，这种动作就是人体六梢之间的争力，也是初步的试力，即试着发力，这种试力动作俗称"扒墙头儿"（即双手按在半截高的墙头上向下按，同时脚向下一踩，身体向上一蹿）。于永年先生讲"这样你刚一蹿，就对了，你蹿上去了，就错了。"王芗斋先生说："只要动之意，不要动之形。"这与郭云深先生讲的"如迈沟壑"同理，王芗斋先生讲："你要是真迈过去了就错了。"这就是技击所需要的整体发力，它能够达到牵一发而动全身、一动无不动的状态，即一梢动，六梢皆动。在浑圆桩中人体形成了六梢的争力后，可以换持枪桩或三才桩，进行适应于技击的斜步桩训练；也可以不换桩，直接进行上述所讲的扒墙头的试力训练（见下篇《扒墙头儿——手与身试力》一节）。

此桩若将身体及一侧脚向一侧45度转身，即可以做摇橹的试力训练（见下篇《摇辘轳——手与身试力》一节）。

浑圆桩极为重要，桩中若不出六梢力，再站其他桩毫无意义，所以它是神意拳入门的基础，神意拳中各势技击所用桩皆由它变化而来，如在上半身保持浑圆桩姿势不变的情况下，将身体及一侧脚向一侧转45度，前手略高于后手，即变为矛盾桩，意念中前手为盾，后手为矛（图30）。矛盾桩，又称技击桩。在这个桩中，两肘尖分别向两侧微拉，俗称"肘横""横撑肘"，其目的是增加手与小臂之间的争力。下肢动作的要点是前膝向前方微顶，这个动作俗称"纵膝"，前脚脚掌向前斜下方踩，脚跟略虚，同时身体向后靠，后腿一侧的胯部向下坐再向后拉，这个动作俗称"掖胯"或"坐臀"，这样前脚掌和膝盖处就与后胯之间就形成了争力；后脚脚掌整体平均着地向下踩，同时尾沟儿处向前再向上提，这样双脚与尾沟处之间就形成了整体的争力。在这种姿势下，若把双手手心朝下，即为老势技击桩（图31），意为前手拿，后手打。总之，在任何桩中都应该保持六梢之间的争力，若在站桩中六梢之间没有形成争力，说明站桩没有毕业。李见宇先生说："浑圆桩是为了使身体六梢儿尽快形成争力，斜步桩是浑圆桩的延伸。人体在浑圆桩中两脚平均着地，重心中正，前后左右着力平均，容易形成六梢儿的争力。若在浑圆桩中六梢儿形成了争力，就要适应技击的需要，试着在斜步桩中或多种姿势下也要有这种六梢儿的争力。所以若在浑圆桩中人体中六梢儿没有形成争力时就去站斜步桩

图30　矛盾桩（示范：杜吉星先生）

图31　李见宇先生老势大步技击桩照

或其他桩，就没有多大意义了，由于在斜步桩中人体重心偏移，着力不平均，在这种情况下要再想站出六梢儿平均的争力就更不可能了。老先生常说：'一年级还没毕业，就想去二年级、三年级了，一加一还不会，就想去做乘除法了，那可能吗？"若在斜步桩中人本仍不失六梢儿争力，就可以去尝试在人本移动中是否仍有六梢儿争力，这就是试力。试力是试着发力。发力是六梢儿外挂时发出的六梢儿争力，所以这也叫外争力。若在浑圆桩或斜步桩中六梢儿没有形成内争力时就去做试力，试什么啊，那不就是瞎划拉吗？"

矛盾桩适用于虎扑及单川掌打法的训练，此打法李见宇先生极为擅长。李见宇先生说："这个桩一般都说肩撑肘横，坐胯纵膝。在站桩时肘横必肩撑，所以肩撑尽量不要有意去做，自然随着就行，有意去做容易造成肩紧现象。"

持枪桩的站法

持枪桩又叫握枪桩，是形意拳单传的老桩，它是借鉴正桩的形式改为了双手握枪和空握枪的侧势站桩，即斜步站桩，在站桩中的用劲儿为撑挑靠拔劲儿（图32-1）。

持枪桩的姿势与矛盾桩的姿势基本一样，只是下坐的幅度要比矛盾桩略大一些，整体下坐的幅度在15厘米左右。此桩对六梢的要求与矛盾桩基本一样，只是双手的手势和摆放的位置略有不同，双手的手势为半握拳状，拇指伸直，向外挑，四指弯曲并与拇指伸直反方向微微用力（图32-2），使拇指前指，并与四指形成争力（见下篇《心意六合拳名藏练法——筋力与

图32-1 持枪桩（示范：杜吉星先生）

六梢》一节）（图26-1：王芗斋先生六梢争发力照片中的手势）。前手手臂自然弯曲抬起至同侧胸前，高度不过脖颈位置（以拇指为准），距离身体（前胸）40～50厘米，拳心（拳的开口）向上，拇指指向前脚尖方向的斜上方；后手轻贴身体于侧腹部胯上位置，拳心向上，拇指指向与前手拇指指向一致，这样双手就好像握枪的姿势一样。前手用力为向前撑同时向内转拧手（左手为顺时针方向，右手为逆时针方向），后手为向后拽同时做与前手方向相反的转拧，双手的转拧类似生活中的拧毛巾，这样双手的前撑与后拽之间就形成了争力，双手的左右转拧也形成了争力，双手的这种争力再与其他梢配合形成整体的争力。这时身体整体的姿势类似握大枪或部队握枪拼刺刀的预备姿势，在这种状态下目视前方，周身不丢浑圆桩的感觉，以摆放得当舒适为宜。

图中箭头所示为争力方向

图32-2 拇指与四指争力方向示意图

站此桩时左右式（左脚在前为左式，右脚在前为右式）各站约20分钟，若觉得一侧较弱可多站。

要点：双手拇指伸直是为了挑起手部的筋，行内称为挑筋。挑筋切勿用力过大，微微一点即可，力度要与其他梢节用力的力度一样。挑筋是在侧势站桩中使筋力到指尖的最快的训练方法。

意念主要放在前手，将前手拇指视为枪尖，身体要有随时向前拔地欲飞或欲刺枪的感觉。身体在这种状态下，只要后脚脚掌微微蹬地，前脚脚掌微微向前斜下方踏地，后胯向后一拉，前膝向前顶，就形成了身体猛然向前撞的动作；同时双手做拧争，与身体整体配合，即做出向前刺枪的动作。在这个动作中，后脚与后胯、后脚与头、后脚与前膝、前膝与后胯、前脚与后胯、双手与后脚、双手与后胯之间形成了立体的争力，身体中的力量筋犹如弓弦，在六梢力的作用下突然一抻（争），这就是刺枪的整体发力动作。若在这个动作中前手变拳向前做拧钻，后手变拳向后做拧拽，或前手向后做拧拽，后手向前做拧钻，双手之间就形成了一个向前冲刺与向后拉拽的争力，这就是整体发力的崩拳打法，也就是钻裹践单手的崩拳打法。此桩为姬际可先生以枪为拳的老桩，此桩手形也可以在浑圆桩中使用，即拳背（手背）向上，拇指相对。

三才桩的站法

三才桩，又叫三体式、天地桩，从握枪桩变化而来，在站桩中的用劲儿为撑插靠拔劲儿（图33）。

在矛盾桩或持枪桩中，人体若形成了适用于攻击姿势（侧势）的浑圆力，基本可以进行下一步试力的训练。三才桩与持枪桩的站桩姿势基本相同，只是手形一个是手掌，一个是半握拳的区别，因此，在持枪桩中，若已经形成六梢力，基本不需要站此桩，若在持枪桩中始终得不到六梢力，可以站此桩。

身体各部如持枪桩，只是与持枪桩中双手的手势略有不同。三才桩中双手的手势，基本同浑圆桩中的手势，略有不同的是，浑圆桩中的手势是十指的指尖向内扣，十指相对，而三才桩中的手势是十指完全向外撑开，前后手的中指指向与前脚尖的朝向一致，同时保持掌心

图33　三才桩（示范：杜吉星先生）

内凹，内凹和手指的外撑要微微用力，掌心向内凹与十指向外撑形成争力。双手位置同持枪桩，前手向前斜上方的推插劲儿与后手向后的拉拽劲儿形成争力，意念中双手之间好似有一条皮筋相连。身体各处争力同持枪桩中的争力，这样身体中的三根力量筋犹如弓弦，在六梢的作用下拉起，这就是三才桩中的人体反拉弓。将这种六梢争力突然一抟，使双手十指向前插，即是三才桩的整体发力；若将后手移至与前手平行，同时塌下手腕扬起手掌，即是技击中钻裹践的双手虎扑发力。站此桩时左右式各站约20

分钟,若觉得一侧较弱可多站。

此桩中伸开手掌的手势为李洛能先生由持枪桩中半握拳的手势改变而来,后人称以拳变掌。

技击势撑托桩的站法

技击势撑托桩,又叫托天桩,是三才桩的辅助桩,在站桩中的用劲儿为撑拧推托劲儿(图34)。此桩分为正桩的撑托桩和斜步的撑托桩,正桩撑托桩为健身所用桩,斜步撑托桩为技击所用桩。下面介绍斜步桩撑托桩。

图34 李见宇先生大步高抬手的撑托桩

身体各部如矛盾桩姿势,脸部朝向前脚尖方向上仰头30°左右,目视远处,前手抬至面前,高度略高于头部,后手在另一侧的耳旁略上的高度,双手手掌心向外翻,分别向斜上方扬起,双肘横撑(图35),意念中,双手十指挑同侧眼眉,大拇指如挂物,小拇指竖直指向天,双手如向上推或托着物体,在双手的作用下,六梢之间形成了立体三角争力。身体在这种状态

图35 撑托桩(示范:笔者)

下,只要后脚脚掌微微蹬地,前脚脚掌微微向前斜下方踏地,后胯向后一拉,前膝向前顶,就形成了身体猛然向前撞的动作,同时做出前手向前、后手向后相争的对拉。在这个动作中,后脚与后胯、后脚与头、后脚与前膝、前膝与后胯、前脚与后胯、双手与后脚、双手与后胯之间形成了立体的争力,这就是撑托桩中的人体反拉弓。如此六梢突然一拢,就是双手撑托的整体发力和双肘横撑的整体发力。

此桩的主要训练目的是增加双手向上托及双肘向外的撑力,对迎击摆拳及身材矮小者非常适用，它可以抗击高大的对方自上而下的来力。此桩就是前面所说的，赵道新先生让李见宇先生把手抬高站的桩。

站此桩时左右式各站约 15 分钟左右，若觉得一侧较弱可多站。

重力桩的站法

重力桩属于单传的老桩，是握枪桩的辅助桩，它是在具备了试力、走步、试声、综合发力（试声带发力）之后，为了增强手臂的钩挂力所设立的桩，在站桩中的用劲儿为撑拧裹锉劲儿。

练习方法：找一个较粗的树干或矮墙体，高度在己身站直后的肘部略下 10 厘米左右，最低不要低于腰带处。身体为持枪桩姿势。前

图 36 鸟难飞手形与点儿位及三角争力示意图

手手形为半握拳状，呈鸟难飞手势（醉拳手势），即大拇指与食指要微微撑开，形成一个椭圆形，其他三指做握拳状（图 36）。这时手略向上翘，使手腕处点儿的位置（沿小拇指外侧向下延伸至与手腕接壤处，俗称点儿）形成向下的微压力，这样食指与拇指及手腕的点儿处形成了立体的争力。在手形保持这种争力的状态下，用手腕处点儿的位置由上至下搭在树干上（图 37－1），同时手腕处做出微转，使点儿的位置带有拧裹劲儿（左手顺时针，右手逆时针），这只手臂称为支撑手臂，另一只手随意摆放。姿势得当后将支撑手臂肘部慢慢弯曲使身体重心慢慢向前移，直至身体重心全部移到支撑手臂点儿的位置上，这时好似用手腕这个点儿的位置支撑着人体的全部重量，然后在手腕点儿的位置保持这种压力不变的基础上，慢慢将支撑手臂的肘部打开将身体重心大部分移至后脚，至持枪桩的姿势为止，两脚重心为前四后六或前三后七分配。以此动作做出手腕这个点儿的位置与头颈之间的争力，这时虽然身体重心放在了双脚，但是手腕处点儿的位置所承受的重量还是身体重心移动过来时的重量（图 37－2），这时手臂与头颈的撑力也就是身体的重量。然后把意念主要放在手腕点儿的位

置上，意为用这个点儿的位置支撑着全身的重量，这个点儿的位置含有向外的撑锉劲儿，同时具有向内的裹拧劲儿。这样站桩经过一段时间后，其他梢的力会逐渐加大与手梢的力形成平衡。

图37－1　重力桩搭点　　　　　　　图37－2　重力桩
（示范：杜吉星先生）　　　　　　（示范：杜吉星先生）

要点：特别要注意肩部和上身的放松，切不可过紧，始终要保持自然的状态。最关键的是身体重心移回时，手腕是不是还是保持原先的受力程度，若肩部或上身过紧，说明身体根部没有放松到位，绝不可站此桩，否则会使身体越站越僵硬，有损身体或形成肌肉力，切记！

重力桩要左势右势分别站，每次站桩的时间大约15分钟，不宜过长，要循序渐进，随时检查呼吸，稍有憋气立即停止，待活动后再站。

于永年先生常说："和王先生搭手（推手的搭手，即两人双手手腕相搭），他把手往你手腕上一搭，你就感觉很重，而且是手腕儿的骨头里面疼"。用李见宇先生的话说："老先生把身体的重量全放到了和你搭手的这个点儿上了，相当于你用一只手抬着他全身的重量，老先生教我时说：'和别人搭手你只是一条胳膊的重量放在人家手腕儿上，对人家没有威胁，没有意义。你想想，对方手腕儿上要是挂着半扇儿肉，他抬得动吗？所以，你要把你自身的重量放在你的手腕儿上，而且还不失自身的重心，这时你再搭到对方手腕儿上，就相当于他用手腕抬着你的整个儿身体。你看，搭手时你要使劲儿搭，你自己就失去了重心，肌肉参加了工作，因为你的身体是僵的，人家不用推你，一撤手你就倒了。所以，这个还要通过站桩再训练，加强六梢儿的撑力。当六梢儿的撑力能够承担相当于你自身的重量时，再和人家搭手，你就能把你自己身体的重量放到了对方的手腕上了。郭云深老先生经常和车毅斋老先生切磋，虽然赢了，但是总觉得打得不是很舒服，认为是在发力时脚的蹬力不足，所以经常把脚插在门槛下站桩（将身体重心向后移，使脚部受力，俗称跩脚），因为长期训练，用力过大造成了胠疾（脚部疾病）。郭云深老先生经常把手搭在窗台儿上站桩，这个桩叫重力桩，是专门为了增加六梢儿力的桩。郭云深老先生有时候晚上吃完饭也经常出去，把双手搭在树杈儿上站桩，这个桩叫搭树桩（见下一节）。重力桩和搭树桩都是单传的老桩，在过去都是非嫡传者不传。但是把脚插在门槛儿下站桩是不可取的，郭云深老先生当年也是试着站的。'"

搭树桩的站法

搭树桩是握枪桩的辅助桩，目的是加强对神经和应激反应的训练，它是把手搭在树干上站桩，在站桩中要保持周身空灵（图 38－1、图 38－2）。

在站桩前选好一颗树木，最好是桃树、苹果树等果树类或与果树类大约高度等同和主干粗细等同的树木，因为果树类的高度和主干的粗细较为适合搭树桩。初站可选择较粗的树干，直径大约 4 到 5 厘米。随着神经灵敏度的提高，可换成较细的树干，但最细直径不小于 1 厘米左右为好，树干过粗或过细都会影响训练神经灵敏度的效果。若实在没有合适的树干，可以选用一根带弓弹性的木棍或细竹竿，担在两个树杈上，代替搭手用的树干。

站桩时，身体各部按浑圆桩姿势站好，双手呈鸟难飞手形或采用浑圆桩中手形，用双手手腕点儿的位置轻轻搭在树干上，双眼微闭，周身空灵，不做任何意念活动，用每个细胞去感受大自然。

图38-1 搭树桩（示范：杜吉星先生）　图38-2 搭树桩（示范：杜吉星先生）

此桩初站时会有己身与树木相连在一起的感觉，若是较小的树，能感觉到鸟飞离时蹬树干的动静、刮风导致树干的摇动，当周身空灵达到一定程度时，只要有一丝风，都能使周身有所察觉。当搭树桩练到一定阶段时，在站桩中忘了己身的存在，行内叫作站忘（见下篇《人体第二睡眠——墨氏睡眠》一节），达到忘我的境界。站桩中开始出现站忘时会有几秒钟，随着站桩次数的增加，站忘的时间也会逐步延长，但是每次站桩中出现站忘醒来后应该结束此次站桩，切不可有意去追求这种现象。站忘的现象也出现在其他桩中，特别是浑圆桩，只要是达到周身空灵的状态时都会出现。

站忘是在神经放松、周身空灵的状态下站出来的，不是刻意追求出来的。所以，站桩时盲目追求站忘会适得其反。在站桩完毕后，身体会感觉精神饱满，会有想要发力或做试力的感觉。这时可以做几次发力，但不要过多，因为这种发力是在大脑指挥下做出来的，所以会影响下次站忘的出现。李见宇先生讲："老先生说：'练拳两三年就能发力运用自如，要想得到惊炸力，还要在搭树中使神经得到温养，才能得到灵动，达到神击的程度，到用时才能做到一触即发，这就是我所说的神比意快的惊炸力的发力。'"

站忘的现象，我们称为人体第二次睡眠，人体二次睡眠现象能够提高神经的灵敏度，养练人体的应激反应，它是武家、医家、道家共同追求的摄生最高境界。

人体处在二次睡眠中时，当有物体靠近时，身体能够明显感觉到有物体靠近，这属于正常状态，当物体距离人体较近，似接触非接触时，人体会出现应激反应的整体发力。这就是王芗斋先生所说的惊炸力。

此桩初站时以20~30分钟为宜。

试力概述

试力，顾名思义就是试着发力，它是通过意念引导的方式将人体在站桩中形成的六梢力发于体外。

试力分为初级和高级两个阶段，初级阶段是人体通过意念假借的方式用人体内形成的六梢与外界物体相互连接，这种方式称为"外挂"，即六梢与外界物体之间的牵挂。在这个阶段中，使六梢之间的内争力外放（向体外发力），形成"外争力"，即六梢受到外界物体的影响所做出的争力，这个过程也称"发力"。在训练中，随着意念假想物体重量和体积的加大，人体六梢的外争力也会逐渐加大，这属于试力的初级阶段。高级阶段是经过初级阶段的训练，人体的神经灵敏度和表皮的感知能力得到了提高，在试力中能够逐渐感受到大气对人体的压力和对人体动作产生的阻力，并用身体与其对抗使六梢做出外争力。

对于试力，王芗斋先生在《意拳正轨》中说："求劲之法，慢优于快，缓胜于急，而尤以不用拙力为最妙。盖运动之时，须使全体之关节任其自然，不得稍有淤滞之处，骨须灵活，筋须伸展，肉须舒放，血须川流。"

那么，为什么非要用假借实物的办法试发力呢？李见宇先生说："当年也是这样问过老先生，老先生说：'用真实的实物做出来的与假想的实物做出来的不是一个劲儿。人体在对真实的实物用力时，大脑或在生活中形成的肌肉力记忆往往会通过视觉根据物体的大小轻重去选择性地用力，这种力都是肌肉的局部力，但是对于整体六梢儿的用力必须进行空做（无实物）的训练才有效果，利用意念还有就是你想要多大就有多大（指假借的物体）。但是如身体中没有六梢儿劲儿，就用意念假借去做试力，劲儿都憋在身体里了，到头来却还是局部力。因此试力时要用六梢儿与外界发生呼应，尽量往远处挂，什么时候用六梢挂上了，你突然向外一争就是发力。'"

因此试力是检验人体在动态中是否具备六合力，与能够做出六梢的整体发力的方法。人体没有在站桩中形成六合力时就去做试力练习毫无意义。

试力分为三种形式。第一种形式是手臂在动态中与身体相互协调做出的整体试发力，称为"手与身试力"；第二种形式是脚在动态中与身体、手臂相互协调做出的整体试发力，称为"脚与身试力"；第三种形式是气与声相互协调做出的声击发力，称为"气与声试力"。在试力中，不移动双脚的，称为"定步试力"，移动双脚的，称为"活步试力"，活步试力又称为"整体试力"。

试力时要在没有物体的情况下假想有物体的存在，用身体六梢所发出的力作用于物体上。王芗斋先生把这种训练叫作"假借实物真实作"。这也是试力的宗旨。譬如，在真实地推一棵树时，应该是脚向下蹬地，腰脊挺劲，头向上顶，双手向前推，在这种运动中若是全身肌肉和筋参加做功，就是全体力做功，若是用力量筋的六梢做功，即双手、双脚、尾沟儿、头颈所形成的立体争力做功，这就是整体发力。试力就是在没有实物的情况下，空手推树，也能够和在有实物时六梢做出同样的整体发力。这样试出的力才真实，遇敌时发力才能有效果。在试力中，如果没有调动出站桩时所形成的六梢力，仅凭意念假想有物体，则属于意念与力量不统一，也就是意与力没有合在一起。王芗斋先生说过，"这样的力，你就是想死（意念假想）也没有用，都是'空意念'，'无效意念'"。

在试力或发力时，只要六梢能用上劲儿，就说明脚踩上劲儿了，六梢形成了有效的连接。这种连接俗称"挂上劲儿"了，脚上有东西了。所以，脚上有没有东西，是检查试力、发力正确与否，或辨别真假试力、发力的方法。

试力是人体在运动中力量筋六梢争力的运动，也就是在站桩中六梢形成的立体争力的运动，所以，在试力时，意要与力统一，要慢慢地试，随时体察是否有多余的肌肉参与了做功，慢慢感觉六梢的争力，即双脚、尾沟儿、双手、头颈在试力中是否用得上劲儿。若有多余地方的用力，说明有多余肌肉参与了做功或六梢用力不一致，这种现象属于不正确的试力，真到技击时，毫无用处，所以，这也是检查试力是否正确的方法。

在初做试力时，动作幅度可以做的大一些、慢一些，慢慢感受六梢对物体产生的作用力，在做六梢外争力的发力时，意念中要将假想的物体抛向远方。当试力纯熟时，随着神经灵敏度的提高，身体只要微微一蠕动，六梢即有很大的争力。正如王芗斋先生在讲试力和发力时经常说"大动不如小动，小动不如蠕动，即初试（试力）有形，再试（试力）无形"。

试力到达最高境界时，你感觉身体在空气中与空气相互争空间，这样你一抬足，一挥手，身体每一动都能感到空气的阻力。身体与空气相争时，力量筋的六梢突然一抻，所发出的力即是身体整体发出的最大的力。

李见宇先生说："当在站桩中有了六梢儿的劲儿，说明六梢儿之间就能相互挂在一起并有了内争力了，这时就应该用外界物体与六梢儿之间相互牵挂，才能把六梢儿的整体劲儿发放出去，这就是试力，也叫'牵挂试力'或'试发力'；试力的高级阶段是用身体去感受自身与大气、宇宙之间的争力，当感受到了自身与大气、宇宙之间的争力时，整个身体就和大自然挂上劲儿了，这时再用六梢儿与大气相争发出的发力才是真正的浑圆力发力。这些只能在站桩中去得到，在试力中去体会到。如果六梢儿没有形成外挂的劲儿，身体里的力就发不出来，即使勉强发出来也是假的，虽然外边看着是发力，但是它不能用，这就是有些人外表看着他们做发力挺唬人的，真到技击时就抡拳头了的原因。所以试力、发力时精神要外放，不要执着己身，把精神放到宇宙中去，发力时要有和宇宙相争之心。老先生说'己身皆具备，反向身外求'，说的就是此意。'自身皆具备'说的就是六梢儿的六合，'反向身外求'就是六梢的外挂。"李见宇先生在写给作者的神意拳·王芗斋拳法要诀中所说的"内争外挂寻真力"（见《作者后语》），也指此意。

扒墙头儿——手与身试力

扒墙头儿手与身的试力，简称"扒墙头儿试力"，也叫"正桩试力""浑圆桩试力"。

扒墙头儿试力，属于神意拳中最基本的试力，它的重要性和浑圆桩一样，其他试力均由此试力演化而出。在扒墙头儿试力过程中，身体要带有撑按提拔劲儿，即发力时双手十指外撑，手掌下按，双脚向下踩，尾沟儿和头向上提拔。

扒墙头儿试力的姿势同正桩，具体做法是：身体类似浑圆桩站好，目视前方，双手手心朝下，十指张开，手掌微撑，位于腹部前，身体双膝似曲非曲。待全身摆放得当后，在保证身体上半身直立不动的情况下，身体慢慢向下坐，同时双手十指做撑指动作并随着身体向下坐慢慢抬高至口鼻高度，身体向下坐的幅度大约在 20~30 厘米。这就使双手向上抬与身体向下坐形成了一上一下的相反动作。这个动作中的意念是双手十指尖与双脚脚掌之间好似有橡皮筋相连，用双手向上提，脚向下踩，身体向下坐，这就形成了双手向上与双脚、头颈、尾沟儿向下的争力，好似把橡皮筋拉开。因此在双手向上抬时，双手手掌随即做出撑指的动作，同时双脚配合做出撑脚掌向下踩的动作，随着双手慢慢向上抬到口鼻的高度，双手手掌和双脚脚掌也慢慢放松至初始状态。然后双手再撑指向下按，双脚向下踩做撑脚掌动作，头颈向上领劲（微绷劲），尾沟儿向上提（微绷劲）将身体慢慢向上拔起来，双手随着身体的上长慢慢向下按。这时双手向下按与身体向上长仍是一上一下相反的动作。这个动作好似扒墙头儿，所以叫作"扒墙头儿试力"。意念中身体半蹲在泥潭中，脚向下踩，手向下按，尾沟儿向上提，头颈上领，使身体上半身上从泥潭中拔出；或身体前面有一截矮墙，双手搭在墙上向下按，脚向下踩，尾沟儿向上提，头颈向上领，身体随即向上拔起，待双手向下按至试力初始状态时的高度时停止。这样身体的一下一上即完成了一个完整的扒墙头儿试力动作，如此反复练习。试力时间不宜过长 15~20 分钟即可。

试力中动作越慢越好，意念不宜过重，轻形轻意为宜。用意念与用力要统一，在反复试力中，身体筋的六梢会慢慢被调动出来，此时无论双手在什么位置，只要突然向下一按即止，使六梢之间相互一抟，便是双手向下的整体发力。在这种整体发力中，双脚向下踩有多大劲儿，身体向上长就有多大劲儿，同时双手向下按就会产生出多大的劲儿，这就是拳谱中所说的力发于脚下的原理。

通过试力练习，可使神经敏感度提高，只要六梢微微一争，就会感觉到空气对六梢动作的阻碍，这就是身体六梢与空气对争的感觉。王芗斋先生把这种感觉叫作"空气中游泳"，意思是说在试力中人体能够感觉到空气对人体的阻力，就像人在水中游泳能够感觉到水对人体的阻力（阻碍）一样。

摇辘轳——手与身试力

摇辘轳手与身的试力，简称"摇辘轳试力"。辘轳，汉族民间提水的设施，流行于北方地区。

摇辘轳试力，是意念中假借的用力物体为辘轳，身体和步形如三才桩。具体做法是：身体类似三才桩站好，目视前方，双手手心向下，十指分开，手掌微撑，位于胸前双乳高度位置放好。动作是，后脚向下蹬地，前脚的脚掌向前斜下方踩地（类似挖地时的踩铁锹），尾沟儿与头颈向后斜上方拉，使身体做出向后平移并向后靠的动作。同时双手撑掌并做出向下按再向后拉的划弧动作，这个动作中双手向下按的动作类似于扒墙头儿试力中双手向下按的动作；在双手向下按的同时随着身体向后的平移带动双手做出向后拉回的动作，这样双手的运动轨迹看似向下再向后在体前纵向由外向内画了个弧形，实际在这个动作中双手只做了向下按的动作，向后拉的动作主要是由身体向后平移带动双手做出的动作，大臂与小臂之间只是随着身体向后的平移顺势做出少许屈臂的动作。初习者身体向后平移的距离在20厘米左右，双手向下按以不超过肚脐为宜。在这个整体动作中，六梢之间相互形成了立体的争力，这种争力含有双手向下和向内的两种整体发力。当双手向下向内划弧与身体向后平移到达位置后，六梢随即放松至初始状态，但手仍保持微撑的状态。这个动作中的意念是把辘轳向下按再向回拽。然后后脚向下蹬地，前脚的脚掌向前斜下方踩，尾沟儿与头颈向前上方拉，使身体做出向前平移并向前撞的动作，同时双手撑掌并做出向上抬起再向前推出的划弧动作。这个动作中，双手向上抬起的动作类似于扒墙头儿试力中双手向上抬提的动作；在双手向上抬起的同时随着身体向前的平移带动双手做出向前推的动作，大臂与小臂之间只是随着身体向前的平移顺势做出少许伸臂的动作。这样双手的运动轨迹看似向上再向前在体前纵向由内向外画了个弧形，实际在这个动作中双手只做了向上抬起的动作，向前推出的动作主要是由身体向前平移带动双手做出的动作。初习者身体向前平移的距离在20厘米左右，双手向上提以不超过眼眉为宜。在这个整体动作中，六梢之间相互形成了立体的争力，这种争力含有双手向上和向前的两种整体发力。当双手向上向前划弧与身体向前平移到达位置后，六梢随即放松至初始状态，但手仍保持微撑的状态。这个动作中的意念是把辘轳向上抬起再向前推出去。这样双手做出的向下按，向回拉，向上抬，再向前推的动作形成了一个完整的椭圆轨迹，即完成了一个完整的摇辘轳试力动作，如此反复练习为摇辘轳试力。试力时间不宜过长，左右式各15~20分钟即可，若感觉一侧较弱可适当延长时间。

　　试力时切记双手向前推出时，前手不可超出前脚脚尖，以免养成习惯后，在技击时因重心前移失重。试力时不可真用力！在这个摇辘轳的试力动作中，慢慢体察身体六梢之间的争力，身体中要带有蹬、踩、提、推的劲儿，即后脚蹬，前脚踩，尾沟儿和头颈提，以身推手。

　　在这个试力中，双手向上同时六梢之间突然一抟，就是虎扑整体发力（详见《六艺不传之法——虎扑》一节），这是形意拳单传的老手法，也是郭云深先生和王芗斋先生常用的技击手法。

钩锉——手与身试力

　　钩锉手与身试力，简称"钩锉试力"（图39）。钩锉试力是神意拳打法中应用最多的发力方式，它可以用在崩拳、虎扑、头发力、肘发力、小臂裹发力等的打法中。在钩锉试力过程中，身体要带有裹、翻、顿、锉劲儿。裹为身裹，翻为手翻，腕滚，即挂、钩，顿锉指六梢的撑拧顿锉发力。

　　钩锉试力的起势与动作与摇辘轳试力基本相同，只是双手略有不同——摇辘轳试力的起势是双手手心朝下，而钩锉试力的起势是双手手心相对。在做钩锉试力时，除手部运动轨迹与摇辘轳试力中有所不同以外，均与摇辘轳试力相同。摇辘轳试力中双手的运动轨迹是在身体正前面画椭圆的轨迹，而钩锉试力中双手只是在身体正前做向前、向后的直线运动，与摇辘轳试力中双手的运动轨迹相比，缺少了向上和向下的运动，钩锉试力是双手随着身体向前或向后的平移做出裹、翻、顿、锉的动作。

钩锉试力的做法是：当后脚向下蹬地，前脚的脚掌向前斜下方踩地，尾沟儿与头颈向后斜上方拉时，身体做出向后平移并向后靠的

图59　李见宇先生钩锉试力照

动作；同时双手掌掌向后拉，向后拉的同时双手慢慢向内翻（左手顺时针，右手逆时针），当身体向后平移到位时双手手心朝向正下方。在双手向回拉时，意念中手腕的点儿处（沿小拇指外侧向下至手与腕的连接处，即推手时与对方手腕接触点的位置）要带有钩挂劲儿。此动作中小臂与大臂之间可以做出较大幅度的屈伸动作，但是小臂与大臂之间的角度以不小于90°为宜。当身体向后平移停止后，双手同时停止向后拉的动作，六梢随即放松至初始状态，但手仍保持微撑的状态。这个动作中的整体意念是用六梢的整体以双手十指指尖为接触点，将远处的物体拉回来。在这个试力中，六梢猛然一抱，就是向后的整体挂发力。身体向后平移动作到位，六梢放松至初始状态，然后后脚向下蹬地，前脚的脚掌向前斜下方踩地，尾沟儿与头颈向前斜上方拉，身体做出向前平移并向前撞的动作；同时双手做撑掌动作，使十指向前插出，向前插出的同时双手慢慢向外翻（左手逆时针，右手顺时针），当身体向前平移到位时双手手心相对。在双手向前插出时，意念中手腕的点儿处要有锉挤劲儿。此动作中手臂不可伸得过直，小臂与大臂之间的角度以不大于140°为宜，双手向前时不可超出前脚脚尖，向后拉回时不可贴己身，双手钩锉动作以左右不超出肘窝为宜。当

身体向前平移停止后，双手同时停止向前插出的动作，六梢随即放松至初始状态。这个动作中的整体意念是用六梢的整体以双手十指指尖为接触点，将远处的物体用十指尖顶出去。在这个试力中，六梢猛然一拗，就是向前的整体顿挫发力。这样身体一去一回，即完成了一个完整的钩锉试力动作，如此反复练习。试力时间不宜过长，15~20分钟即可。

钩锉试力时将双手做出类似摇辘轳试力中双手向上扬起时的发力，就是虎扑发力；若是单手变拳向前发力，另一只手向后拽，则是崩拳发力。此种试力变化较多，若双手在挂对方双臂时向回拉，同时身体向前撞，就是头部的整体发力，还有挤发力、争臂发力等在此不赘述。

以上各试力主要是要试出六梢的外争力，身体和手要同步，身止手止，身动手动。李见宇先生说：在做试力时，无论身体向前还是向后，双手是出还是回，是静态的试力还是动态的走步试力，要时时不丢六梢争力。试力时要手耍身，而不是身耍手。

待试力训练熟练后，在试力中逐步加强意念，但重意念的试力时间不可过长，以免损伤身体。试力时间左右式各15~20分钟即可，若感觉一侧较弱可适当延长时间。

钩锉试力和摇辘轳试力一样，也是形意拳单传的老手法，也属于郭云深先生和王芗斋先生常用的技击手法。

钩锉试力由刺枪动作的旋刺旋回（旋转刺出和旋转收回）演变而来，李见宇先生勒马听风武舞，就是由此作为起舞动作的。

实物找力法

实物找力，是指在动态中，通过对实物的用力，让人体感受到六梢的力。它是无实物试力的一种辅助训练方式，不可以把它当作长期的主要训练方式。

在试力中若始终找不到六梢的整体力或脚上踩不上劲儿，就需要通过实物让身体去感受六梢的整体力，这样对试力时找到六梢的整体力会有很大帮助。

具体做法是：选一处高度在自己膝盖以下的重物，如大石头，低矮的栏杆、大门等，双脚自由站立，弯下腰，用双手抓住或搬重物，用力向上抬起，并使身体保持抬起的状态（不要松劲儿），一两秒钟再放松，这样反复做四到五次即可，绝不可多做，否则会形成更多的肌肉力。这时人体在全体力用力中，虽然有大量多余肌肉参与做功，但是这时会体会到双脚、双手、头颈和腰部的用力最大，这就是在全体力中被肌肉力隐藏的六梢的筋力。

在全体力的状态中，当体会到六梢的用力后，要记住双脚脚掌撑掌向下踩和头颈向上争的感觉，接着马上起身在原地再做无实物的这样的用力，即双脚向下踩、头颈向上争（忽略腰脊）。经过几次训练后，双脚与头颈之间会逐渐产生出争力，就像在有实物的全体力用力中双脚和头颈之间的争力一样，只是少了身体中其他组织和多余肌肉的参与，这说明在无实物的试力中双脚与头颈之间已经形成了争力，此时为了不影响无实物的试力，应当立即停止用实物找力的训练。待双脚和头颈之间能够对争自如后，再逐渐加上尾沟儿和双手的试力，即双脚撑掤掌向下踩与头颈向上提拔形成争力，同时双手手掌位于胸前，做撑掌下按的动作，使头颈向上提拔与双手向下按形成争力；待双脚、头颈和双手之间的争力动作熟练后再慢慢加入尾沟儿的动作。这样的试力就是扒墙头儿试力的动作。值得注意的是，这种实物找力的方式，稍不注意，就很容易有多余肌肉参与试力的做功，所以，在做试力时要随时注意有无多余肌肉参与到其中。

李见宇先生说，"有一天老先生看我做试力时说：'你这样试力一辈子也试不出来，因为在你的动作中没有看出六梢儿的劲儿，这是瞎划拉，说明你桩里有，动起来就没了（指六梢）。'然后指着墙角的大的石锁（一种锻炼力量的用具）：'你去把它拿起来。'我就走过去，双手握住石锁，向上提。老先生说：'你提住别动。六梢儿有什么感觉？'我说我感觉只有两只脚向下踩，头侹劲儿向上领，手用力向上提，尾沟儿也向上提，腰眼儿也向上挺了。老先生又说：'你记住这脚和头对争的感觉，把石锁放下，不用石锁空手再做试力看看。'我一做，果然感觉脚、头、手和尾沟儿都有了点儿争力的感觉了，实际在试力时主要是脚不容易踩上劲儿。用实物主要能尽快让脚能踩上劲儿，这种用实物的方法也是原传的东西。"

笔者按照李见宇先生所说，在站桩后去抬大铁门，抬几下后，再做试力，几天就掌握了六梢之间的争力。

走步——脚与身试力

　　脚与身的试力，称为走步试力。在走步试力中，因为后脚向前移动时，脚掌几乎贴着地面，也称为"摩擦步"。脚掌贴着地面走步，是为了随时做出发力动作，也是为了避免在移动中脚抬高，使身体站立不稳或容易受到攻击。

　　在走步试力中，后脚向前移动时，意念中后腿与前腿的大腿根部之间有夹着或摩擦阴茎的感觉，因此又称为夹茎步、摩茎步。在走步试力时，意念中双脚要有蹚泥的感觉，所以也可称为蹚泥步。

　　走步试力主要训练人体在移动时六梢的整体争力。在走步试力过程中，双脚与身体要带有提趟趴（身体向前靠在东西上）搓劲儿，即以头提身，以身拔脚，脚面似蹚水，落脚搓地六梢整体发力。

　　走步试力的具体做法是：身体一切按摇辘轳试力站好，上肢动作基本与摇辘轳试力中的动作相同。以右势（右脚在前）为例，双手手心向下撑掌同时做出向下按的动作，左脚撑脚掌蹬地，头颈向右前上方（右脚尖方向）领，使身体上半身略向右前倾并顺势做出平移的动作；待身体重心移至右脚后停止移动，左脚脚掌随即放松，此时双手仍保持撑掌下按。这时上半身处于向右前略趴的姿势，头颈与左脚及双手之间形成了争力。这个动作中的意念是左脚好似在泥潭中，双手扶按着物体向回拉拽，头颈向右前方向领，使身体向右前移动，形成向右前略趴的姿势，从而带动左脚拔起。这个动作在走步的四字诀中为"趴"。在这个动作中，身体向右前移动时，双手撑掌按住不动，手臂会随着身体向右前的移动做出相应的屈臂动作，但是大臂与小臂之间的角度不得小于90°。当身体向前移动停止后，以头领身，同时尾沟儿向上提，使左腿大腿根部与右腿大腿根部之间相夹，右脚撑脚掌向下蹬地，顺势左脚脚腕用力微向上拔，使左脚抬起，至脚底距离地面1~2厘米，初学者要尽量保持左脚脚底与地面平行，慢慢向右脚方向移动。意念中左脚脚面要有蹚泥或犁地的感觉，脚底下像搓着个小球。在左脚向前拉回的过程中，上半身从前倾状态慢慢直起并略向左转身，使身体朝向正前方。当左脚移至与右脚平行时，不可着地，六梢随即放松至初始状态。稍作停顿后，右脚撑脚掌微撑蹬地，身体略向左转大约

30 度；双手撑掌，向身体微左转后的前上方扬起，再慢慢向前推出（如摇辘轳试力动作） 初学者推出时手臂可以适当做出伸臂的动作，但不要伸直，应留有适当的角度，双手向前推出不可超出前脚脚尖；左脚向身体左转后的前方伸出，伸出时左脚脚面仍然要有蹚泥或犁地的感觉，脚底下像搓着个小球。左脚伸出距右脚约一脚半处，向前斜下方做轻搓踩动作落脚，落脚后整体放松至走步试力的初始状态，此为左脚走步试力。右脚走步试力动作同左脚动作，在此不赘述。如此反复练习。

走步试力中，双手的动作基本与摇辘轳试力相同，只是在摇辘轳试力中加上了左右脚的走步。此外，双手的动作也可以采用钩锉试力的动作进行走步试力的训练。

在走步试力中，当脚向前斜下方做搓踩动作时，意念中要有将脚下的小球搓踩碎的感觉，与此同时，六梢相互配合，随着落脚六梢突然一抈，这就是身体在移动中的虎扑发力。

走步试力中，双脚的路线是斜线拉回，再斜线伸出，这种步称为之字步。之字步使身体的整体在移动时形成了横走竖放之势。横走，即身形左右横向移动，是为了在技击时身体左右躲闪；当落脚时，双手的发力朝向身体的正前方，称为竖放（竖向发力放人）。即在走步时身体横向移动，发力时为纵向的竖直发力。

走步时身体要和站桩时一样放松，避免横膈膜过紧引起呼吸急促，千万注意肩部始终保持松和状态，避免有局部力的加入。发力时根据自身的需要随时而发，最后达到有意、无意瞬间即发。走步试力每天的练习时间大约 20 分钟为宜，时间过长会使六梢疲劳，影响练习整体发力的效果。

李见宇先生在《神意拳养生功》一书中描述走步试力为"提趟趴缩"。李见宇先生说，"走步试力中应该先有提趟拨缩，后有提趟趴搓，暗谱说'抬脚为腿缩（指后脚后腿缩回来），落脚为搓（指前脚落脚）'。老先生在教我的时候特别说到了这个'搓'字，因为这个'搓'很关键，它说明了在走步试力中落脚搓是发力时前脚的动作。这样相对'缩'字就不重要了"。因此，李见宇先生在关于养生的走步试力中用了"缩"字，而没有用"搓"字，因为"搓"是用于走步试力中的发力。

关于走步试力，大多是先将身体慢慢向前平移，使位于后脚的重心平移到前脚上，身体站稳后，上半身保持直立不动，再将后脚贴地面向前拉回，移至与前脚平行位置后，再向前外侧划弧伸出，待伸至前方后向下落地，这时再将身体直立着慢慢向前平移，如此重复上述动作。在这个动作中并不是以头领身，以身拔脚的整体动作，头颈并没有与其他梢节之间形成争力，所以这种动作中没有体现出趟泥时泥对身体产生的阻力，因此这种走步试力属于单纯对腿部力量的训练。

关于这种走步形式，笔者和杜吉星先生在于永年先生家时曾问过于永年先生，笔者说："于老师，外面这样的走步好像不对，这是对腿部力量的训练，并不是走步的试力。既然是试力，就应该手、脚、头都挂上劲儿（形成争力），用身体把后脚拉回来，再送出去。"说着站起身做了个走步试力的动作。于永年先生说："因为你聪明，你能挂上劲儿，可以这样挂上劲儿直接练走步，别人不行，因为别人没挂上，又想练走步，所以只能那样走了。"（图40为王芗斋先生走步试力照）。从照片中可以看出，王芗斋先生在走步试力中仍不失六梢争力。

因此六梢挂上劲儿的走步试力动作，属于走步的试力，没有挂上劲儿的走步动作不属于走步试力。

也有人说我做试力时，意念上已经挂上劲儿了，只是你看不出来。这就属于王芗斋先生所说的无效意念，就是在试力过程中任何用力的意念应该能通过动作中反映出来，如果没有反映出来，那说明意念与实际动作脱离了，所以这样的试力没有任何意义。

当走步试力达到随时落脚，六梢随时能够做出整体发力时，就要进行接挂手的试力训练了。

图40 王芗斋先生走步试力（脚与身试力）照
照片中显示，王芗斋先生在走步试力中仍不失六梢争力。

擦玻璃与抹灰走步试力

擦玻璃与抹灰走步试力，又叫"左右环手走步试力"，它是针对在技击中接手（接对方来拳）、挂手（挂对方来拳）的训练。

擦玻璃试力，又叫"内挂试力"，即双手手臂在体前做出左右交替向内画圈的动作。此动作类似擦玻璃时的动作，因此称为擦玻璃，它是针对在技击时接或挂住对方来拳的训练。由于此种动作是双手臂向内划圈接或挂对方来拳，因此又称为内挂。将手臂擦玻璃的动作与走步试力相结合，就叫擦玻璃走步试力。

具体做法是，按三才桩姿势站好，出右脚为右势，左脚为左势。以右势为例，右脚在前，右手位于右眼眉前方位置，左手位于左胸前方位置，双手十指撑开，如扒墙头儿试力中的手形，双手手心向前。身体各部按走步试力要求，当左脚抬起向右脚位置移动时，右手随即手心朝前由右向左逆时针在体前画弧，左手也随之在体前手心朝下由左向右顺时针画弧，当左脚行至与右脚并拢时，右手正好位于左耳前方位置，左手正好位于左腹部前略外侧的位置。当左脚从右脚处向前继续行进时，右手向下继续做画弧动作，左手同时向左外再向上画弧，当左脚行至前方落地时，右手画弧至右胸前方位置，左手位于左眼眉前方位置，这时身体就由右势变成了左势。在这个动作中，左脚向前走了一步，双手在身前交替画了半个圈。当右脚再向前走一步时，左手则重复右手的动作画弧，右手则重复左手的动作画弧，此时身体又回到了初始的右势，这样就完成了一个完整的擦玻璃走步试力动作，如此反复练习。

擦玻璃试力中对双手画弧动作的要求是，左右向内均不过鼻，向上高不过眉，向下低不过脐。

抹灰试力又叫"外挂试力"，即双手手臂在体前做出左右交替向外画圈的动作。此动作类似建筑行业瓦工在墙上抹灰的动作，因此称为抹灰，它是针对在技击时接或挂住对方来拳的训练。由于此种动作是双手臂向外画圈接或挂对方来拳，因此又称为外挂。将手臂抹灰的动作与走步试力相结合，就叫抹灰走步试力。抹灰走步试力的步伐身势动作一切同擦玻璃试力，只是双手的动作与擦玻璃试力中双手左右交替向内画圈的动作相反，抹灰试力的双手是交替向外画圈。

在抹灰试力中对双手画弧的要求和擦玻璃试力一样，左右向内均不过鼻，向上高不过眉，向下低不过脐。

试力中，两手左右向内均不过鼻是为了在技击中确保中线不失，因为对方来拳击打的是面部，因此双手的画弧动作过大没有意义，反而会弄巧成拙。向上高不过眉、向下低不过脐是确保在这个范围内的有效防护，超出这个范围，对方就威胁不到己身。

李见宇先生说："老先生教我时说过，'试力不是表演，也不是单纯追求意念活动，试力的一切动作和意念都是为技击服务，如果只追求好看弄些花活或只追求单纯的意念活动，真到技击时就只有剩下挨打的份儿了'。"

在擦玻璃试力和抹灰试力中，应时刻不失六梢力，在手运动到任何位置都能随时做出六梢的整体发力，所以试力中要认真体会，也可以在试力过程中双手试着在移动到任何位置时稍作停顿，六梢做一下微争的发力。当双手在任何位置都能做出六梢的争力时，就可以进行下一步的训练了。

王芗斋先生的"沧海龙吟"及李见宇先生的"勒马听风"武舞都是由此试力的动作作为起始动作的。

李见宇先生说："形意拳的老试力就是三个，扒墙头儿试力、摇辘轳试力和钩锉试力。擦玻璃试力是老先生从纵鹤拳的手法中改鉴过来的，它是双手相互交替在胸前向内画圈，画圈时就如同白鹤扇翅膀。在双手交替向内画圈时，突然转身一只手臂顺势反向向外一争，这种打法类似八卦掌的川掌发力打法。这种发力后来被老先生用在'沧海龙吟'的武舞中，老先生武舞中的发力是俯身跃起来后向外侧面上方做争力发力，他们（指其他师兄弟们）把这个叫'空中发力'，我在'勒马听风'中是俯身跃起来后向正前方的发力。老先生把突然绕步向后转身（八卦掌的掰扣步）同时向斜上方的发力叫作'惊蛇发力'，它就好像受惊的蛇（蛇头竖立起来时）突然改变方向的攻击。'惊蛇'（一词）源自老先生早期描写黄慕樵先生武舞那首诗中的一句'迂回似惊蛇'，是描写黄慕樵先生跳武舞时绕步向后转身迅速的身形犹如惊蛇，但是黄慕樵先生没有做出老先生的发力。抹灰试力是老先生根据擦玻璃试力的两手臂向内的交替画圈，改变为两手向外交替画圈的试力方式。老先生说：'这两种试力正适合形意拳中以枪法为拳法的两个老打法，因为这两种打法不常用，所以原传就没有相应的试力去练习。'试力为试发力，发力是为技击所用，因此试力是为技击服务。在技击中用擦玻璃试力和抹灰试力动作挂上对方来拳时，可以做出任何方式的整体发力的打击，如虎扑、崩拳、迎面锤、脑后炮等其他打法。所以除了扒墙头试力、摇辘轳试力、擦玻璃试力和抹灰试力比较实用外，其他的试力对于技击和发力意义不大。比如神龟出水试力，基本是身体上下的动作，这是训练腿部肌肉及锻炼腰脊的运动，老先生是为配合健身桩设立的健身试力，与筋力或发力无关，所以对于练拳劲儿来说，这种试力越练越完蛋。"

声与气试力的声击法、相击法

日常生活中，大多数人在搬抬重物猛然用力时，都要深吸一口气，然后憋住气，嘴里发出"hen"的声音，有些人的发音是"hɑi"。这种发音是伴随着闭气所发出的，它的主要作用是利用瞬间闭气，有效调动腹部筋膜与肌肉参与全身用力，这种用力方式大多人称为丹田力，即丹田参与的用力。这样可以有效地将身体各部组织包括筋和肌肉统一起来完成一个用力的做功运动，它是人体在完成瞬间用力时所发出的声音。人在猛然用力时发出的这种音，源于在婴儿时期用力时本能发出的"嗯"的拉长音，这种拉长音是人在相对较长用力时发出的。人在婴儿时期，全身用力时都会发出这种"嗯"的拉长音的声音。在我们日常生活中，如在大便用力时、在用力推重物时都会发出这样的音。发出这种拉长音是人体的本能，无论男女老幼所发出的声音几乎毫无差别。可见人在用力时发出声音对用力起着至关重要的作用。

神意拳中，也缺少不了伴有声音的发力。甚至在神意拳中，声音的作用已被发挥到了极致，需要对发声进行特殊的训练，这种训练称为试声，它就是王芗斋先生在《拳道中枢》所说的"站桩、试力、试声"的第三步功夫。试声所发出的声，明谱中称为雷声，王芗斋先生在《拳道中枢》中形容"其声如幽谷撞钟之声"。

试声分为初级和高级两个阶段，初级试声是带有声音的试声，高级试声是没有声音的试声，王芗斋先生在《拳道中枢》中说："初试求有声，渐从有声而变无声。"无声的试声是最高级的试声。

神意拳中伴有声音的发力称为试声发力，声力并发。练习发力时的发声称为试声。试声的主要作用，一是调动腹部筋膜参与和协调六梢争力，从而加强六梢争力发力，二是利用声频给对方造成突然的惊吓及利用声音发出的声波冲击对方心脑。这样的方式称为声击，即声击法。齐执度先生于1939年编写的《拳学新编》中写道："芗斋先生曰，发手应敌，开声闭气（手抄版本多为'吐气'，实为'闭气'，因为人体在超出局部力的任何用力时均不能吐气，只有屏住呼吸才能用力），乱敌心意，以张我之势，须合时机，不用力不变势，只此一声，而使敌心败胆寒，古人'声击'之说，即此谓之也。"赵道新先生说过，"先生冲你一发声（试声），就感觉心脏难受，浑身没有力气"。李见宇先生说："老先生给我讲试声时说，'用声波打人，能让人的心脏气血逆流。这是老话儿，气血逆流的说法虽然不科学，但它只是个形容，实际上声波能给对方心脏造成一定的伤害，甚至伤及大脑，使他丧失战斗力，严重的甚至导致死亡。郭老先生说声击明为贯耳，暗击心脉，相击透眼目，击心胆。身体没接触你就完了，这就是古代的声击法和相击法'。"

试声在神意拳中属于一个大的训练项目，王芗斋先生把拳法的训练分为站桩、试力和试声三个阶段，可见试声的重要性。

据美国趣味科学网站报道，对于人是否会被吓死这个问题，纽约莱诺克斯希尔医院急诊医生罗伯特·格拉特给出的答案非常明确：是真的。报道称，当人感到极度恐惧时，战斗还是逃跑的本能反应就会启动。这种反应对早期进化阶段的人类有好处，当他们面临野兽或入侵者时，身体会分泌必要的肾上腺素来做出要么与攻击者战斗，要么逃离现场的举动。

他说：肾上腺素激增是由自主神经系统控制的本能反应。当面对战斗或逃跑的情形时，人会出现心率加快、瞳孔放大和流向肌肉的血流量增加的状况。不过格拉特说，令人遗憾的是，肾上腺素水平上升会损害心脏。当身体大量分泌肾上腺素时，会让心脏的钙离子通道打开。格拉特说，这样一来，钙离子就会进入心肌细胞，导致心肌强烈收缩。在反应剧烈时，钙离子会不断涌入，导致心肌无法放松。

当人感到恐惧时，大量肾上腺素抵达心脏，就会产生被称为"心室颤动"的心率失常，心脏的这种不协调收缩会让它产生颤抖，无法保持原本应该保持的节律性跳动，这种颤动最终会导致血压下降，由于脑部得不到供血，人就会失去意识。

有些人认为王芗斋先生所说的试声的声音越大越好，声音像撞钟就对，其实不然。李见宇先生说："这是门外汉，声音大，撑死了震耳朵，他发出音的频率却不能给对方造成伤害，没有用呀。如果仅凭声音大感觉震撼就行，那老先生就不会用现代汉语拼音中的"y"和"e"合起来的发音这么苛刻的音了。净看老先生写的试声如幽谷撞钟了，幽谷撞钟，不是直接的撞钟，是在幽谷里的撞钟声，老先生还说试声似黄钟大吕呢，他们知道什么是黄钟大吕吗？试声的声音不在大小、好听不好听，所发出的音频对了才能给对方造成威胁。"

所有哺乳类动物，都能发出恐吓同类的声音，以及能发出震杀同类的低声波，这早已被科学家所证实。

王芗斋先生在《拳道中枢》中形容试声发出的声音时说："其声如幽谷撞钟之声，故老辈云：试声如黄钟大吕之本，非笔墨毫端所能形容。"

幽谷撞钟之声，意思是在试声时发出的声类似从幽静、深邃的山谷里传出的撞钟声，远、沉的感觉。声，即物体震动时所产生的能引起听觉的波。李见宇先生说"在试声时发出音的高低，如同古代音律中黄钟大吕那个音儿，这个很难掌握，只有符合那样的音律，才能给对方心脏造成直接伤害。黄钟大吕也有人形容发出的声音庄严、高亢，但它不是咱这东西，要真是这样老先生就直接用高亢庄严直接描述了。关于试声，暗谱说'声如蒲牢之鸣，律如黄钟大吕之本'，老先生把'蒲牢之鸣'改为'幽谷撞钟'，老先生说：'谁也不知道蒲牢之鸣是什么声音，若按试声的声音，应该是幽谷撞钟之声较为确切。'"

黄钟大吕是古代的五音十二律中的两个律。五音包括宫、商、角、徵、羽。十二律是在一个八度内共有十二个半音，它们的音高标准叫律，律从低到高依次为：黄钟、大吕、太簇、夹钟、姑洗、中吕、蕤宾、林钟、夷则、南吕、无射、应钟。十二律又分为阴阳两类，凡属奇数的六种律称阳律，属偶数的六种律称阴律。阳律六律为黄钟、太簇、姑洗、蕤宾、夷则、无射；阴律六律为大吕、夹钟、中吕、林钟、南吕、应钟。

黄钟用现代的音名表示它就是音乐中 C 调的 1（C1），大吕用现代的音名表示它就是音乐中 C 调的升 1（#C1），这两个音相差是小二度。

因此正确声与气试力的试声所发出音的高低就是现代音乐中 C 调的 1 和 C 调升 1 合起来的音。

声音的高低称为律。单位时间内波声振动的次数称为频率，一个振动周期内波传播的长度称为波长。在声波的频率范围内，发声的频率决定着音调的高低：频率高，音调也高，声音尖锐；反之，频率低，音调也低，声音低沉。试声所发出的音应该是很低，波长很长且很沉闷的高亢音。

声波分为三类。第一类是人类能听到的声波，第二类和第三类是人类听不到的声波，它们分别是次声波和超声波。

人及动物的机体不断以 10 赫兹左右的频率进行着有节奏的脉冲式运动。人的各种器官都有各自的较低的振动频率，例如人的头部固有频率为 8—12 赫兹，腹部内脏的固有频率为 4—6 赫兹。如果所发出的次声波振动频率低于 10 赫兹，就能引起人体组织的共振。轻者会使人头昏、呕吐和呼吸困难，重者致人昏迷、瘫痪，甚至内脏器官破裂而死亡。

前面所说的试声高级阶段是无声试声，就是指在试声中发出类似的次声波，这就是王芗斋先生所说的使人气血逆流的声击法。李见宇先生说："什么是声击法，声击法就是人没有打你，没有碰你，一哆嗦，你就软了。"

试声的要点是气咽声出，即气往内下咽，声音向外上出。往下咽气只是形容，不可真做咽动作。

试声练习方法：人体自然站立，周身放松，待心情平静后，用意念引导，这时口鼻的气不得外出。嘴自然微闭，口内发汉语拼音的"y"字声，在发"y"字声的同时用意念引导，假想口内之气慢慢向下咽至下丹田以下（切记不可真向下咽气），随着向下咽气，慢慢向下微低头收下颚，好似下颚与脖子之间夹着一个小球；当下咽的气与下丹田气一碰后，头立刻向前上方微微仰起，好似把下颚的小球向前扔出去，同时口内发出汉语拼音"y"与"e"的和音；伴随着发声，双脚向下撑蹚地，尾沟儿向前上提，从而带动小腹做出向上卷腹的动作，即以下丹田为中心，小腹最下面向外，肚脐眼处向内，意念中好似要用这个动作把气卷下去，同时声由下丹田向上出发（只是形容），再抛得很远。假想把这个声音向前上方远处抛出去或用这个声音击打远方的物体。在发声时，口内的气不能外出，也不能内进，应做到瞬间的闭气。王芗斋先生在教李见宇先生时说："气往下咽，声往远放，记住入为阴，发为阳，气和声之间也是二争力，所以这也是声与气的试力。"这就是王芗斋先生所说的声由内转的功夫。这种方式门外大多称为丹田气，王芗斋先生形容为鼓荡力。

试声时小腹略带上翻的动作，加大了尾沟儿向上提的力，这就增加了尾沟儿与双脚之间的争力，从而也加大了在发力时六梢的争力。如果在试声的同时，双脚向下踩，双手向下按，尾沟儿与头颈向上争，这就是带有试声的发力，王芗斋先生称之为声力并发。在试声的过程中最值得注意的是横膈膜不能过紧，横膈膜过紧会影响正常呼吸，导致试声不正确。李见宇先生说："如果试声不对，说明在试声时内腔没有放松，或者在试声时由于横膈膜过紧影响了试声。"

在试声时，腹部的动作不要意念太重，否则影响发声。初练习者在发声时可以在发声的同时用手轻撞丹田位置来增加丹田处的感觉，以此辅助发声，也不要特别刻意去做，用"y"的音，把气咽下去（把气咽下去只是形容，切不可真做），再用"e"字音把声发出来，且两个音要合为一气，这样就发出了"y"和"e"连音的和声了。千万记住这个试声发出的音不是"y"，也不是"e"，它是它们俩的连起来中间那个音。试声中有两个关键，一个是气向下咽时，是否咽到下丹田位置；二是最关键的，就是发音，发音不对，声音的频率就不对，正确的是汉语拼音中"y"和"e"的中间那个音，这个音很难发对，当试声纯熟时就会感到这个音是在做腹部筋膜争力动作时不由自主挤出来的音，到这时试声就算毕业了。过去说气往下咽得到不到位，实际就是神经有没有指挥到下丹田的位置，如果没有指挥到位置，动作就不对，发出的音也就不对，所以这还是对神经的训练。

初练试声时最好在嘴前约 20 厘米处放一张纸，然后对着纸做试声练习，这张纸不能被喷湿，湿了说明口鼻有内气出来，气没有沉下去，气与声的配合不对，这主要是由于内脏没有很好地放松，肩膀或横膈膜过紧。出现这种状况，应该再站浑圆桩，达到身体内外一致的放松，再练习试声。值得注意的是，在试声中横膈膜频繁骤紧会使肺部挤压心脏，导致心脏严重受损。这种现象有时会在西医中用于对阵发性心房纤颤患者的应急治疗中，办法是当患者出现阵发性心房纤颤时用手指抠嗓子眼诱发恶心使人干呕，这样会利用干呕时肺部挤压心脏使阵发性心房纤颤终止。因此在试声时必须保证横膈膜不能过紧。

笔者在练习试声初期时，由于内气外出，李见宇先生说："你是内脏还没有松下来，导致肩膀发紧，所以，如果试声不对，遇到这种情况应该停止试声练习，重新站浑圆桩，什么时候内脏松下来了，再去练习试声，就容易上手。如果在反复试声中，纸没有湿，可以把纸拿掉，到户外开阔处，再练习试声。户外试声练习时，要在自身前面50米以外甚至更远处选一建筑物，如楼房、楼群、大树等，然后对着选好的目标练习试声，假想用声音把它们击倒。"

切记不能对着太近的墙或硬物体做试声练习，声音的声波会在遇到墙或物体时返撞回来，这时试声的声波会反击自身，如果感到脑仁疼、头晕、呕吐等，大多由此导致，应立刻停止练习。

在日常生活中，每天散步、遛弯儿时都可以练习试声。笔者体认，吃完饭后，由于腹内胀满，容易找到气咽到下丹田的感觉，把试声带入生活是比较好的练习方式。若单独试声练习，时间不宜过长，以10～15分钟为宜。

试声练习好后，再把它加在发力中练习，李见宇先生擅长做虎扑带有试声的发力，能做到声力同出时，试声就算毕业了。

在用大力时发出声音是人的本能。20世纪初，俄罗斯将人的发声运用在网球运动中，声音训练是俄罗斯网球运动员的必修课。在温布尔登网球比赛上，人们常听到来自俄罗斯的女子网球运动员在击球时发出刺耳的尖叫声，在场的观众和记者不得不带上耳塞观看比赛。与俄罗斯选手比赛的对手们，多数被这刺耳的尖叫声搞得心烦意乱而输掉比赛。俄罗斯女子网球运动员在击球时的尖叫声大多在70分贝以上，网球名将莎拉波娃在打球时的尖叫声高达101分贝，被称为"尖叫女皇"。

李见宇先生说："但凡是哺乳动物，在对抗时，都会发出很低的声音，尤其是猫在对抗时，脖子后面的毛都竖起来，嘴向两边咧，嘴里发出'哈'的长音，对抗时的发声是哺乳动物包括我们人类的本能。试声初期，在发声时腹部的动作催动发声，当试声到高级阶段时，你听不见试声所发出的声音，就看见嘴微微一张，身体一哆嗦或微微一震，别人会以为你打嗝呢，这就是老先生所说的无声试声（类次声波）。"当无声的试声与六梢儿发力放在一起做时，脸相会因为争力而变形，这种变形称为相变，在相变中声与气对争而内转，发出的类次声波的振动波，这就是古人说的"相击法"。

关于试声，在大成拳或大成拳之意拳的一些爱好者中认为：试声有五种发音，即啊、哼、哈、嘿、呀，还分别称为虎啸法、狮吼法、龙吟法、共鸣法等。这是不对的，就拿"啊"字来说，试声应该是与发力同步，所以试声所发出的音应该是不出不进的闭气，即不吸气或吐气，而在发"啊"字音时做不到不吸或不吐的闭气，所以试声时发"啊"字音是极其错误的。这也是人们在日常生活中用大力抬重物时，没有发"啊"字音的原因，因为发"啊"字音时人做不到闭气，而人在用大力时需要闭气，也就是屏住呼吸才能用出力来。所以人在用力时发"啊"字音的说法违反了人体用力的常识。王芗斋先生在《拳道中枢》试声一节中所说："盖人之声各异，唯试声之声世人皆同。"意思是说，人所发出的声各不相同，但是唯有试声发出的声音人人皆相近同。如果试声有五种发音，那么发出的声音还能够相同吗？这显然违背了王芗斋先生的拳学原理，在王芗斋先生的所有拳稿中均没有出现过虎啸法、狮吼法、龙吟法之说。

据赵道新先生说："在王芗斋先生的所有徒弟中，除李见宇先生之外，无一人掌握先生的试声，也只有李见宇先生系统完整地学习了先生的东西（拳学）"。

技击发力

神在手前，意透敌背，力发要在无意间。

在神意拳中，技击的发力是指人体在技击中发出的打击对方的暗劲儿发力，即六梢的整体发力。

在试力的训练中，尽管已经掌握了技击所用的发力，而在实战技击中，会受到视觉传递到大脑的信息的影响，造成发不出力来。比如当对着大树发力时，往往会出现推树的现象，这是由于眼睛将信息传递到大脑后，大脑所出现的反应会是用日常生活中肌力做功，这是人们在长期生活中形成的习惯，这说明视觉影响了六梢力的发挥，在这种情况下要有针对性地做发力训练。

在神意拳的打法中，钻裹践的双手虎扑打法是唯一能够检验暗劲儿发力是否正确的打法，因为若不具备正确的六梢发力的暗劲儿，在做虎扑打法时就会形成用手臂推人的屈伸动作。而虎扑打法只能用暗劲儿发力，除此之外的任何打法都可以用暗劲儿打法，也可以用屈伸动作的明劲儿打法。神意拳的基础发力是虎扑发力的打法。虎扑发力是王芗斋先生在技击中最擅长用的打法，王芗斋先生常对徒弟们说"就这么一下，就够用了"，这一下就是指钻裹践的双手虎扑发力的打法。

李见宇先生说："我刚开始跟老先生时，做虎扑发力做得好着呢，可是对着物体发力就发不出来。老先生说：'你把门关上，对着门做虎扑发力，我看看，意念想着要把门打碎，力向上搓。'于是我对着门做虎扑发力，不是发不出力来，就是发出力了，到门上没有什么劲儿，越想把门打碎，越发不出力来。老先生看得直笑说：'你还差一节课呢，不是会发力了就会打人。你把门打开，把双手轻轻放贴在门帘子上，对着门帘子做发力，看看能不能把门帘子打起来。这种发力你要把意念放到后墙上去，虽然后墙有门帘子隔着，实际你发力的目标是后墙，不要让眼前的门帘子影响你发力，发力时就当它（指门帘）不存在。什么时候你发力能把门帘子打起来了就行了。'我就这样对着门帘子做发力，心想，这是根本不可能的事，本来不想练了，又怕老先生生气。有一天，老先生在屋里抽烟，我照样在外面对着门帘子做发力，发着发着，突然咣当一声，门帘子后面的门被我打坏了。我还没弄明白怎么回事，老先生走出来说：'知道了吧，技击发力时就应该这样才对，你虽然是对着很轻的门帘发力，意念是在后墙上，没想到我把门关上了吧，这就是应敌发力时神在手前，意透敌背，力发要在无意间的意思。技击发力时你要把对方的衣服或肉皮当成门帘子，把他打起来，记住意念不要在对方身上使劲儿（发力），要透过对方的身体往他身后面的远处使劲儿才对。你虎扑发力有了（能对着实物发力了），其他的发力也就都有了。'"

在技击中，肢体屈伸或抡拳头式的发力打法，由于肌肉参加做功较多，因此，常人两三分钟就气喘吁吁。所以，抡拳头的打法只适合年轻人练习。筋力发力的打法，是在少量肌肉参加做功的情况下所发出的力，因此，筋力发力的打法，八九十岁的老人，均能发力10~20分钟以上，并且不消耗更多的体力，也不会损伤身体，反而会对身体大有益处，这是筋力发力最大的长处。

若习拳者在技击中用虎扑发力，出现发不出来，可借鉴此方法训练。但是，练习发力时间不可过长，5~10分钟即可，时间过长会由于身体的疲劳使多余肌肉参加发力的做功。

技击拳形

拳形指在技击中打击对方所用的手形，统称为拳形。

1. 爪形手手形，是用来对敌时的预备势手形，因为爪的形状是介乎握拳和伸掌中间的形状，因此它在技击时可瞬间变化为多种手形，爪形手伸开变掌形手形，半握可变锁喉手手形或鸟难飞手形，握紧可变拳形手形（图41）。

图41　爪形手手形

2. 鸟难飞手形，在技击预备势（见《技击预备势》一节）中，因为手形是爪形手，在挂对方手臂时使中指、无名指和小拇指向下用力形成钩状，这时的爪形就变为半握拳的鸟难飞手形（图42）。因为技击中挂对方时均用此手形，所以在打击对方时几乎所有的手形都由此变化。用拳形打击对方时，如崩

图42　鸟难飞手形

拳、迎面锤、脑后炮，在发力时手形猛然攥紧会加大六梢的争力，也会加大拳打击的力度，在用虎扑打击对方时，在发力时手形猛然张开也会加大六梢争力和手掌打击的冲力。

3. 掌形手手形，是手指伸开的掌形，在技击时大多用于虎扑时的手形（图43-1、图43-2）。

图43-1　用于虎扑打法的开掌形手形　　　图43-2　闭掌形手形

　　4. 拳形手手形，是手握拳的手形。拳形手在技击时，大约分为两种，一种是用拳面打击对方，它是对对方正面面部打击所用的方式，如鼻骨、下颚、颧骨等突出部分；另一种是用拳锋（拳棱）打击对方，它是打击对方的点位、要害处及穴位，如后脑、太阳穴等所用的方式（图44）。

　　5. 锁喉手手形，手呈掐喉状，这是专门用于攻击对方咽喉的手形（图45）。

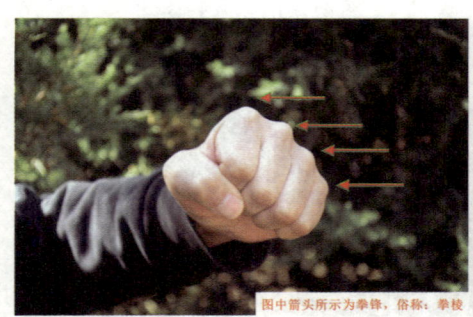

图44　拳形手手形　　　图45　锁喉手手形

技击旨要

　　编者按：神意拳之技击，拳之所用，以保卫生命为要，非拳混子打三携两之工具，也非搏击竞技之法。技击乃先辈们留下的宝贵文化遗产，故读者不要误解其本意。王芗斋先生说"拳学一道，不是一拳一脚谓之拳，也不是打三携两谓之拳，更不是一套一套谓之拳，乃是拳拳服膺谓之拳"。

静则形不破体,动则力不出尖,击则守中用中,松和中求实际,叫僵便发力,出手如猫刀,拿人如狗咬。

1. 静则形不破体,是指人体在技击时的预备势或静态时姿势没有出现明显的凸出部分,若出现凸出部分称为身形破体,又称为身形出尖。

在技击时,形破体就暴露了自己攻防的弱点,容易受到对方的攻击。比如一个圆形的球,不容易损坏,因为它周身受力平均,没有凸出的受力点,若是见棱见角的形状,则凸出的棱角就容易被损坏。若在技击中身体保持形不破体,对方就找不到攻击的点,若是形体出尖,对方很容易找到攻击的点。赵道新先生说:"双方技击时的预备势,拳击采用的是曲臂双手护头的姿势,它们的整体形体完整,对方就不容易找到攻击的点。而我们很多武术技击的预备势往往以姿势漂亮为主要,这都源于武术表演的亮相,技击时能不挨打吗?"李见宇先生说:"你看现在咏春拳,在应敌预备势中双脚左右分开站立,一只手伸出来,手心还朝上,另一只手护脸的预备势,首先双脚左右分开与对方平行站立,当受到对方的正面攻击时,很容易摔倒,最起码你的两脚应该采用前后站立,比平行站立要好得多,而技击时的预备手势,你再伸出一只手,明摆着输拳,这就是典型的形破体。在我们的武术中大多都是采用类似这样破体的预备势,因为我们与西洋拳击的出发点不一样,人家是保护自己,我们是为了好看的亮相,这都是受过去街边卖艺杂耍影响的结果。"

2. 动则力不出尖,一是指在技击时,由于人体各部用力不均整,超出了局部肢体的力,导致人体重心出现偏移,超出自身维持身体稳定的正常范围,这种现象称为失重,即失去了重心;二是在技击发力时,六梢用力不均整,导致某梢节用力过大或过小,形成了单一方向的用力,就是王芗斋先生所说的"力有了方向就是错误"。因此在技击时,身体失重及六梢发力不均整为"力出尖",也称为"力破体"。

在日常生活中,人用力推树或推物体时,由于局部肢体的力不能够推动树或物体,人会自然地把身体的重量加上去,以弥补局部肢体力量的不足,这时人体的重心就出现偏移,如果突然撤走树或物体,人体失去重心就会摔倒。在推手时也会遇到当对方用力过大时,突然撤身或撤手,对方失重摔倒的状况。王芗斋先生曾说:"技击时,用力要是出尖了,不用打你,自己就倒了。任何拳只要力出尖了,就等着挨打。西洋的职业拳击手，在用直、摆、勾拳时，也始终保持着自身重心的稳定，使其不偏移，他们是通过弹跳和摆动随时调整重心，任何拳手，如果技术相当，输拳的一是体力，二是在身体移动中出现了重心偏移的现象给对手造成攻击的机会。"李见宇先生说："无论是推手还是技击，力别使过头儿，使过头就挨打，这种现象都是六梢的力不均整。因此，在技击时，要始终保持六梢力的均整。"

3. 击则守中用中，是指在技击中，在防守住自己的中线的同时打击对方的中线。

中线是指人体的重心中线和要害中线。重心中线，即重心线，是指人体的眉心、口鼻至肚脐、骚根的上下连接线，要害中线是指人体两耳之间至双乳之间的上下连接延长线以内要害的部位，分别为：脑门两侧的太阳穴、完骨穴（耳根后）、双眼、人中穴（口鼻处的三角区内）、腮角穴、颈部两侧、咽喉、心口窝（人体前胸双乳下中心凹处）、期门穴（双乳正下方两寸处）、裆部耻骨。

太阳穴神经密布，是最受不起击打的部位，被击中后，严重者会发生昏迷；完骨穴其脆弱程度同太阳穴，被击中后，轻者耳膜穿孔，重者脑震荡或在几秒内死亡；双眼被击中后，会导致眼内充血瞬间失明；人中穴及三角区内布满动脉神经及三叉神经，被击中后可导致呼吸困难，鼻骨受损；腮角穴内有神经丛，被击中后，可立即昏倒；颈部两侧有神经和颈动脉，被击中后，会使颈动脉窦受压迫，导致心力衰竭而猝死；咽喉的喉结处气管受击打后会导致身体在短时间内缺氧，甚至窒息；心口窝被击中后，会直接伤及心脏，轻者瞬间窒息，重者心脏受损甚至死亡；期门穴是任脉和督脉的通路，被击中后，可使心脏剧痛导致昏迷或死亡；裆部耻骨是男人的要害部位，被击中后，可导致韧带撕裂或耻骨碎裂，身体站立不稳或无法移动。

上述人体的要害部位，只需习拳者了解其所在位置，以便在技击时尽可能向对方要害或要害附近处发力打击，但并不是非要打击某某要害部位。了解人体的要害部位也便于在技击中注意对己身的保护，防止对方对己身要害进行攻击。

在技击时，当重心线受到攻击时，身体就会失去平衡摔倒。当要害中线受到攻击时，会造成身体伤残甚至失去生命。因此，对方人体重心的中线和要害中线是攻击的目标，同时也是己方防守的要处。李见宇先生说："老先生常强调：'做拳时（技击时），人体的中线不能丢，丢中线就是丢命，在技击中若击打不到对方要害，无论从哪个位置发力，都要挤压着点儿，朝着对方的重心点打，使其失重，我称它为打其根，使他连根拔起。'"

在太极拳搭手时，就是利用身体的左右转动，使己身的重心中线不受对方攻击，给对方造成失重。笔者在和李见宇先生的一次单手搭手练习时，李见宇先生用右手将笔者的右手挡在自己的右耳外侧说，你的手在这里就和我没有关系，意思就是造不成威胁，打不到。事后李见宇先生说："无论是推手还是技击，只要对方不进入你的要害中线，就不至于丢命，当然，你打人也要打人家的中线，这就是老先生说的'守中用中'。"

4. 松和中交实际，叫僵而发力。

神松意紧，肉松筋灵，筋灵则六梢通合。

在技击时要保持神经和肌肉放松，只有神经和肌肉两者都做到了放松，身体才是真正的放松状态，如果神经或肌肉得不到有效的放松，就会使身体活动受阻，心脏就会注血，造成体内缺氧，呼吸急促。李见宇先生说："老先生说过：'在技击时，神经要放松，身体的肌肉也要放松，能做到这个不太容易，什么叫作静如处女，什么叫作面似书生弱女郎？别还没打人呢，就怒眉瞪眼，面相就先告诉人家，我要打你了，还没有打人，自己就先挂相了，这不是傻冒儿吗？神经放松，但意绝不能放松，要暗藏杀机，这叫神松意紧。'"

身体在放松的状态下，要保持六梢连通，做到六梢一动无不动，这就是六梢的合。只有做到六梢的通与合，才能在技击时随时做出应激的发力。李见宇先生说："你光松了，六梢儿都不合，六梢儿不合就是散，那还发个什么力呀？筋不通，梢儿不和，那叫懈，还打人呢，等人家打你吧？"

所以，技击首先要做到松合，才能考虑打击对方。

李见宇先生说："老先生教我技击时说：'你会发力，还要懂得往哪里发，怎样发。老话儿说，不僵不发，指在技击中，对方身体只要一动蛮力（全身的肌肉力、全体力）就是僵，抢拳失重也是僵，周身用力更是僵。如果对方没僵时，就像一根软的绳子或是一团棉花，他把你的劲儿都吃进去了，所以你打不动，也打不倒他，要是一块木头、一根劈柴，你咋打咋有。所以，在技击时，始终要保持自己身体不僵，发力时人体的筋像绳子两头一抻即松，这样抻起来的筋就像皮筋，身体不是僵的，不容易给对方造成机会。因此，在技击时要勾引对方，让他把拳头抡出来，力使出来，只有让他动起来或用力，你就有机会，这种我称叫僵，逗他让他僵。这就叫己身在松和中求实际，求实际就是求对方的僵，对方一僵就可发力打击。'"

赵道新先生说："先生也做不到人家打哪里，就都能把人弹出去，那都是演义，谁要能做到人家随便打过来一拳，就能把人家弹出去，那他就成神仙了，这违反了最基础的力学原理，先生与泽井健一对战时，也东窜西转的，得机会才做发力打击。这不是我瞎说，齐白石的诗里的一句'庭院周旋只一刹'，说的就是这个意思。"

5."出手如猫刀（北京土话，突然快速地刀一下），拿人如狗咬。王芗斋先生在《拳道中枢》中说'技击在性命相搏一方面言之，则为决斗，决斗则无道义，须抱定肯、忍、狠、谨、稳、准之六字诀要，且与对方抱有同死之决心'。""出手如猫挠"是指出手时的速度如同猫挠人一样快准。"拿人如狗咬"是指拿人挂人时如同狗咬住人一样，咬住就不放开嘴，挂上你就跑不了。总之，打不中不打，打不死不打，不打则已，出手重则要命，轻则让对方终身留念（残疾或伤疤）。关于挂人，李见宇先生说："有些人认为挂就是向回拽，这就错了，挂是指挂钩，意思是说挂住就跑不了，向回拽在技击中没有意义，除非头击（用头攻击）。"

襟衣发力

齐执度先生于1939年编写的《拳学新编》中写道："芗斋曰，出手时，两手向左右伸张，均不过鼻，以保中线。高不过眉，下不过脐，前伸不过足尖，回撤不许靠腹，此乃最重要而不可违犯之规律也。"

此段话的意思是，在技击出手时对两手动作的要求是，向内左右均不可过鼻，以保中线不失，向上高不可过眉，向下低不可过脐，以确保眼眉至肚脐之间的要害部位不被攻击，手向前伸不过足尖，以确保己身重心不失，手向回撤不靠己身，始终保持攻击态势，这是技击中最重要且不可违背的原则。若用明劲儿的抡拳头打法，无论怎样也达不到这样的要求。所以，这正是对暗劲儿发力在技击中的要求。因此神意拳在技击时是采用贴身暗劲儿发力的打法，王芗斋先生把这种打法形容为"打人如襟"。

在六梢发力时，拳向前位移的距离较短，不像其他拳种或西洋拳那样是利用肢体的屈伸或腰脊的拧摆去发力，这种发力拳向前位移的距离较长。因此，六梢的发力在技击中要想有效击中对方，必须将身体贴上去，与对方身体接近时才能发挥作用。

李见宇先生说："老先生教我技击时曾说，记住技击时身体要钻进去打，咱这发力虽然快，但是短，要不够不着。发力时手要贴着人家身体时再发，贴实了发力能放人，伤不了人，贴虚了发力，力透敌背，伤内脏，要人命的。这就是其他明谱中形容的打人如亲吻，打人如贴面的打法，我称它为打人如襟（形容己身与对方之身的距离如衣服左右的衣襟）。这种近距离贴身打法只能用这种暗劲儿发力，要是抡拳头的明劲儿打法不用贴身就能打，唯独咱这拳不然，需要贴身近打。"

应敌发力

入为阴，出为阳，触为阴，发为阳，一切尽在松紧之转换，为一触即发也。

在技击中如何应敌发力，李见宇先生说："在人体遇到攻击时，都会做出本能的应激反应。关于应敌发力，暗谱有"入为阴，出为阳，触为阴，发为阳，一切尽在松紧之转换"之说。"入为阴，出为阳"指呼吸和试声，吸气为阴，呼气为阳，其一呼一吸都在于腹腔松紧的转换。试声中气咽声出，气咽为阴，声出为阳，其一咽一出都在于尾沟及小腹松紧的转换。"触为阴，发为阳"指在应敌发力时，两者接触为阴，六梢发力为阳。其一触一发都在于六梢松紧的转换，这就是王芗斋先生所说的有感即应，一触即发的惊炸力。

李见宇先生说："在技击中对方挨上我就是阴，我一横就是阳（指发力），这就是老先生的'一触即发'，无论手脚声音（指试声与六梢），全身都是统一的，这是咱这拳最精华的东西，一紧（一争）就完事儿，这是身体中无形的养育出来的本能的变化，本能的应激反应就没有方法了，不用想，虎吃人时'喔'的一扑就完了，它是一种本能，一种习惯，应敌发力也是一样，都是本能的应激反应，这就是老先生说的'拳无拳，意无意，无意之中是真意'。"

技击预备势

技击预备势又叫应敌势，是指在技击中准备应敌的姿势，也叫对战势。

李见宇先生说："你看老虎、老鹰什么时候都是张着爪子，妇女打架时也是又抓又挠的，就是人体在婴儿时期也是张着手挠人，他们都是张着手，呈爪状，这都是本能。所以老先生说'在技击预备式时的手势呈爪状是人的本能，并且更实用'。双方在对战时，你感觉对方是攥着拳头或张着手掌对着你威胁大，还是用鹰爪似的手对着你威胁大？首先攥着拳头手臂就短一截，且没有了锋芒，失去了对对方的威胁；如果用十指伸直的掌或鹰爪手对着你，肯定是鹰爪手感觉威胁大。所以拳或掌相对爪形的手，有一定的弊病，爪的手形是介乎于拳和掌的中间手形，在用时无论变拳变掌都比较快，是拿、是打、是抓、是挠都很随意。要是用爪变拳的打击，在做发力的同时手指突然攥紧变拳可以增加拳的冲力，就是打击力。如果要用爪变掌的打击也一样，在做发力的同时手指突然伸直变掌可以增加掌打击力。所以爪形手是技击中较为实用的手形。"

技击预备势是双手十指弯曲，类似要挠人时的手形，手掌心要内凹，与十指向前形成微微的二争力，此手形称为"爪形手"。双手手臂弯曲，两手一高一低，右手位于口鼻前30厘米左右略右侧颧骨的位置，以保护头脸要害部位；左手位于脖颈前20厘米左右略左侧的位置，保护心脏和喉颈部位，前手不可超出前脚脚尖。双手手掌朝向对方，无论身体怎样移动，双手十指均指向对方口鼻，有随时上前抓挠之意。肩肘自然放松，双腿一前一后自然弯曲，身体重心略靠后，类似摇辘轳试力中正要在向前摇那时的身势，即后脚略蹬地，身体上半身比站桩时略向前倾，脸面不超过前膝，身形带有随时向前扑出之势，类似哺乳类动物猫狗预向前捕食的姿势。（图46-1、图46-2）切不可做成站桩的姿势，因为站桩的姿势是为了训练筋力而设立，并非技击所用姿势。李见宇先生说："你看外面技击时，都抱着个技击桩，攥着拳头，拳面还向里抱着，说这叫维持间架，认为撑着个间架人家就打不着，还等着人家砸间架。人家为什么要砸你间架呀？不砸间架照样打你。你的身势和拳势对人家就没有造成威胁，人家不怕你，一两个冲拳（直拳）你就没了（输了）。还有的张着个手，两手之间留着个缝，说是保护脸面，这只不过是把拳击中的抱拳护头改为了张着手护脸而已。可是拳击的护头，是为了适用于竞技比赛的规则，腰部以下都不让打。但是技击就不一样，它可不是专门打脸面的，只要能打死你，打哪里都行。所以，这样的技击预备势，真要在技击时，就有些不切实际了，老先生教我时说：'你有了六梢儿，就要知道怎样使，否则真到技击时，也只能抡王八拳了。'"

图46-1 技击预备势（示范：杜吉星先生）

图46-2 技击预备势（示范：杜吉星先生）

钩锉试力的崩拳打法

　　崩拳主要针对对方从侧面向己攻击的打法。若对方来拳在己胸口或咽喉位置，己单手手腕或小臂由上至下，挂对方来拳的手臂，此称接手。对方用左手来拳，己用右手挂，右手来拳己用左手挂，己另一侧手同时移至脖颈高度，以保护此侧不受对方攻击或挂对方另一手的来拳。以己手腕与对方小臂接触点为力点做裹（转）的动作。在挂对方的同时前脚顺势向前（向对方两腿之间）进半步，此步称为穿裆步。以与对方的接触点为支点，肘向下压，拳向斜上方做六梢发力转出，同时手形即刻变为应用拳形进行打击，这种打法可用崩拳攻击对方面部、咽喉、前胸等要害部位。这种打法老话叫作"压着点打"，又叫"接点"和"打点"。在做这种打法时，手臂不要有太大的屈伸动作，发力时要用六梢的争力去做。在手挂对方时，裹不要过大，要在毫米之间，一丝即可，其目的主要是裹偏对方的来力，让对方的来力沿已裹的切线偏出。李见宇先生讲："裹过了头儿，自己就没办法发力了，裹的不够对方的拳就进来了。"关于裹的力度，要在连手（推手）中慢慢体会。在技击中，这种动作也叫"接发力"或"后发先至"，即接对方来力的同时发自己的力。这种动作是接力和发力一下完成的，要做出两个动作就错了，简单地说就是用手腕或小臂做了一个转手臂发力。对方的来力受到裹力的切线力后，产生斜面力，就好像打在了一个斜面上，力被滑出去了。而己方则沿着对方来力的方向做转拳发力，这就是王芗斋先生所说的"顺力逆行"，即顺着对方的来力，逆方向打进去。此打法，若对方拳低来，在己胸口以下，我则低挂后，向对方心口窝、重心中线及期门穴打击；若对方拳高来，在己面部或咽喉，我则高挂，后向对方口鼻处及腮角穴发力。这种打法最关键的就是挂，挂的时间点要掌握好，李见宇先生说："对方来拳只要接近人体的中线就挂，挂晚了对方的拳就进来了，挂早了挂不上，这就是老先生常说的'时间差'。"

这样的打法，用文字描述比较烦琐，实际上就是旋转出拳和旋转收回，这就是王芗斋先生在拳稿中所说的出入螺旋势。李见宇先生讲"这就是老先生所说的螺旋力，这种打法就是过去的刺枪动作中的转出转回，只不过将大枪变成了手臂。这就是姬际可当年将枪改为拳的打法，也是郭云深老先生善用的拳法，叫作'半步崩拳打法'，也就是老先生说的'马奔连环'钻裹践的单手崩拳打法。"

钩锉试力的虎扑及锁喉手打法

在上述条件下，一侧手挂住对方的同时，可以双手变掌，向对方前胸口以上处顺势做虎扑发力的打法。若对方在一手出拳时，另一手也迅速出拳，己无需顾忌，照样进身双手做虎扑发力的打击，这样对方另一手的拳未至人已受到打击或跌出。若按上述挂住对方同时，小臂挤着点向斜上用锁喉手掐住对方喉骨做向回拽的发力，这种打法称锁喉手。李见宇先生说："锁喉手打法是老先生从他拳中借鉴过来的，不适合用于高手间的对搏，主要实用于街头的对抗。崩拳打法和虎扑打法是形意拳最老的打法，谱称的钻裹践，钻裹践的崩拳打法和钻裹践的虎扑打法，老先生不能明说，只能用马奔连环形容这是一下（指一个动作完成的打法）的东西（打法）。在做崩拳或虎扑时，都要把接挂与发力打击做成一个动作，只要一（一个动作），不要二（两个动作），这两个打法要是做成了二就输了。"

抹灰试力（外挂）打法

在形意拳的老打法中，从枪法中借鉴过来的有脑后击打和迎面击打两种，它是在与对方面对面的交手中，采用枪法中的打法从对方的侧面或后面打击对方的后脑或面部的打法。它是在瞬间挂住对方的同时，拨转对方，己方再侧上步，使对方身体侧面或后面正对己身的正面，这样就可以发拳打击对方的后脑或面部要害部位。脑后是脑干所在的部位，直接连接脊椎，脊椎神经支配人体活动。击打后脑会对脑干造成破坏，可使对方晕厥、瘫痪甚至死亡。

具体做法是，当敌我均以右势对战时，对方出直拳攻击己面部，己身向左偏移同时用右手由对方来拳的外侧向己方的外侧（顺时针方向）挂对方来拳的手臂，己左脚顺势向对方右后侧进步，这种进步称为过人，同时己手腕向内逆时针转，手臂向外（右侧）拨对方来拳，迫使对方向外（逆时针）转身，此时己左手仍在左侧脖颈位置不变，以保护此侧不受对方攻击。这时对方来拳被拨转到己身右侧外，对方的右后面暴露在己正前，己左手可向对方后背或后脑要害处做拳发力。此打法是对对方脑后的攻击，称为脑后炮，即脑后击打。若在挂住对方拨转后，右手随即向对方面部要害部位做拳发力，即对对方面部的攻击称为迎面锤，即迎面击打，也可在拨转对方时直接向对方做崩拳打法或做虎扑打法的打击。

此拳打法是己用手由内向外划弧挂住对方的手臂后再打击对方的，手臂运动轨迹类似抹灰试力向外划弧动作，技击时对方右手进直拳击我，己则出右手做此攻击，对方左手进直拳击我，己则出左手做此攻击。此打法可以用暗劲儿打法，也可以用明劲儿打法，由于形意拳、五行拳打法的出现，这种打法很少用到，它在别的拳种中较为多见。李见宇先生说："老先生说这个打法是一二，两下（两个动作）的打法，太慢了，不过对付俗手（很平常或很低的拳手）还挺实用，遇到高手就没了（输了），高手做拳就像闪电一样，只有一，没有二，零点几秒就见输赢，甚至零点几秒就见生死，但是在老拳的传承上，这种打法应该让后人知道。"

擦玻璃试力（内挂）打法

擦玻璃试力打法是王芗斋先生借鉴纵鹤拳中的手法加上六梢的发力形成的打法。王芗斋先生后来常用此挂法控制对方或挂上直接做虎扑发力。

具体做法是，当敌我均以右势对战时，当对方右势用摆拳攻击时，己用左手抬起，由上至下挂对方来拳的小臂或手腕处，顺势向下压至己合适做虎扑打法的位置（对方胸口处），同时右手移至右侧脖颈处，以保护此侧不受对方攻击。在挂上对方来拳同时，己前脚向前（对方裆下）进半步，双手手掌同时张开，向对方身体做虎扑发力，或左手变拳，直接向对方面部要害处做单拳的发力。若在向下挂对方来拳时，对方撤拳或挂不动对方拳时，己上半步顺势做虎扑发力。这时做的虎扑发力，由于加上了对方自身有向回的力，往往会跌出一两米以外。王芗斋先生惯用此打法，李见宇先生说："这个实际就类似钩锉试力高位（对方高位来拳，己在高位挂）的接挂。老先生挂住对方瞬间，人的本能反应是撤回手臂或停顿，同时再用另一只手臂继续攻击，此时顺着对方撤回或停顿的劲儿，向前做虎扑发力，对方就会不知道怎么回事就被摔出去了。这种感觉对对方来说很奇怪的，所以，有些被老先生打出去的人都觉得很舒服。当然，这种打法也是一下（一个动作）的打法，除非是老手（熟练的），否则用不出来。"若在挂住对方手臂同时，对方的左手也相继手发起攻击，己则用右手再挂对方左手，这时正合适做虎扑打法攻击对方。

单裹双撑打法

此打法不适用于高手间的对搏，它主要用于街头的对抗，用来对付俗手。

具体做法是，敌我均以右势对战时，当对方用右手抓住己脖领或前胸处时，己用左手小臂（靠近胳膊肘处）由上至下压在对方小臂上，己右手与左手相握，顺势全身向下压，做类似下蹲的束身发力。这时对方身体被向下带动，呈弯腰姿势，对方脸部必向前移动，与己头顶部相撞。这就是单臂裹对方的手臂时做出的头部发力打击，此种打法实际上就是自己做了一个束身发力。李见宇先生说："这就是头发力的典型打法。在用这种打法时，外人没看见我抡胳膊打人，我身体就这么一动，对方就伤了。"

撑法是对方双手抓住己肩膀或搭在己肩膀处，己双手臂在对方两手臂间，由下向上穿，至己大臂的两肘分别抵住对方双臂小臂后，同时向外撑开对方手臂。这时对方面部无遮无挡，门户大开，己顺势上步（向对方裆下进半步），双手向对方面部要害部位发力，此时也可以做虎扑发力。李见宇先生说："用己大臂向外撑对方小臂，这就是王芗斋先生所说的杠杆力。"

单裹双撑的打法是单双川掌的变异打法，不属于形意拳中的打法，是赵道新先生教授李见宇先生的打法。

上述各势技击的打法中，都能变换崩拳和虎扑发力的打法，李见宇先生说："这些打法中看似接拳（接对方的拳）不同，其实打法都大同小异，哪种接法都能做崩拳和虎扑，因此崩拳和虎扑打法属于通用打法。老先生说'做崩拳打人如搜橛，做虎扑放人如浪翻'。就是做崩拳时，拳头好似木头橛子一样，搜进对方的身体里面去；做虎扑时，双手手臂与整个身体要好似滔天的海浪一样，将对方扑出去。你做拳时要有这种意念，才能做好拳。"

六艺不传之法——虎扑

步步不离鸡腿，把把不离鹰捉，势势不离虎扑。

心意六合拳明谱有六艺之说，六艺为鸡腿、龙身、熊膀、鹰捉、虎抱头、雷声。艺为技也，故六艺为六技。

六艺虽被载入明谱，实为暗谱单传的虎扑打法，这也和崩拳一样，是利用明谱藏暗谱的方式将整体筋力发力的虎扑打法隐匿在明谱的六艺中。

五种动物特有的技能及大自然气象中雷之声象共称六艺，也称六象。

钻裹践是整体筋力发力的崩拳打法和虎扑打法，崩拳打法可以用明劲儿，也可以用暗劲儿，唯独虎扑必须用暗劲儿，虎扑要用明劲儿就做成手臂屈伸的推人动作了。所以六艺是借用五种动物的特长加雷声的试声，形象细致地说明钻裹践整体筋力发力的虎扑打法的动作要领。

六艺暗谱虎扑发力打法如下：

1. 鸡腿为脚踏，是指钻裹践打法中脚的践踏，即落脚发力脚践踏。

2. 龙身为身裹，是指钻裹践中的身裹。即无论是单手或双手挂对方时要以身挂点，以身裹点，不要单独伸出手臂去挂或做单独转手臂的动作，一切动作都要整体去做，防止在动作中力出尖。

3. 熊膀为松肩横膀，是做虎扑打法的发力时对肩膀状态的要求。

4. 鹰捉为挂、拿，是指挂或拿住对方，即出手速度如猫挠，拿人不放如狗咬。

5. 虎抱头为扑，是指做虎扑发力时，手臂的动作如虎抱头。

6. 雷声为试声，是指伴有试声的暗劲儿虎扑发力，即发声与虎扑发力同出。

将鸡腿、龙身、熊膀、鹰捉、虎抱头、雷声合为一势（指身体整体为一个动作），为技击中钻裹践的虎扑打法。具体做法是，以身裹点，后脚蹬地，前脚踏地，使身体形成整体向前撞的动作，同时松肩横膀，双手手掌朝向身体前方，做类似向上抱头的动作。在这个动作中只有大臂抬起的动作（大臂与身体有角度的改变），小臂与大臂之间的角度没有任何改变，这是虎抱头的关键所指。待双手向上抬至额眉高度即刻停止。在这个动作中，双手、尾尖儿、头与双脚的蹬踏形成了争力，这就是用身体整体一个动作完成的钻裹践的虎扑发力动作。所以正确虎扑发力的动作双手是向上与双脚之间争力的动作，这样就形成了向上搓的发力，并不是向前的力，这种发出力就是王芗斋先生惯用的能够把人打起来如挂画的力。因此六艺是对虎扑发力具体做法的说明，虎抱头是对虎扑发力手臂动作的形容。虎抱头类似郭云深先生所说如迈沟壑的暗劲儿发力中身体整体的动作一样，是指在做发力时要有如迈沟壑的意，不要有迈沟壑的形（动作），真要是做出迈过去的动作，那就是错误的。因此，虎抱头是指要有虎抱头的意，不要有虎抱头的形，真要是做出抱上头的动作，那也是错误的。但是要不知道虎扑的虎抱头之意，做出的虎扑就是向前发力的动作，由于向前发力的动作会带有手臂屈伸的动作，在技击中遇到真实物体时往往就变成推人的动作了。因此，虎扑发力是六梢相争中双手向上的争力。由于在虎抱头的动作中大臂与小臂之间没有角度的变化，双手是向上的力，身体整体是向前撞的力，就形成了向前上整体的虎扑发力。这样做出的发力冷脆，是能瞬间把人弹飞出去的力。所以虎扑发力三要是大臂与小臂之间不许有一丝角度的改变，否则就形成了手臂屈伸的推人动作，这就是虎抱头暗指的动作。王芗斋先生在《意拳正轨》中说"龙虎二气为技，三拳为击"。即是指龙为龙身之裹技、虎为虎扑之技的钻裹践暗劲儿发力的虎扑打法。

关于虎抱头手臂动作的虎扑发力，李见宇先生留有珍贵的示范视频。

六艺取一象、二禽、三兽之技，为一势虎扑的打法，为嫡传打法。明谱中关于六艺有"步步不离鸡腿，把把不离鹰捉，势势不离虎扑"之说。意思是说，在技击中要做到随时发力，因此无论是进退都要步步不离踏脚的发力，出手时把把不离挂、拿，即出手必挂、拿，发力时势势不离虎扑的打法，即无论怎样挂、拿，都离不开整体筋力发力的虎扑打法。

因此虎扑打法是神意拳常用的打法，即心意六合拳、形意拳原传的常用打法。

六艺非形拳（象形拳）打法，否则就不会取名为"艺"，应该像心意拳的十大形拳或形意拳的十二形拳一样取名为"形"，叫作六形或六形拳。因此六艺非指形拳。

禽兽与人体的结构与特性不同，它们都是结合自身身体结构与特性，利用自身特有的优势搏杀猎物。所以关于形拳，应结合人体自身的结构与特性取其意、用其技，而非取其象、用其形，否则终身被其象形所束缚，不得技击之所要。

关于王芗斋先生惯用拳法

神意拳是有别于任何一种技击术用力方式及打法的拳法。

神意拳是利用人体整体筋力发力的方式作为拳法的用力，这就是内家拳统称的整劲儿发力。拳法是采用哺乳动物狩捕猎物时常用动作的扑作为打击对方的主要手段，这种方式称为虎扑。将整体筋力发力与虎扑打法相结合的拳法，就是神意拳的核心打法，这也是王芗斋先生走南闯北时常用的打法。

于永年先生经常和徒弟们谈起王芗斋先生时说:"有一次王先生带我去某某家(为尊重本人,姓名不方便透露)看他们练拳,某某一看王先生来了,就和他们(指师兄弟们)说'师父来了咱们给师父表演一下,让师父看看',随着就表演了站桩、走步、试力、推手和各种打拳。王先生蹲在房檐下抽着烟说'没有这么多呀(指打拳),就这一下就够用了',说着就用双手比画着虎扑的动作。某某看王先生不满意,就说'咱们再给师父打打吊袋(沙袋),王先生转头对我说:'小于子(王芗斋先生对于永年先生的口头称呼),咱们走吧',说完背着手走了。"

李见宇先生说:"原传的打法是整劲儿的崩拳打法和虎扑打法。老先生很少用崩拳打法,崩拳是打人如搜撅往里钻的劲儿,打上五脏就挪窝儿(错位的意思,形容五脏受伤),即使用也是俩手一挤就得。明谱有'步步不离鸡腿,把把不离鹰捉,势势不离虎扑'一说。老先生是嫡传的东西,当然最常用的是虎扑打法了,整劲儿发力主要就是用于虎扑打法,因此学技击发力也是从做虎扑发力入手,所以虎扑打法是这门儿拳最基础、最常用的打法,也是核心打法。但是要想用虎扑打人,要先学会整劲儿发力才管用,如果没有整劲儿发力或者发力不对,做出来的虎扑就变成推人了。"

王芗斋先生所用的由整体力量筋主导的整体筋力发力与由大量肌肉主导的屈伸或拧摆发力是两个不同的体系,由于王芗斋先生的筋力发达,导致肌肉用力减弱。于永年先生说过,"王芗斋先生按身材就是个小老头,平时连一簸箕煤球都端不动(过去家家生火做饭取暖,要烧煤球,每天用簸箕往屋里端煤球),也不是膀大腰圆,可是膀大腰圆的倒被这小老头子要得就像木偶,让他往哪边倒,他就往哪边倒"。

王玉祥先生与于永年先生合编的《王芗斋生平大事记》中说:"王芗斋先生常对弟子们说:'要使被打倒者产生一种舒服感,认为从来也没有挨过这样的打,而且还会主动要求你再打我一次,让我再尝尝这个挨打的滋味。'"王芗斋先生所说的这种打法,正是王芗斋先生惯用的整体筋力发力的虎扑打法,也就是钻裹践的虎扑打法。只有整体筋力发力的虎扑打法才能做到一触即发地把整个人放出去或打人如挂画,要是用抡拳头的打法就做不到一触即发,甚至把人打倒都是不易,更何况放人(瞬间把人弹出去)?也谈不上王芗斋先生所说的让被打者产生一种舒服的感觉,并要求再尝尝被打的滋味了。

因此王芗斋先生技击时不可能用相对较弱的肌肉发力做出的肢体屈伸或腰脊拧摆的抡拳头打法，这种打法的发力与站桩、试力、试声毫无关系。因此，由肌肉发力做出的肢体屈伸或腰脊拧摆的抡拳头打法不属于王芗斋原传的拳法，即神意拳拳法。

王芗斋先生在《意拳正轨》中说："意拳之正轨，不外古势之老三拳与龙虎二气。龙虎二气为技，三拳为击，践、钻、裹也。"（详见下篇《六艺不传之法——虎扑》一节和中篇《形意拳不传之秘——崩拳和虎扑打法与钻裹践简述》一节）此文所说的践裹钻为击说的是暗劲儿发力的崩拳打法和虎扑打法，龙虎为技说的是打法中的身裹法和虎扑法。

所以，暗劲儿发力的虎扑打法是王芗斋先生惯用的打法，这种打法正是王芗斋先生在《拳道中枢》中所说的"欲复古原始"的打法。

因此，神意拳是反人体常态用力发力及反常态打法的一种技击术。

论技击

拳本无法，有法也空。

关于神意拳各打法，李见宇先生说："初学者要把各打法掌握纯熟，有几个是对初学者在特殊情况下遇到突发情况时的用法，如裹、撑、头击，除了虎扑只能用六梢整体发力的暗劲儿打法以外，其他的都能用六梢整体发力的暗劲儿打法，也能用明劲儿的打法，但是暗劲儿打法肯定要优于明劲儿的打法，对于打法的方式也并非死搬硬套地非要这样那样，它就像西洋拳的直、摆、勾一样，都是基础打法，技击主要是在熟练掌握点面线运用的同时随即而用，点面线就是在接点的来力同时瞬间转变为斜面力同时做直线发力的打击。凭着老先生走南闯北的经验，还是虎扑的打法更方便实用。老先生说：'技击时对方来拳、进脚都是瞬息万变，有时候一个照面，零点几秒就见输赢了，容不得你去想，遇到用时，搭上就有（指挂上就能向对方做拳），技到纯熟时不用那么多下（指招式），一个虎扑就够用了，技击时一旦进入实战状态，就根据实战要求随意发挥，随机应变。所以，实作不要拘泥于形式，不是说对方来拳，我非要这么裹，那么挂或者非要用哪个招式，这样就陷入了社会上武术中的这招破那招的片面之中了，所以拳本无法，有法也空。在实战中，首先要保持己身舒服，如觉得不舒服，就说明己身受到威胁，己就要移动，在移动中寻找杀机。对方的身体接近我的安全区，己便上步栖身做应有的对应的挂裹或发力打击，由不得你抬腿（指对方抬腿踢人）。咱这都是老拳的玩意儿，不像西洋拳利用上身摆动头部躲闪去避开对方来拳，也不用曲臂抱头减轻对方来拳对头部的打击，或像大多数门派似的用手臂向外格挡对方来拳。咱是咋都能挂，挂上了你就在我控制之下，一切就由不得你了，想咋打咋打，怎样合适就怎样打，都是拿打合一的东西。过去外出都腰挎刀剑，遇敌时，抽出刀剑的同时就是杀招，并不是先拔出刀剑后，再格挡拼杀，要是双方刀剑已经出鞘，挂杀就是一下，这都来自过去大枪的杀技，所以能否赢拳，挂是关键。对方拳接近己身左右中线就挂，若中线以外，就和你没关系（指打不到你）。若前面来拳，你不用探身（身体向前），伸手能够着就挂，要是你够不着，千万别探身，探身重心就丢了，准挨打。挂对方来拳属于被动挂，能借对方的力为我所用，对方未出拳时我便进身主动挂对方未出拳之手臂。挂住对方来拳或手臂，就等于管住了对方的攻击，控制了对方的身体，对方的性命也就在掌握之中。但是挂要有火候（指适当的时机），挂早了，就挂不上，挂晚了，就挨打。所以，什么时候挂，怎么挂，挂上了怎么发力，什么时候发力，这都需要有针对性的训练。'"

连手找点训练

对于上述打法，知道如何用就行，不要自己单独地刻意练习，因为这种发力关键在于与对方接触时瞬间的发力，找点就是在接触的一刹那找到发力的点。所以，这就需要针对与对方接触的点做必要的训练。因为在这种训练时双方的手臂是始终连接在一起的，因此这种训练称为"连手"，与连手相对应的就是"断手"，就连手而言，断手就是断开双方手臂连接的格斗，所以断手也称"技击"。

李见宇先生说："连手就是双方技击中接拳和做拳的慢动作，它的目的是训练在技击中如何与对方来拳接触和接触后如何做拳发力。在过去都是师父给徒弟喂手（师父出拳，徒弟接拳），徒弟接手做拳，可是现在连手都变成了有输赢的推手游戏了。老先生说过：'推手从根本上已经失去了为技击服务的目的，这也和过去连手用词改成推手用词有关。推手顾名思义就是双方相互以手互推，如果说打套路（武术套路）是表演的一种形式，那么推手就是双人的游戏，它们与技击不搭嘎'。"

连手是双方手腕处的点相互接触，这在技击中就是挂住对方的点，连手时称为搭手，即双方的手（腕）与手（腕）相搭，在搭手时的这个接触点，就是在技击时要用自己的这个位置挂对方的位置，这个位置简称"点"。在双方搭上手之后，彼此相互交替做模拟出拳、接拳的动作，出拳一方模拟出直拳动作攻击对方前胸、咽喉及面部要害部位，接拳一方称为"接点"。在与对方搭手的运动中，要找到有效发力的点，即在与对方搭手过程中找到对方力用出来时的那个点，这个点就是对方的重心点，也是己方发力的点，老话称为"找点"。连手分为单连手和双连手，单连手是双方每人伸出一只手相搭，对方右手与己右手相搭或对方左手与己左手相搭。双连手是双方的四只手相搭，对方右手与己左手相搭，对方的左手与己右手相搭。

单连手的具体做法是，双方面对面按技击时的要求站好，如一方右势，一手半握拳呈鸟难飞手形向前伸出右手，胳膊自然弯曲至拳与自己身体约40厘米（以自己合适的距离），高度约在自己的口鼻高度，以示防护面部受到攻击；另一只手抬起至己身左侧下颚前略下位置，以保护己身左侧脸面不受到对方攻击。另一方右势，身体各部要求同对方姿势，同时伸出右手与对方手腕点位处相搭。此时双方的右手相搭在位于双方身体前的中间位置。这时一方手臂向内转手腕顺势慢慢向对方人体中线以内出拳，做攻击对方脖颈、脸面或前胸的动作；另一方以搭手的手腕借助对方来力，顺势做向内逆时针转手腕动作，将对方来力向己身右侧转出至人体中线外，同时手腕在运动中感觉对方重心在己控制之下后，假想向对方右侧后上步，预发左拳攻击对方后脑，或在右手搓转对方时假想向对方面部发拳，也可以假想做出崩拳或虎扑的打击，这种上步做拳的动作在连手时不要做出来，只是假想着做，或身体微微有一点动作即可。连手的目的不是真的打击对方，是在连手的过程中，找到或体认合适发力的点位。当将对方来力转出时，双方的动作再反过来做，用对方攻击己身的方式，向对方脖颈、脸面或前胸处做攻击动作的直拳，对方同样按此方法做转手腕的动作，同时手腕在运动中感觉对方重心是否在己控制之下等。这样一去一回，双方都完成了一个发拳攻击和化解来力的拨转的动作，如此这样，你来我往，一方慢动作出拳，另一方面转手腕将来力转出的同时预想上步发拳。这是右势的训练，左势的训练同右势，这样反复的训练称为"定步单手连手"。若在上述动作拨转对方后同时上步，对方随即向后退一步，己再做攻击出拳，对方再拨转上步，己向后退一步，这样反复练习称为"活步单连手"。

在单连手动作中，对方模拟出拳时也可以直接做出手腕微转挤点的虎扑发力。在与对方搭点的过程中，手腕处一旦感觉到对方把力用出来时，这说明对方不只是手臂的用力，而是肩、腰、脊背，甚至胯腿都参与了用力，此时己做虎扑发力，必打对方重心，使其翻倒。但是这也不能在连手中真的做出发力，只是手腕与身体在微动中去感觉。总之在单连手的训练中，双方不能脱点，否则就是断手的技击了。

此法来源于古时大枪的搏杀，搏杀时双方大枪枪杆相架，相当于连手中的手腕相搭、技击中的挂。若双方右势对战，己将大枪从左至右向外沿弧形轨迹拨出并向下压住对方大枪的同时后脚上步，顺势将枪尖向后移动，枪尾向前，用枪尾端打击对方头部，这就是大枪中的后把倒前把的打击方法，是以枪为拳的脑后炮打法。若再将对方大枪向外拨转，同时后脚上步，顺势用大枪的枪头部分横抽对方脸面，此法就是以枪为拳的迎面锤打法。若是在拨转对方来枪同时己顺势前脚向前进半步直接挺枪向对方身体做正面直刺枪打击，这就是以枪为拳的崩拳打法。

李见宇先生说："老先生说过：'咱这拳是两条手臂，就是大枪，前手是枪头儿，后手就是枪尾，两臂为枪身，如果双手在前，双手就是两条大枪。技击时，枪怎么用，拳就怎么打，单手的崩拳就是一个单枪刺枪动作，两手的虎扑就是双手像两条大枪，同时做刺枪动作，这是老拳。这拳你必须有了六梢儿的发力才能用上劲儿，否则你知道了用不出来也没用。双手的连手就是左手臂类似一条枪，右手臂类似一条枪，用左手时为左势，用右手时为右势，到用时都是挂刺和钻刺，同样技击时，也要视对方手臂为枪，这样你就知道怎样打了。'"李见宇先生在和别人推手时就始终保持着持枪势的姿势。

双连手的做法是，双方面对面按技击姿势站好（双方同为右势或左势），双方伸出双臂，双手为鸟难飞的半握拳手形。一方左手手腕由上至下与对方右手手腕点处相搭，右手由上至下用点处与对方左右手手腕相搭，双手相搭后，一方用在下面的左手抵住对方右手点处沿对方小臂由下向外再向上翻至对方手腕上，顺势压住与对方接触的点做模拟出圈拳（类似勾拳）攻击对方前胸、咽喉及面部要害部位动作，同时搭在对方左手手腕上面的右手向内下压挂对方手腕，两手臂类似擦玻璃试力的相互交替向内画弧动作。当一方做出向外再向上压挂对方同时，对方也顺着一方向上翻手腕动作将手臂抵住与一方接触的点沿对方小臂由外下向上内做翻挂在一方来拳手腕上（这个动作如同技击中的挂），顺势向下挂至己拳对准来拳方的前胸、咽喉或面部位置，假想前脚向对方裆部上半步发力后继续向下挂，同时对方的另一手沿一方小臂向外再向上翻做出上述同样模拟攻击的动作，一方同样做挂和预想上步发力动作，如此动作双方完成了一次模拟左右手出拳的模拟攻击，然后双方左右手做这样反复动作，这样的双连手称为定步双连手。若在连手中，向下挂对方的同时，后脚向对方裆下进一步，被挂方随即向后退一步，再挂对方来拳，进一步，对方退一步，如此反复，这样的双连手称为"活步双连手"。

此试力中双方的动作类似擦玻璃试力双手交替向内画圈的动作，只是多了拳的攻击。

李见宇先生说："老先生教我时总说：'连手时，双方动作要慢，尤其是模拟出拳方，要给对方留出找点位的时间，挂的一方也要慢，要在挂上后感觉出对方力的变化，找到合适发力的点位和时机，这样慢慢体会，当在连手时，与对方搭手的瞬间能做出对的反应，你基本就有了技击的资本了。无论技击还是连手，要时刻把对方手臂视为枪，对方的拳头就是枪头儿，而自己的手臂也是枪，拳也是枪头儿，与对方做拳就如同过去的拼大枪，现在的拼刺刀，在技击时挂上对方就是连手。因此连手的训练要尽量多做。'"

以棍代枪以枪代拳的辅助训练

枪是最古老的技击器械。早在远古时期，猿人们就把木棍的前端磨尖，用来捕猎。随着石器时代的到来，人们把石头敲打成尖利的形状作为枪头，用兽皮绑在棍子上来增加枪尖的锋利度和强度，并用它们来狩猎或进行部落间的争斗，这就是人类最早的利械。

老话讲"拳不离枪，枪不离拳"。意思是说，枪法即为拳法，拳法即为枪法，拳的打法与枪的基本打法一样，也就是器械是手臂的延长。

李见宇先生说："在连手中为什么要双方手腕处搭手，在技击时为什么要挂对方的手腕？你看我国无论是长拳还是内家拳，在切磋时双方都要先搭一下手（双方手腕相互碰一下），这是切磋时相互的礼貌。在技击时都要格挡对方的手臂，或者挂住对方的手腕，管住对方的手臂，这都是来源于过去大枪的对战。在大枪对战时两枪相搭，只有枪头下面的枪裤（枪头下部能插进枪杆的地方）有坎，你用枪能挂住，所以，大枪的枪裤那里的坎就如同手臂的手腕，这就是为什么连手、断手要在那里挂。所以，为了更好地理解拳法不出枪法，枪法不出拳法，还应该了解枪的使用，这就是以枪练拳，但是不能真的用枪去练，因为在做拳时，前手和后手相互变化，也就是大枪枪头和枪尾的变化。在我们以枪练拳时，应以棍子代替枪，以枪代替拳去练习，但是对棍子的粗细长短也有一定的要求。"

1. 棍的选用

在棍法的训练中，对棍的选择至关重要。因为是以枪代拳的练习，所以棍的重量不宜太重，太重会影响手的感觉，在动作中容易肌肉用力或造成六梢用力不均。最好选择空心老竹竿。李见宇先生说"老先生说过，'棍子要一把粗（拇指与食指相扣），一庹（tuǒ 成人双臂向两侧平伸时两手腕之间的距离，约合五尺）长，两头粗细基本一样，且棍身光滑就够用了'。这都是尽量减少对手的感觉的影响，因为是以枪练拳，所以，这种棍子要比技击中的棍子短。"李见宇先生特别说："棍子的长短千万别超过一庹，超过了就不是以枪练拳，而是以拳练枪了。"

为了用棍模拟枪法，在棍的两头分别上色或缠上布，以示这部分为枪头，这个颜色的分界线就如同大枪的枪裤与枪棍的接壤处，是要练习挂枪的地方。

有一回，李见宇先生把笔者叫到家中讲枪的练习，李见宇先生从堆满的杂物下面拿出两根竹棍说："这是老先生当年给我的。记得有一次老先生带我去香山，手里就拿着这两根棍子，老先生就用这两根棍教我以枪练拳。后来某某人（指王芗斋先生的弟子）看见我拿着这两根棍子，就问我拿棍干吗？我说是师父给我的，没敢往下说。于是他就去问老先生说，咱这拳还有棍吗？老先生说，有哇，棍就是枪，枪就是拳呀。事后他也找了个竹竿儿练习刺枪，像他那种练习的方式，我从来没听老先生说过，老先生没那么教我。"说完李见宇先生又指着两根棍说："棍子的两头儿是老先生亲自缠的，后来我又重新缠了电工胶布，这两根儿竹棍儿今儿个就送给你了，待会儿你走时别忘了拿走，棍子上沾的大白（刷房的白色涂料）和油漆是家里装修弄上的，你回去擦一擦。"因北方天气干燥，棍身年久有少许开裂，笔者清理后将两端套上保护套，并对棍身上保护油，防止继续开裂。（图47-1、图47-2）。

枪的整体分为枪尖、枪身和枪尾，枪身又按双手持枪的握把位置分为前把、中把和后把，把是手把握的意思，前、中、后把的叫法源于棍法，为了能用文字讲解，借用了棍法中的叫法。前手手握处至枪尖称为"前把"，双手把握之间称为"中把"，后手手握处至枪尾称为"后把"。

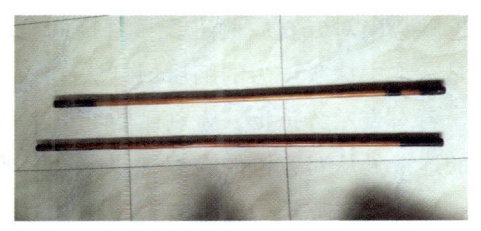

图47-1 李见宇先生赠笔者的王芗斋先生与李见宇先生练习以棍代枪所用之棍

2. 以棍代枪以枪代拳的打法

枪法的基本打法是拦、拿、扎（旋刺、挂旋刺），拳术中的打法均出于此。李见宇先生讲，若此种枪法在刺枪时用六梢的整

图47-2 李见宇先生赠笔者的王芗斋先生与李见宇先生练习以棍代枪所用之棍

体力，可刺穿常规铠甲，所以，这种力用在做拳上，又被称为透甲力。

具体打法是，对方以右势（右手、右脚在前）持枪直刺己中部以上部位，此时己也右势迎击，用枪头与枪杆的连接处（类似做拳时手腕的点处位置）从对方枪的左侧（以己身为准的左侧）向右挂裹对方来枪，使己枪由上至下压住对方来枪上，同时己枪做顺时针向右旋转，再顺势前脚向正前方进半步向前刺出，这种叫作旋刺。它的分解动作是拦住对方来枪，再挂住对方的枪，这个挂又叫作"拿"；在拿住对方来枪时顺势做刺枪，刺枪又叫作"扎"。所以，这种枪法称为"拦、拿、扎"。在做挂、转和刺的动作时应是一个动作，因为要将对方来枪转偏使其改变方向消除对己的威胁，所以在刺出时要压着对方的枪（压双方枪的相交点处位置）做旋刺，这在做拳中称为"压着点打"。枪刺出去是转出，收回来是反向转回，此种打法即是抹灰试力中的崩拳打法。

若按上述打法，搭上对方来枪后向己右下后方压拨（挂），同时己左脚再顺势向对方右后侧迈进一步，这时己做了一个向右转身的动作，对方右侧面暴露在己身正前，对方脸面朝向己右侧。此时己身再由右向左转回身，随即用前把做抽打对方面部的打击，即是拳法中抹灰试力的迎面捶打法。这种打法是由两个动作完成，一个压拨，一个抽打。若在己压拨对方来枪顺势向对方右后侧进步，直接用枪的后把做出抽打对方后脑的打击，即是拳法中抹灰试力的脑后炮打法。

若对方左势持枪，直刺己中部以上部位，己以右势迎击，用枪头与枪杆的连接处从对方枪的右侧（以己身为准的右侧）向左压拨对方来枪，己前脚顺势向对方正中进半步，随即做旋刺的刺枪动作，即是拳法中的擦玻璃试力打法。

在枪的对战中，什么时候挂对方的枪，基本和拳法中一样。己方枪尖永远指向对方口鼻处，对方的枪头（枪裤位置）不能过己枪枪裤位置，左右不能进己人体中线。李见宇先生说："对方的枪尖到你前手你就输了。在枪法的对战中，也和做拳一样，要让他的枪用出来（刺出来），这样他就变不了了，这时你再挂，咋打咋有，他不出来，你逗（引诱）他出来，这就是拳法里的叫僵，他的力一出来，就是僵的。"

上述打法在部队拼刺刀中属于常规用法，是拼刺刀中的基本打法，在这里与之不同的只是在发力时用的是六梢的整体力。

按上述，了解和熟练掌握拳法的基本打法，就可以试着去断手实战了。

3. 枪法简述

在形意拳的嫡传中也有器械的训练，在器械中，会使了枪，就等于会了一半的兵器。枪在训练中也是以棍代枪的训练方式，但是这种棍要比以棍代枪以枪代拳所用的棍要长。关于枪的训练，李见宇先生说："老先生给我讲枪时说：'做拳要求力到指尖，用枪也要力到枪尖，用棍也要力到棍梢儿，总之，凡是器械都要力到梢儿节，因为器械也是用梢儿节杀人，梢儿节要有力，搭上对方的枪就让他跑不了了，他的生死就在你的控制之下,这就像做拳时挂对方的手臂一样,要是梢儿节没有劲儿,拿啥挂呀。'有一回,老先生说'我让你感受一下器械被搭上的感觉,你拿住了',于是我握紧手里的棍子,老先生顺手就用棍梢儿搭在我的棍梢儿上,顿时我手里的棍子就被压住不能动了,于是只能压力向上抬,这时老先生突然微微一咧嘴,身上一抖,我手里的棍子就掉了。随后老先生说:'我的劲儿是在棍子的梢儿头儿呢,你的劲儿只停留在棍子上,没有到梢儿头儿上,如果用拳来说,这就等于你的劲儿在身体里憋着呢,没有到手梢儿上来。所以这也需要站桩,在桩中把手的梢儿延长到棍梢儿,以棍梢儿代手梢儿,再做六梢儿的发力时,就是棍梢儿(前后两梢)与其他四梢儿之间的争力,所以说器械是手臂的延长。'"双手持棍的站桩基本同重力桩,与重力桩不同的是将搭在物体上的手臂换成棍子的前端即可,在此不赘述。

至此,神意拳的全部训练基本完成,剩下的就是在技击中积累实战经验。

李见宇先生说:"有一次老先生和我说'以后你平时没事的时候,做做试声,时不常地做几下发力,就够了,咱这个拳关键的不就是这个发力吗?这样你就把它带到了生活中了,这就相当于没事的时候擦擦枪,到用时随时就有。你现在有了资本,银行都开张了,该去享受银行开张后的乐趣了,那就是武舞。'"

武舞

武舞又称拳舞,是神意拳的表现形式,所以武舞要具备六梢力的综合发力,即伴有试声的发力。在武舞的动作中必须含有基础的试力动作及伴有试声的发力,在这个基础上加入切合武舞主题思想的舞蹈动作,就形成了神意拳的武舞。

武舞是拳的一种表现形式,在神意拳高级的意念活动中,是置身于大自然,与大气共舞的意念活动,所以武舞又称大气舞。

人处在大自然当中与大气共舞,动作要舒缓流畅,如行云流水,这样动作上就融入了大自然中,所以,跳武舞中虽有试力的动作,但不能像做试力那样挂劲儿(用力),动作要放开,起落开合都要流畅,因此武舞并不是做试力。它与试力的区别是,在试力中六梢有与外界物体牵挂的意念活动，因此反映出的是六梢挂劲儿的动作；武舞中六梢没有与外界物体牵挂的意念活动，反映出的是六梢不挂劲儿的动作，相反武舞要甩开六梢，用身心去舞，这种方式称为健舞，将健舞中加入拳的试声发力，就是唐代诗人杜甫笔下描写的浏漓顿挫的武舞或拳舞。关于健舞，在王芗斋先生的徒弟中只有韩星桥先生所跳的健舞称得上浏漓飘逸；对于武舞，也只有李见宇先生怀有浏漓顿挫的技法。李见宇先生说："老先生教我时说：'武舞不是试力，要把武舞做得和试力一样，那还叫什么武舞，干脆都叫综合试力不就得了？但是武舞也不是做拳，做拳是在意念中有假想敌地模拟打拳，这是套路，跳舞是抒发情怀，它们一个是做拳，一个是舞跳，一个是精神紧张，一个是精神放松，两者有着本质的区别。武舞不要求身体内争外挂，相反要打开身体，使身体的筋肉、精神都放松开，将身心融入大自然中，做到天地间唯我独尊。刚开始跳时一般都放不开，所以总像在做试力，每一个动作都感觉都是很重、很粘，这是做试力的习惯或是因为意念没有放开，还局限在近身、近物。跳武舞时手臂的动作要大开大合，只有甩开六梢儿，才能带动身体，肩膀才能打开（放松），这样身势才能做出大起大落，全身的筋肉才能舒展开，但无论怎么跳都不失六梢儿，发力时意念中要有周身炸开宇宙的感觉，声力并发，即发即止，不要做太多的发力，有一下就够了，这样才是浑脱浏漓顿挫的武舞。'"

李见宇先生说："试力是六梢儿合动，有内争与外挂；武舞是六梢的舞动，不要求内争外挂。因此武舞也可以视为六梢儿舞。可以说神意拳从站桩、试力、发力、到实作（技击），再到武舞，都是围绕着力量筋六梢儿做的运动。"

神意拳·王芗斋拳法要诀

内争外挂寻真力，
筋抽骨拔求神意。
外敛内道力惊炸，
浑噩逆体是真谛。

★注：此诗为李见宇先生赠予嫡传弟子石墨先生。

神意拳·王芗斋拳法歌诀

李见宇先生说:"老先生说过:'咱这是原传的拳,因为它是单传,所以几代人或几十代人都不走样儿(不变),一旦把它公开了,到了棒槌们的手里,就会把它画蛇添足,人为地复杂化。甚至会把它生搬硬套到虚无的精神层面,今天你加一点,明天他加一点。不出两三代人就变成了百十家,百十种练法了,这就像其他的拳种一样,开始几家的几招,不过两三代人就变成了几十家百十招了。其实拳法实用的就那么几下,咱这拳不能公开的无非就是这一下暗劲儿发力的拳劲儿。其实要想得这一下有一个正桩(浑圆桩)就够了。所以要让习拳者明辨是非,凡是把它刻意复杂化的或脱离习拳的实际需要空谈精神意念的,那无非是为了一己之私罢了,到头来还不是徒弟们陪了师父几十年也摸不着北?'"

神意拳·王芗斋拳法实用练法歌诀,是为了让习拳者更好地掌握习拳要领,歌诀中摒弃了以往拳谱中的形容词和虚无的精神描述,将切实的训练方法及用法要点以歌诀的方式叙述。以下歌诀应与本书所述拳法对应参读和理解。

1. 浑圆桩六梢歌诀

    掌撑指扣形似弓,
    脚踩腕拔如满弦。
    尾沟纵提尾骨收,
    颚扣项拔如意头。
    神藏意领筋六梢,
    六合内争浑圆力。

2. 扒墙头试力三字诀

    脚下踩,尾上提,
    手下按,头上顶,
    六梢合,体外挂,
    神领意,意带力,
    微蠕动,顿挫争。

3. 试声三字诀

　　　　气下咽，意念领，
　　　　至丹田，阴阳碰，
　　　　气与声，似相争，
　　　　声远抛，气不出，
　　　　声力合，惊弹意。

4. 浑圆力发力三字诀

　　　　一梢动，六梢争，
　　　　六合力，劲力整，
　　　　发无意，动无形，
　　　　声相力，神相击，
　　　　一触发，似惊炸。

5. 武舞两字诀

　　　　撑掌，扣指，腕甩，松肩，
　　　　舞臂，游身，纵膝，跨步，
　　　　脚践，扫尾，震声，发力。

6. 武舞意、力、气、神运用之歌诀

　　　　意似水面浮萍，
　　　　力如潜水游龙，
　　　　气若潺潺溪水，
　　　　神游紫薇天庭。

拳学中的物质与精神简析

　　神意拳中的物质是指人体的实体，如筋肉、骨骼等。在习拳中它还包括六梢的力。精神是人的意识及大脑的思维活动，在习拳中它还包括人体的意念活动及身体对外界的感知和对身体内部变化的感知。

　　人体是习拳中的第一物质，人体在站桩中的意念活动是第一精神。在站桩中，人体第一物质通过第一精神得到了六梢的力，这是第二物质。人体在具备第二物质六梢力时，通过意念活动，这其中包括人对体内活动及外界感知的第二精神，可加强人体的第二物质，即六梢力，同时也可提高人体神经的灵敏度及对外界的感知能力，增加人体各器官及细胞活力。如此循环，会不断使筋力壮大，神经灵敏度提高，对外界的感知能力提高，人体各器官及细胞活力提高，直至物质与精神满足自身的需要，达到人体生理能够承载的高度，使两者完美结合，人的形、力（物质）与意、神（精神）、气都得到了完美的统一。站桩如此，试力如此，试声、发力也如此。这就是习拳中的物质与精神的关系。

因此先有物质的基础，再有精神需要，当物质达到了一定的高度，才有精神的需要，当精神到达了一定的高度，再补充物质，使物质壮大，物质的壮大也提高了精神，因此物质是精神的基础，精神反过来也要为物质服务，物质与精神两者互助又互为。

李见宇先生说："初习拳者站桩时，先要摆好基本的姿势，如抬起胳膊、双臂抱球、膝盖弯曲、身体下蹲等，待姿势稳定之后，再用意念去指导六梢儿慢慢做出相应的动作，当六梢儿的动作摆放得当后，这就是正确的浑圆桩的站桩姿势。如果没有正确的姿势，就没有六梢儿的形成，六梢儿都没有（指没有整体筋力）就去做试力，试力试啥呀？要不身体整个儿都是散的，要不身体整个儿都是僵的，这样做的试力没有意义呀。所以先要有形，再有意，无形的意是空意，这是意没根（没有物质的基础），无意的形是空形，这就是形没神（没有精神），所以要神形兼备，哪儿多了也不行。过去练拳大家都注重形，什么膝盖怎么支、胯怎样摆、脊椎怎样弄，甚至怎样呼吸、丹田如何做，从头到脚每一个关节都要怎样怎样，弄得许多人钻进去就出不来，弄了一辈子，到最后什么也不是（没有得到拳劲儿和健康的身体）。后来老先生为了扫转这种局面，提出了'去形留意'。现在有些人又钻在意念里出不来，净追求站桩或试力时身体酸、麻、胀、痛、痒或意想时的感觉，甚至有些人因此走火入魔。老先生说：'自身皆具备时，再反向身外求。'无论站桩、试力、试声先要体内具备了六梢儿，再去追求更高精神，感知身外大气及宇宙中的各种力，并用感知出的宇宙力与六梢儿相连结，这样求得的身外物反过来就为六梢服务，加大发力时的六梢争力，增加神经反应速度，人体才能强壮健康，达到真正的易筋、易骨、易髓。如果没有实（指物质）就去追求虚的东西（指精神），只会越追越虚无（指什么也没有），这就从一个怪圈走入了另一个怪圈。所以对拳来说，在没有六梢这个物质作为基础的情况下，盲从追求精神层面的东西，只会徒劳，严重者也会戕害生命，但是如果有了六梢儿了，再去看老先生的《拳道中枢》，就如同读小学课本了。"

站桩不当及过度意念运用引起的生理疾病

适当的锻炼有益于身体健康，过度锻炼会适得其反，伤害生命，站桩也是如此，不当的站桩会引起许多生理疾病。有些人在站桩时追求腿部大角度弯曲使身体下蹲的桩，这种桩练习时腿部大量肌肉长时间收缩，我们称它为重形（沉重姿势的桩）。长时间站桩，腿部肌肉内部大量的静脉血会长时间地被挤压到心脏，造成对心脏或周围血管的冲击，长此以往会对人体心血管及脏器造成伤害。这种站桩的后果大多是人体中因其他原因形成的斑块脱落形成血栓，造成血管堵塞，轻者偏瘫影响生活质量，重者死亡。由于人体长时间负重，增加了神经的负担，长此以往会造成人体免疫力下降，诱发神经紊乱、衰退等神经性疾病。

在大成拳的爱好者中，有些人在站桩中或试力时，过分追求长时间沉重的意念活动，这种意念活动我们称它为重意。人在站桩中或试力时长期过度使用强意念活动会大大损伤气血，损害神经，使机体的免疫力大大下降，久而久之影响生理健康，轻者人面色衰老，花眼、白发早早上身，重者癌病上身。

重形或重意在大成拳爱好者中是较常见的现象，由这种不当站桩或试力的方式引起的器质性疾病、心血管疾病、偏瘫、癌症甚至死亡的比例要高于正常或他拳的人群。

所以站桩是把双刃剑，运用得当能够得到技击所用的整劲儿发力，强壮机体，达到卫生的目的，运用不得当则戕害生命。望习拳者切记！！

站桩禁忌长期出大汗

《黄帝内经》云：阳加于阴谓之汗。中医认为汗为心之液。人体正常排泄汗液可以起到和解阴阳、调节体温的作用。但是若在站桩中长期大量排泄出汗液，会消耗心血，导致人体电解质紊乱，出现心律失常现象。因此，站桩应避免大汗淋漓或长期大量出汗，以免引起心血管疾病。

技击与养生

神意拳是一种对人体的修炼方式，在修炼中不仅能够满足人对技击的需要，同时又能满足人对健康及提高人体生理机能的需要。因此技击就是养生，养生也是技击，技击或养生的高级阶段就是摄生。这也就是拳谱中所说的"卫生"。因此在王芗斋先生的拳法中技击或养生不能分开独立存在。

习拳练拳是为了保护生命，不能只为了满足技击的需要而不顾人体生理的健康，如果在习拳练拳中有损身体，那就毫无意义。

所以习武练拳本身就是养生，相反养生也为技击服务，技击和养生是一体。只谈（注重）技击却不谈养生，不可为拳家（拳的行家）；若只谈养生不谈技击，也不为拳家，那属于中医范畴，叫"中医疗法"或"医家功法"，和拳没有关系。

在社会上，有许多教拳授课的师父打着教拳的旗号却不谈技击，反而大谈养生，无非是掩盖其不能技击或不会技击的真相。养生本身就是个伪命题，严格地说，"对人体生理的一切手段，只要不有损人体生理的都可以视为养生"，这就像养花卉一样，根据花卉的特性正常施肥、浇水、晒太阳都叫养花，相反对喜欢干旱的花卉浇大水，对喜阴的花卉长期晒太阳，就有损它的生命。对于人体生理正常的需要，吃饭、喝水、睡觉都叫作养生。所以"养生"是广义词，没有对与不对，只是对生命有损还是有益罢了。

拳行里不谈技击只谈养生的拳家们，大多套用中医观点、《黄帝内经》理论或断章取义地理解儒、释、道家思想，并以此来解释习拳对人体的好处，但都为片面或泛泛之谈，甚至有些人对人体的正常走路都能套出很多足以砸晕你的理论，人体正常呼吸都能说出养生的大道理来。若把所谈观点或理论拿到中医、儒释道家们的面前，就什么也不是了。

因此在神意拳中，技击不能脱离养生，养生也不能脱离技击，两者为一体，习武练拳本身就是养生。

养生与摄生

生是活,命是道路,生命就是活在道路上的时间,而养生和摄生是生者通过一些方式和方法尽量延长在这个道路上的时间。

养生,养是对生命有意识地提供所需的基本供给,如吃饭、喝水、散步等。

摄生,摄是吸取、摄取。摄生是人体在无意识中摄取生命所需要的本源动力,如睡眠、打坐。

养生与摄生的区别在于,养生是人受大脑指挥或在大脑活动时的运动,它属于人体的被动运动。摄生是人在不受大脑指挥及大脑处于不活动状态(睡眠)时,机体内部自主的运动,属于人体内部的主动运动。

摄生是通过体内自主运动的方式,和谐地调动身体各部,根据各部所需相互补充、协调,使整体和谐统一。

人从降生起就进入了命之道路,并在这个道路上一步步走向终点,这个终点就是躯体的死亡。如何延长命之道路,更好地维持生命,千百年来,一直是人们探讨、追求、研究的对象。纵观历史,各派养生、卫生之法繁多,且皆为生命之辅助。但就其摄生谈者寥寥无几,知真谛者则更少矣。

从三坟摄生术到王诩(鬼谷子)的摄生法,到长生药,再到养生保命丹药。从古老的导引术,到华佗的五禽戏,从中华的武术,到西方的器械操练等,延续生命之法何止五花八门,应该是百花千门、千花万门,但是目的只有一个,就是寻求一个维持健康且能相对延长命之道路的方法。

人体运动体系的分类

生命在于运动,运动是提高身体素质、维持健康的基本方式。运动大约可分为三大类:一是借助器械的肢体屈伸运动,如杠铃、篮球、骑车等;二是不借助器械的肢体屈伸运动,如跑步、体操等;三是无器械,肢体无屈伸的运动,如打坐(坐禅)、武术中的扎马(站桩)、蝉眠等。

以上这三种运动形式,大约分为两类:一是肢体屈伸运动形成的位移，简称"位移运动"；二是无肢体屈伸的无位移运动，简称"位静运动"，二者对身体的影响有着本质的区别。

1. 缺氧运动（无氧运动）

位移运动是靠肌肉的收缩拉动韧带（人们常说的筋）使骨骼与骨骼之间改变角度，使肢体做反复的重复性位移运动。肌肉的每一次有节律的收缩，都像唧筒（古代唧筒也就是水泵）一样压缩静脉血管，使血液由静脉回流至心脏，从而增加血液循环的速度。在剧烈的位移运动中，血流速的增加促使体内二氧化碳和氧气的置换速度加快，这时需要提高呼吸的频率，以避免人体出现缺氧。因此剧烈的屈伸运动是属于"缺氧运动"，也叫"无氧运动"。

激烈的位移运动是以肌肉为主的运动。能相对增加肌肉、提高肺活量、加快血液循环的速度，使人体体重在短期内发生明显变化，这种明显的外表变化我们可以视为生理的物理现象（形容词）。随着人的衰老，原有或增加的肌肉会慢慢萎缩被结缔组织（俗称"筋"）代替。

在这种运动中，当人体呼吸维持不了体内的供给，会因呼吸困难、严重缺氧致使身体终止运动，这是其一；其二，当肌肉收缩过度疲劳时会出现酸疼症状，终止运动。一是由于激烈运动使呼吸提供不了所需而被迫停止运动，一是因为肌肉疲劳被迫停止运动。说明了强烈的位移运动是以肌肉锻炼为主的锻炼方式。这种强烈运动不能使身体各部组织得到相对较好的均衡锻炼，在肌肉疲劳时，身体的肌腱、内脏等都还没有达到锻炼的目的，俗称柴锅效应，即柴锅蒸馒头，由外向里熟（练）。

2. 有氧运动

有氧运动是指人在运动过程中，不出现缺氧现象的运动，由于永年先生著，山西科学技术出版社于2005年出版的《大成拳站桩与求物》一书中从医学层面对人体站桩的第二随意运动及这种运动中呼吸的无氧债运动进行了科学地阐述。中国体育报于2005年3月8日第六版以《自由随意的充氧运动》为题目对于永年先生关于站桩的第二随意运动与呼吸的充氧运动进行了大篇幅的报道。有氧运动包括平缓的位移运动和位静运动。位静运动是有氧运动的标志性运动——保持一定的姿势不动，以意念为主导，达到身体锻炼的目的。这种运动由于没有肌肉反复过量的收缩，不会出现体内缺氧或因缺氧被迫终止锻炼的现象，因此这种方式属于有氧运动。这种有氧运动是以身体内动为主的锻炼方式，身体各部包括内脏都能得到相对较好的均衡锻炼，由内而达外是其主要思想，俗称"微波效应"，由内向外熟（练）。

运动与大脑

人类的大脑不仅是肢体运动和身体各系统生理活动的控制中枢，更是主导思维和语言的器官，是人类全部生命活动的最高调节器。美国的斯佩里教授通过割裂脑实验，提出了大脑不对称性的"左右脑分工理论"，并因此荣获 1981 年诺贝尔医学生理学奖。大脑像蜷缩倒立的婴儿一样分布着对外的感观反应区域，如肢体左手活动反映在右脑上，右肢活动反映在左脑上，下肢活动反映在大脑上部中央，视觉和语言反映在脑后枕叶区。人的大脑由大脑纵裂分成左、右两个大脑半球。左脑储存和掌管的是近期和实时的信息，主要从事主观意向的逻辑性、条理性的思维，生活中 95% 的人只使用自己的左脑。右脑是遗传信息的宝库，又称人的祖先脑，储存有从古至今人类进化历程中的全部信息，其信息的存储量是左脑的 100 万倍。科学家指出，大多数人终其一生，只运用了大脑的 3%~4%，其余的 97%都蕴藏在右脑的潜意识中。如果将人终生学习所积累的知识比作一滴水，那么右脑所存储的祖先千百万年遗传给我们的信息则是一片汪洋大海。由此可见，人类自身拥有的智慧和功能是何等的壮观与巨大，我们只要从中稍微多挖掘出一点，所获得的智慧和神通都是不可估量的。因此人类智慧的开发、各种特异本能的挖掘，高科技的发展，最有效的办法是找到一个最切实可行和更有效的方法来开发自己的右脑。

左脑的功能属性：逻辑性思维，条理性思维，抽象性思维如排列、分类、书写、语言等，即一般的日常事务，后天学习的知识和应用使左脑工作得多。

右脑的功能属性：形象思维、预感、直觉功能、超感官功能、视觉、图像、美术、舞蹈等，开发智力、潜力则需大量右脑活动的配合。

人脑是全部生命活动的最高调节器官。大脑的左、右脑两者分工不同，但又相互合作，有内在的互感联系；左脑工作时右脑是待机状态，左脑停止时右脑则立即投入工作，即一个强另一个就弱，一个工作多另一个就少。这就是通常人们所说的一心不能二用的含义。

当一个人自觉地去思维时，主要调动左脑神经细胞，然后产生信息传递，我们称之为左脑的动态思维；另一个方面，当一个人弱化或停止左脑的动态思维时，右脑的部分神经细胞会启动，人会不自觉地进行一种自然思维，此时人的主观意向思维是停止的，这种人自感不知不觉地自然思维可称为静态思维，是人的内在心灵功能的本能，是受到大自然能量激发而产生的。自然思维中，右脑将得到更好的激活和开发。当人在蝉眠状态中时，右脑就处于静态思维状态，锻炼后人会感觉神清气爽、精力充沛。

利用大脑的思维能量可以调节我们人体的机能活力，甚至可以激发人体里的潜能。上古的蝉眠术可能是人类最早的摄生方法，也是有效合理开发右脑的主要手段。

为什么大脑的思维能量可以调节我们人体的机能活力甚至可以激发人体里的潜能呢？下面具体就这个问题谈一谈。

万物有阴阳，人脑也一样，左脑为阳，右脑为阴，既对立又统一。与古人相比，现代人对左脑的开发运用比古人强，所以现代人的逻辑思维能力推理能力创造力比古人强，但古人的右脑功能如形象思维、预感、直觉功能、超感观功能等却比现代人强。现代人的预感、直觉功能、超感观功能已经大大地弱化并被潜藏起来（变成潜能），现代人的预感、直觉功能、超感观功能都不如蚂蚁、老鼠、鸡、狗、大象等动物。蚂蚁能预知天气而在下雨前搬家，老鼠、鸡、狗、大象等动物能在地震发生之前感应到。可能是现代人类的左脑进化了，右脑退化了，从而导致现代人对前人的诸多不解和误解。

合理开发人体右脑，挖掘人体潜能，早已成为世界科学家研究的首要课题。

人体第一睡眠与摄生

人的一生中，将近三分之一的时间是用于睡眠的。刚出生的婴儿几乎每天要睡20个小时，即使成年后，每天至少也要睡6~7小时。对于人为什么要睡眠，科学家们至今没有答案，睡眠的功能成了脑科学中一个令人着迷的谜。

最普遍的观点认为睡眠是为了消除体力的疲劳，弥补一天劳累的耗损，论据是：在睡眠的最初数小时内，脑垂体会释放出大量的生长激素，生长激素能促进体内蛋白质的代谢，从而促进体内组织的生长和修复。

美国波士顿精神健康中心睡眠实验室主任哈特曼教授认为，睡眠有两个功能：第一是消除体力疲劳，第二是消除精神疲劳。哈佛大学医药学院的神经学专家罗博特·斯蒂克高德说，关于记忆，我们的理解总是很天真的。睡眠的作用概括起来大体上有以下几方面：

第一是消除疲劳，恢复体力。睡眠是消除身体疲劳的主要方式，睡眠期间，胃肠道及有关脏器制造人体的能量物质，以供活动时用。另外，睡眠时体温、心率、血压下降，呼吸及部分内分泌减弱，基础代谢率降低，从而使体力得以恢复。

第二是保护大脑，恢复精力。睡眠不足者，常表现为烦躁、激动或精神萎靡、注意力涣散、记忆力减退等，长期缺少睡眠还会导致出现幻觉。而睡眠充足者，精力充沛，思维敏捷，办事效率高。这是由于大脑在睡眠状态下耗氧量大大减少，有利于脑细胞能量贮存。因此，睡眠有利于保护大脑，提高脑力。

第三是增强免疫力，修复机体。人体在正常情况下，能对侵入的各种抗原物质产生抗体，并通过免疫反应将其清除，保护人体健康。睡眠能增强机体产生抗体的能力，从而增强机体的抵抗力；同时，睡眠还可以加快各组织器官的自我修复。现代医学中常把睡眠作为一种治疗手段，用来帮助患者渡过最痛苦的时期，以利于疾病的康复。

第四是促进生长发育。睡眠与儿童生长发育密切相关，婴幼儿在出生后相当长的时间内，大脑继续发育，这个过程离不开睡眠，且儿童的生长在睡眠状态下速度更快，因为睡眠期血浆生长激素可以连续数小时维持在较高水平。所以应保证儿童充足的睡眠，以保证其生长发育。

第五是延缓衰老，促进长寿。近年来，许多调查研究资料均表明，健康长寿的老年人均有良好的睡眠。人的生命好似一个燃烧的火焰，有规律燃烧则生命持久，若忽高忽低燃烧则生命时间缩短，使人早夭。睡眠时间恰似火焰燃烧最小的程度，因此能延缓衰老，保证生命的长久。

第六是保护人的心理健康。睡眠对于保护人的心理健康与维护人的正常心理活动是很重要的。因为短时间的睡眠不佳，会使人注意力涣散，而长时间者则可造成思维异常等情况。

第七是有利于皮肤美容。在睡眠过程中皮肤毛细血管循环增多，其分泌和清除过程加强，加快了皮肤的再生，所以睡眠有益于皮肤美容。

睡眠对人的生命至关重要。人在睡眠中，由于肌肉的放松，气血及心脏得到了休养，内脏和神经得到放松，各脏器能够在松和状态下得到有效的修复，神经的放松能使大脑得到很好的休息。这样全身细胞可以得到很好的修复，从而加强脏器和细胞的自我修复功能，人体的免疫力也大大提高，我们将这种现象称为摄生。所以，睡眠不是一般意义上的养生，而是提高自身功能的摄生，即摄取生命之所需。

上述是人体在日常生活中的睡眠，是人体在完全放松状态下的睡眠，笔者将其命名为"人体第一睡眠"。

人体第二睡眠——墨氏睡眠

睡眠是人体不可缺少的摄生方式，早在上古时期，我们的先人对此就有了认知，并通过一种特殊的方式使人体达到一种类似人体第一睡眠的状态，这种状态就是在前面《搭树桩的站法》一节中所说的站忘。它是人体在站桩中，力量筋的六梢在六合状态下达到易筋、易骨、易髓的程度时进入的一种类似人体第一睡眠的状态，有别于人体的第一睡眠，为了与日常生活中的人体第一睡眠区分开，笔者将其命名为"人体第二睡眠"。

人体第二睡眠由笔者首次提出并命名，因此按命名惯例人体第二睡眠也称"墨氏睡眠"。这种现象古人称为"蝉眠"，即蝉眠状态。鬼谷子先生所著《本经阴符七术》的养、盛心神、心意、心志及其运用修炼之法，即蝉眠，也就是站桩中的人体第二睡眠法。因此研习摄生者可参阅鬼谷子先生所著的《本经阴符七术》。但为确保不失原文的原意，请参阅者务必忽略他人的注解或译文，因注解或译文者多为无修炼、无体认的学者仅凭现代字意的片面注译。杜吉星先生常说："《黄帝内经》，鬼谷子先生的《本经阴符七术》，王芗斋先生的《拳道中枢》，不用解释，都是中国字儿，你去站桩了，真的去练了，有了体认，再去看这些书，自然就容易懂了，但是这些对于那些没有体认的人，就是天书。"

人体第二睡眠——摄生桩

蝉眠，即像知了一样的睡觉。它和佛家、道家打坐的区别在于，佛家或道家的打坐是在人体处于完全放松状态下（没有六梢的做功）进入的一种状态。这种坐禅叫作"没有蝉，只有眠"，即没有像蝉一样的用六只脚抱住树干的睡觉。

蝉眠是浑圆桩的早期形式，由浑圆桩演化出的搭树桩及浑圆桩的坐桩都能使人体达到第二睡眠的状态。从武家角度讲，"站桩既能使人体得到技击所用的拳劲儿，同时又达到摄生的目的"。所以武家对于人体第二睡眠所用的桩没有单独命名。而这种桩在医家称为"摄生桩"，摄生桩顾名思义就是摄生所用的桩。从医家角度讲，"摄生桩是人体通过站桩的形式达到摄生目的"。因此，若按摄生而言，应该沿用医家所用的"摄生桩"一词更为确切。

李见宇先生说："站桩时外表松、肌肉松都好做，真要能使内脏（泛指小腹、横膈膜等）放松下来就不好做了。内脏得不到放松，就会影响六梢儿发力的质量，同样也会影响试声，更会影响生理，想谈养生、摄生，门儿也没有哇。人体在桩中毛发都有穿堂风往返的感觉，内脏放松下来时，五脏也会有穿堂风的感觉。站桩初期能放松下来，这是第一步，第二步就是看能不能做到根松梢紧，把六梢儿提起来，老先生形容像衣架子上挂着的衣服，能做到这一点，不仅能达到老先生说的换劲儿，同时身体也能够达到舒筋活血的目的。在站桩中当将周身多余的肌肉放松下来时，身体会同时出现上挂和下坠的感觉，这是在六梢儿微紧的作用下肌肉放松的结果，在这种状态下，身体就会出现只有骨骼支撑的状态，由于筋骨在做功状态下所产生出的热量就会传递到骨骼内部的骨髓，这时人体就达到了真正的易筋、易骨、易髓。在这种状态下，才能体会到老先生所说的'站桩寻理趣'，而理趣并不是身体出现的酸、麻、胀、痛的感觉。说实话，采用其他方式身体也会出现酸、麻、胀、痛的感觉，因此站桩时出现的酸、麻、胀、痛的感觉并非老先生说的'理趣'，酸、麻、胀、痛只是初站桩时出现的感觉。对于易筋、易骨、易髓，只要是有屈伸动作的运动包括抻筋，它就达不到易筋的同时易骨又易髓了，因为屈伸动作是由大量肌肉参与做功的肢体运动，因此身体中的肌肉得不到放松，也就谈不上骨骼支撑，所以只有在大量肌肉放松的状态下，人体才能达到骨骼的支撑的状态，这样才能作用到骨髓。所以，任何事不要听说如何，要搞清楚它的原则原理，老先生说'原则原理不通，就是玉皇大帝说的，也瞎掰'。"

因此，在站桩中只有在六梢微紧的状态下周身肌肉放松，身体才能出现上有挂感，下有坠感的骨骼支撑的状态，这就是摄生的基本。

站桩能达到换劲儿的程度，自然能够易筋、易骨、易髓。要达到摄生的高级阶段，还要做到内脏的放松，只有内脏能够放松下来，身体才能在整体松合中达到身闭九窍，对外不看、不听、不闻，闭谷道，关骚根，九窍才能相通，五脏才能抱团，六腑才能合通，达到内视反听，最终进入第二睡眠达到大脑不思（不想，无意念，大脑不活动）的状态；当达到高级阶段时，人体在第二睡眠中能感受到多维空间、多维时空及时空的扭曲现象，如空间对折、超时间流速及时间反向流失等诸多超自然现象，这就是鬼谷子先生所说的"观开天辟地"、王芗斋先生所说的"理趣""不可思议之妙"。

鬼谷子先生《本经阴符七术·实意法螣蛇》中说，"中无为而求，安静五脏，和通六腑；精神魂魄固守不动，乃能内视反听，定志虑之太虚，待神往来。以观天地开辟，知万物所造化，见阴阳之终始"。这正是站桩中对身体的要求和站桩中体内的变化。

人体在第二睡眠状态中，提高了机体的自我修复能力，使气血旺盛，也提高了神经的应激反应能力。李见宇先生说："都说站桩治病，可有几个教桩的没有病？这和有些练武术的一样，自己都血管儿堵了弹弦子（半身不遂）了，还说站桩养生治病呢。老先生说过，'咱这桩，到高级时五脏抱团，气血旺盛，这样身体无病，但也有它不好的一面，就是要绝对控制好情绪，避免情绪太激动，气血那么旺，人到老时，血管会变得脆弱，真要控制不了情绪，血管就会崩'。虽然站桩能使情绪平和，但是谁也绕不过情志（指喜、怒、忧、思、悲、恐、惊七情）这关，这个连老先生也不例外（王芗斋先生是因为家事造成脑出血病逝。详见武艺文化有限公司于2007年5月29日出版，涂行健著《心意大成拳》一书69页），这也是为什么过去修炼摄生的人都要远离人世去大山里或云游，他们是想放下情志，情志对于摄生是一大关键阻碍。"

摄生桩简释

站桩不是为了治疗某种病症，至少和疾病之间没有直接关系，它是由于肌体的自我修复能力和自身免疫力提高使有些病症随之好转或康复，其根本在于自身的自我修复和免疫力的提高，不能说站桩就是针对治疗某病症，这是极为不负责任的。李见宇先生说："不同的站桩姿势，对身体都会起到不同的作用，有利于筋骨的，有利于气血的，还有专门提高上肢或下肢的功能的，有些病可能会随之好转，但并不是说站桩就能治某某病症。人们得了病，往往是因为病症超过了自身的修复能力或者免疫力下降，所以有什么病，就要有针对性的治疗措施，吃对应的药。锻炼身体也一样，什么样的身体选择什么样的锻炼方式，老话说'强动者健肌（肌肉，红肉），过者损气耗血；不动者丰肉（肥肉，白肉），过者筋瘀络结；常思者脑灵，过者耗神损精；高吟者清肺，肺大体强，过者损咽伤喉；动筋者筋舒活血，过者筋崩血弱；散步者散心，合平气血，过者精疲神惫；站桩者易筋骨，壮骨旺髓，过者伤神损精；蝉眠者合五脏，气盛血旺，过者伤筋损骨'。药虽然能治疗病症，一旦吃多了，轻者损伤身体，重者影响性命。锻炼也好，站桩也好，都应该适度，锻炼或修炼过了也会损伤身体，影响性命。"

马王堆出土的导引图就按性别年龄划分了男人、女人、老人、青年、孩童不同的引导方式。

尽管锻炼因人而异，但无论男人还是女人，老人还是孩童，每人的睡眠都一样。因此，无论男女老少都可以采用摄生桩的方式进入人体第二睡眠中。

摄生桩需要上有挂感下有坠感，只有骨骼支撑人体在腹式呼吸中，内脏有放松的感觉时，人体才能进入第二睡眠的状态。因此，摄生桩需要人体的上身始终保持直立状态。摄生桩的姿势分为立势桩和坐势桩两种，其中立势桩分为搭树站桩和不搭树站桩。

摄生桩具体做法

1. 立势桩和立势搭树桩详见浑圆桩及搭树桩小节。

2. 坐势桩和立势浑圆桩的要求基本一样，只是坐下时，腿部和腰胯部弯曲较大，身体可以借助物体的力。坐势桩的大腿与小腿弯曲最好不超过90°，以免弯曲过大影响血液流通，双脚脚掌平均着地，与立势桩一样，最值得注意的是上半身直立，腰微挺，脊椎和尾骨竖直，不要努胸塌背，六梢一切按浑圆桩要求自然得当摆放，呼吸稍有急促立刻停止，待调整后再持。

摄生桩特别说明

1. 摄生桩的第二睡眠，是站桩的高级阶段，在站桩时，不要人为刻意去追求睡眠，它是在桩中人体自然进入的睡眠。因为刻意追求就是大脑的活动，大脑有意识的活动，就是神经的活动，这样会使神经兴奋，反而达不到目的。这就和人们日常睡觉一样，你刻意去睡觉，反而睡不着，越睡不着就越想睡，这都是神经兴奋造成的。

摄生桩是在站桩时，人体在维持间架不动的情况下，不知不觉进入到一种虚无的境界中，自身无限放大，直至忘我地进入第二睡眠中。在站桩中，进入第二睡眠的时间有时候可能很长，但是对于自身的感觉来说好像没站多久，而有时进入第二睡眠尽管只有两三分钟，反而自身会感觉过了很长的时间。无论怎样的感觉，醒来后都非常有精神。值得注意的是，这时不宜大动，应等待醒桩。第二睡眠的时间长短，是人体自我调节的结果，不宜追求时间的长短。

2. 在第二睡眠中，有时周围物体进入己身一尺或一米范围内，人体都会有感觉，甚至做出对应的应激反应，这属于正常现象，它是在睡眠中人体应激反应功能提高的结果。

对不求技击的爱好者，可以不用追求六梢的感觉，在站桩时，只要注意桩对与不对就可以了。随着站桩的深入，人体就会慢慢达到筋梢挂、六梢合、骨支撑的状态，人体也会渐渐进入摄生的第二睡眠中。

3. 有心血管病史的人士不宜站立势桩，应采用坐势桩，双手高度在双乳下为宜，否则会因肢体疲劳影响心脉，增加心脏负担。

4. 摄生桩双手高不过肩，低不过肚脐，可根据自身情况调节。无论高低，双手手心永远朝向自身的双乳。暗谱曰："双手低者托乳，中者扣抱乳，高者扣乳。"

5. 人体在60岁之前，若能达到摄生桩要求（进入第二睡眠状态），每天一次为宜；60岁以后不可天天站桩，一周维持一两次站桩为宜；70岁以后应相对减少站桩次数，维持一个月一两次站桩即可。

6. 健康或亚健康人士可以站桩练习，病患者应在专业人士指导下练习。

关于摄生桩的站桩，无论是武家还是医家没有对穴位及呼吸行气的任何要求。人体在站桩时，进入第二睡眠的方式很多，其属中医桩范畴，在此不再赘述。

★注：关于站桩，在神意拳体系外，另有为提高人体体质设立的健身桩功法、四肢桩功法和配合人体医疗康复的康复桩功法。因该桩法是王芗斋先生在古拳法中的桩和意念的基础上，由于永年先生结合西医理论、李见宇先生结合中医桩法共同参与研创出的站桩功法，因此称为"王芗斋站桩功"，故在此未表，待机缘与医家站桩功法（中医站桩功法）、道家站桩功法一道再述。

后篇
去伪存真，为道矣

王芗斋先生教拳授艺概况

关于王芗斋先生最初教拳授艺的时间与地点，在大成拳业内有关王芗斋先生大事记中均记载为"王芗斋先生于1913年左右应北洋政府陆军部聘任为武技教练所教务长"。此说法经笔者查阅相关史料未见记载且无法佐证，不敢断言，故只能从此事之后叙述。

1915年王芗斋先生在北京收周松山（字子炎）先生为首徒。

据清华大学原四川讲武堂学员富佐卿先生讲，王芗斋先生在民国时期跟随徐树铮先生期间，曾受邀到四川讲武堂讲授形意拳。富佐清先生与王芗斋先生年龄栢仿，之后在北京时期与王芗斋先生成为亦师亦友的关系。

1925年（民国十四年）徐树铮先生遇害后，王芗斋先生离开军界，失去了固定的生活来源后回到京津。王芗斋先生为了立拳招收弟子，把形意拳的嫡传功夫意拳，以《意拳正轨》为题按明谱形式公布（此为明谱夹杂暗谱的形式）。据传《意拳正轨》曾于1928年（民国十七年）在香港出版（未见有出版实物）。1929年（民国十八年）十月《意拳正轨》由天津的华新印刷局印刷，商务印书馆代售在天津发行（现留有当时版本影印件）。

在此期间，为帮助王芗斋先生，天津张占魁先生（张占魁，字兆东，刘奇兰先生弟子）将门下弟子由王芗斋先生挑选归为己徒。据赵道新先生（张占魁先生弟子，原名赵恩庆，由于其聪明伶俐，深得王芗斋先生喜爱，被王芗斋先生收为义子，并赐名道新）讲，因为王芗斋先生功夫好，张占魁先生担心王芗斋先生抢了自己的饭碗，于是就与王芗斋先生约定不能在天津开设馆教拳，张占魁门下弟子任由王芗斋先生挑选几人授艺（过去徒弟需要供养师父，所以这样等于张占魁先生是帮助王芗斋先生解决了生活来源）。

同年，王芗斋先生与张占魁先生应邀担任1929年11月在杭州举办的"国术游艺大会"评判委员。在大成拳业内出版或传印的《王芗斋生平大事记》中"1928年，先生四十二岁，应李景林、张之江二人之请，伴张占魁先生赴杭州第三次全国运动会任大会武术比赛裁判"一说从时间上和参会的主题上均与事实不符，经查资料杭州在1928年未举行过此类比赛。李景林、张之江二人为1929年在杭州召开的"国术游艺大会"的主要倡导人及筹办人，李景林先生为评判委员长，张之江先生为第一任中央国术馆馆长。在此次大会的评判委员名单中，张占魁和王宇僧（王芗斋先生当时用名）位列其中。当时媒体《浙江商报》报道，王宇僧表演了沧海龙吟（武舞），所以王芗斋先生应为1929年应邀担任杭州"国术游艺大会"评判委员。

据与王芗斋先生和张占魁先生一同去杭州参加"国术游艺大会"的赵道新先生（赵道新先生参加此比赛获得第13名）讲，王芗斋先生在杭州"国术游艺大会"担任评判委员一事，是得到了张占魁先生的举荐，因为大会的评判委员长李景林先生和形意门的某某私交甚好，某某任此次大会的评判副委员长，由于某某按辈分应该叫比自己小二十多岁的王芗斋先生一声师叔，而王芗斋先生又得到了郭云深先生嫡传发力的暗劲儿功夫，所以某某怕王芗斋先生的名声超过自己，因此对此事一直耿耿于怀，处处排挤王芗斋先生，形意门内诋毁王芗斋先生的流言蜚语主要出自这一脉系。又因为当时王芗斋先生离开军队没几年，在社会上没有太大的名气，张占魁先生当时比王芗斋先生名气大，这从当时媒体对大会（国术游艺大会）报道中就不难看出，有名气的人或家属上台表演，媒体都有专题照片的报道，张占魁先生的表演有专题照片报道，而王芗斋先生的表演只是被一语带过。大会主办方除了上述提到过的某某人以外，几乎没有人认识王芗斋先生，因此也就不会主动邀请王芗斋先生担任评判委员。张占魁先生与住在天津的李景林先生关系非常好，在得到邀请的同时举荐了王芗斋先生，这样一来，既帮助了王芗斋先生，又借此机会让王芗斋先生离开天津，免得张占魁先生离开天津去参会期间，家里的徒弟们都跑去王芗斋先生那里学拳，回来后没有了徒弟。随张占魁先生一同前往杭州的有王芗斋先生、李耀亭先生（字子阳，李存义先生弟子，李存义先生为刘奇兰先生弟子）、李文亭先生（字星阶，李存义先生弟子）、赵道新先生等人。

所以，大戎拳业内在王芗斋先生的大事记中这段历史写的是，王芗斋先生伴张占魁先生参加此会。

此次比赛结束后，赵道新先生跟随王芗斋先生到上海参加由李景林先生、黄金荣先生、杜月笙先生、张啸林先生为解决南方灾民过冬资金给慈善机构筹款发起的全国武术擂台大赛，此次大会于1929年12月18日开幕，至1930年1月7日闭幕。

王芗斋先生初到上海时就接触到了拳击，在一次与匈牙利籍世界轻量级拳击冠军，时任上海青年会拳击教练的英格交手后，了解到打拳击比赛可以挣钱，于是在钱砚堂先生（郭云深先生弟子）和吴翼辉先生劝说下决定留在上海发展，实际上王芗斋先生当时已没有更好的去处。王芗斋先生在钱砚堂先生和吴翼辉先生帮助下注册了意拳社开始招收门徒，打算训练出选手后去参加比赛。

李见宇先生讲，王芗斋先生和他讲过这段历史，当时王芗斋先生在教拳上为了使学员们速成，尽快能参加比赛，所以采用了改良后的浑圆桩，此桩在王芗斋先生所著《意拳正轨》桩法换劲一节中说"盖初学时，桩法频繁，如降龙桩、伏虎桩、子午桩、三才桩等，兹去繁就简，采取各桩之长，合而为一，名曰混元桩，利于生劲"。之后又为了应对拳击比赛，王芗斋先生与钱砚堂先生、吴翼辉先生经过研究，确立了浑元桩三势，其中第三势是在形意拳三体式的基础上进行了改良，变成了浑元桩的第三势，后来又称技击桩、矛盾桩。关于浑元桩三种姿势的站法，在齐执度先生于1939年所写的《拳学新论》（又叫《拳学新编》）中有讲述。

改良浑元桩的目的就是想探讨出一种能够尽快适用于明劲儿打法的拳劲儿。韩星桥先生在《见证意拳》一文中说："后经先生去繁就简，定为浑元桩三式为主要站桩形式。先生的锐意改革精神，非常人所能想象，首先革的是自己的命，随时会有新的观点的训练方法产生，从学者往往无法适应这种进展速度。"

王芗斋先生在和李见宇先生讲述这段历史时说，由于大家多是带艺跟来的，拳行里有句话叫"学拳容易，改拳难"，所以当时的打法基本沿用各自擅长的打法，这样可以尽快训练出能够参加比赛的选手。如韩星垣先生带艺是形意拳，因此韩星垣先生采用五行拳打法；赵道新先生带艺是八卦掌，因此赵道新先生仍保持八卦掌的打法；卜恩富先生带艺是摔跤和拳击，因此卜恩富先生仍保持摔跤和拳击的打法，但是未带艺者均学形意拳的五行拳打法。

因此王芗斋先生除了站桩以外，并没有确立或形成一套完整独立的适合竞技比赛的打法，只是在各自原有的打法的基础上做了去繁就简的改进。

赵道新先生说："先生开始时教大家站浑圆桩，有时候钱先生（钱砚堂）过来说说，有时候吴先生（吴翼辉）也过来说说。上海有个开银行的听说先生训练拳手要和拳击打比赛，他也知道先生功夫厉害，就决定给先生投资，训练出来后带选手出国打比赛，后来先生让我们把后手抬高站桩（技击桩），就是为了能够尽快应对拳击的打法和规则进行了针对性训练，先生教拳也在摸索，总想探索一条新路，目的就是想探讨出一种能够尽快适用于明劲儿打法的拳劲儿来。"韩星桥先生在《见证意拳》一文中说："起因是1932年，王先生与上海银行家余鲁伯先生订立协约，余先生出资，王先生倾囊相授，立志培养出拳术人才，从中国一路打到美国去。……这次培训从32年至36年，因上海沦陷而终止。"

据李见宇先生讲，王芗斋先生得到了投资后，一部分用在日常开销上，剩下大部分买了古董，以备不时之需。王芗斋先生在培训期间，曾几次回到深县培训，每次回去都带一些古董回去。于永年先生说："王先生在深县教拳时，给徒弟们开支（发钱），没钱了，就拿出一个古董卖了钱，再给徒弟开支。"直到王芗斋先生存留的古董所剩无几，培训才被迫停止，这就是韩星桥先生所说的1936年。从王芗斋先生到天津开始，到参加杭州的"国术游艺大会"，再到上海培训，赵道新先生是一路的见证人。赵道新先生说，先生对桩的改革，效果不太明显，实际就是以失败而告终止。

1937年，在北京的张壁先生和齐振林先生听说王芗斋先生的培训班解散后，为了王芗斋先生今后的生活，便邀请王芗斋先生到北京定居，并安排其在当时北平（现北京）四存学会的体育班教拳授课（齐振林先生时任四存学会会长），王芗斋先生随即电报邀请在上海的韩星桥、韩星垣二位先生并写信邀请在天津的赵道新先生到北京协助教拳授课。王芗斋先生给韩星桥先生、韩星垣先生及赵道新先生每月每人六块大洋（见中篇《王芗斋原传拳法唯一真传弟子——李见宇》一节）。据于永年先生讲，当时学员每人每月交两块大洋。由于当时参加学习报名的人多，王芗斋先生把学员分为站桩技击班，简称技击班，和站桩健身班，简称健身班，王芗斋先生统称为站桩功。王芗斋先生主要负责健身班教学，韩星桥先生、韩星垣先生及赵道新先生负责技击班教学（赵道新先生多日后以家有事为由返回天津）（见中篇《王芗斋是智者而不是神》一节），王芗斋先生每星期去技击班指导。王芗斋先生在技击班和健身班仍统一采用上海时期所传授的改良后的浑圆桩。齐执度先生所著《拳学新编》中王芗斋先生所说内容，为1939年前齐执度先生在王芗斋先生授课时的笔记。《拳学新编》中所述浑元桩三势，正是韩星桥先生在《见证意拳》一文中说"后经先生去繁就简，定为浑元柱三势为主要站桩形式。"此后，浑元桩改名为浑圆桩，浑元桩的第三势改名为技击桩、矛盾桩。

关于《拳学新编》，大成拳业内大多认为是齐执度先生在1920年以前某军校或武技教练所王芗斋先生授课时的笔记。因在《拳学新编》意拳一节中有"于1926年倡导意拳，拳以意名，乃示拳理之所在"及《拳学新编》落款为，王芗斋讲述，齐执度整理，1939年。又因，文中所述浑元桩三势为王芗斋先生在1929年后上海时期所创，因此齐执度先生所著《拳学新编》应为王芗斋先生在1937年后四存学会体育班授课时的笔记。

在四存学会体育班，王芗斋先生对所授技法称站桩功，在拳术上也仍然沿用上海模式，采用各自擅长的打法，在此期间，王芗斋先生最早期的弟子周子炎先生及上海时期的张恩桐先生、卜恩富先生等陆续到技击班教授各自擅长的拳法技法。这也是当今我们看到都是王芗斋先生的弟子，而拳法却不一样的原因。也正因如此，王芗斋先生曾说："我活着，这门拳是一家，我死后，这门拳就是百家。"于永年先生曾风趣地说："学大成拳，千人千样，都对。"正是这种原因，才使一些人误认为王芗斋先生是结合了形意拳、八卦掌、太极拳各家之长所创出的新拳法。

据李见宇先生讲，王芗斋先生在北京授艺期间，开始资金来源主要依靠技击班（学费），随着健身班队伍的扩大，陆续有政客、商人及当时社会上的名流加入，健身站桩班（学费）就成了王芗斋先生资金的主要来源，也正是这时，王芗斋先生购买了许多古董。

于永年先生说："当时在太庙站桩的（指健身班）基本都是文人和社会名流，他们站完桩无事可干，但有些人也想谈论个输赢，又不想抢拳头，王先生就借鉴太极拳中推手的方式，叫大家站完桩推推手，这样在推手中也有输赢，赢了当然高兴了，输了就加劲儿站桩，这就增加了人们的兴趣。

涂行健先生著、武艺文化有限公司于2007年5月29日出版的《心意大成拳》一书57页中说："推手是在40年代发展出来的技艺，因当时在学拳的人中有不少有钱人，有地位的人，既要练拳健身，又想试试功夫成就，但多数上了年纪，或身娇体贵，总不能拳拳到肉的打搏击，于是折中求变，采纳了一些太极拳推手与福建鹤拳搭手的方法，研创了单双推手，如此一来广为练拳者所接纳，安全性与趣味性都提高了，大家都能接受，所以北京一系至今把推手视作一项正规意拳训练方法，不过早期随王先生学拳的系统则没有这种方法，仍是传统的一套，较具形意拳的色彩。"

也正是这个时期，王芗斋先生为了提高大家的兴趣，借鉴形意拳的站桩，增加了多种站桩姿势。于永年先生说："有一天我问王先生，咱们这个桩有多少种？王先生答说：'你想要多少种，就有多少种。'于是王先生就做了不同姿势的桩，我回到家，凭记忆就用笔画了站不同姿势的小人。张恩桐先生来北京时（张恩桐每次来北京见王芗斋先生时，都住在于永年先生家），带着我见王先生，王先生看着我画的说'画得挺好'。张恩桐先生看着画的小人挺好看，就要走了。过了些日子，王先生确定了这些站桩的姿势，我就到照相馆照了全套站桩姿势的照片，就是你们看到的那些黑白照片。"

1946年韩星桥先生离开北京回到上海，新中国成立前夕，韩星垣先生赴香港。技击班逐渐停办，只剩下健身班继续维持，却不能继续收取学费，王芗斋先生就此断了资金来源。于永年先生说那个时候"没过几天，就见王先生就揣着一件古董去卖"。

1950年中华体育总会筹委会成立，由于王芗斋先生原在四存学会授拳任教，因此受廖承志先生邀请担任武术组副组长一职。王芗斋先生与时任正组长理念不合，但又不好拒绝廖承志先生的邀请，因此由弟子于永年先生代理出席一切会议。

1960年王芗斋先生带着随身徒弟李见宇先生应邀到原卫生部中医研究

院（现中国中医科学院）内外科研究所，针对慢性病开创站桩功康复班。后因北京大搞气功，各派气功相互争斗诋毁，王芗斋先生无奈只得离开医院，在此期间王芗斋先生写有《习拳一得》一文。

1961年夏末秋初王芗斋先生应邀到河北省中医研究院传授站桩功健身康复桩，直到王芗斋先生因病离开医院。

纵观王芗斋先生教拳授艺概况，王芗斋先生从未公开传授形意拳嫡传拳法，也就是郭云深先生教王芗斋先生的拳法。王芗斋先生在最早出版的《意拳正轨》中所说是合而为一的混元桩，在上海时期所授的也是《意拳正轨》中所说的混元桩和后来研创的浑元桩三势，在北京授艺时仍沿用上海时期模式，最终还是没有特殊成效。赵道新先生说："先生想探索一条适用于明劲儿的新路，看来效果不太明显。谁有看家的东西会轻易拿出来啊（意思是说，王芗斋先生没有拿出来原传的东西）难怪王芗斋先生夸奖赵道新先生聪明，赵道新先生没有像其他师兄弟们一样去站桩，却仍保持八卦掌的东西，说白了就是赵道新先生没有学王芗斋先生改良后的东西。

在王芗斋先生的弟子中，唯有贴身弟子李见宇先生所学和所得与众不同。李见宇先生说："老先生上哪儿去都叫着我，不让我和他们（指技击班人）在一起，老先生喜欢我，愿意教我，让我去家里学，有时候带我去山里（去香山练习试声）练。"这就是在王芗斋先生的弟子中，我们只看到李见宇先生能做出王芗斋先生的发力和试声及能讲清楚王芗斋原传拳法的原因。

关于王芗斋拳稿的真伪

笔者在和李见宇先生习拳期间，李见宇先生曾说："学拳就好好学，师父怎么教就怎么学。看老先生的拳稿学不会拳。社会上流传很多老先生的拳稿，真正是老先生写的就《意拳正轨》和《拳道中枢》。《意拳正轨》是老先生为了立拳写的，里面是老先生改良暗谱后的东西，《拳道中枢》是老先生的体认，但是也让人改得够不够的了（形容改得太多），走样儿了（改变了原来的样子），不看还好，看了反而更走样儿，再者《拳道中枢》也不是为初学拳者写的东西。"

近期在写完此书之时，无意间翻看《断手述要》，感觉和王芗斋先生的《拳道中枢》差异很大，于是疑惑间又翻看了流传的王芗斋先生的其他拳稿。事后感觉《意拳论》《大成拳谱》《断手述要》与王芗斋先生所著《拳道中枢》理论相互矛盾，且这三篇文稿内本身也有诸多理论不通且自相矛盾之处，查阅资料后得知，此三篇文稿在面世时就有人对其提出了质疑。

为避免后来者误读误习，笔者自认有必要为王芗斋先生的拳稿正本清源。

1. 关于流传最广泛的王芗斋先生拳学 13 篇文稿简述

《意拳正轨》，1928 年由天津励志出版社出版，商务印书馆代售。

《拳之刚柔相济论》短文，刊登于 1935 年《国术统一月刊》第 56 期，署名为：王宇僧。

《拳学新论》又叫《意拳新编》，是王芗斋先生 1937 年至 1939 年间在北京四存学会技击班授课时齐执度先生的笔记及自己的理解。

《拳学要义（答记者问）》，刊登于 1940 年 6 月北京《实报》之《大成拳宗师谈拳学要义》及《新民报》之《大成拳宗师访问记》。

《拳道中枢》，1944 年由王芗斋先生亲自交给于永年先生和沈其悟先生协助修改，后经杨德茂、姚宗勋先生改名为《大成拳论》。

《健身桩漫谈》（体疗参考资料），又叫《养生桩漫谈》（初稿），王芗斋先生口述，其女儿王玉芳女士整理。蜡刻版于 1958 年 10 月在中山公园站桩学员中发布，铅印版同年同月在北京师范学院站桩学员中发布。

《习拳一得》，1960 年王芗斋先生受聘于中医研究院时所写，附芗师语录并歌要，为李见宇、孙闻青所写。

《芗师日语随笔》，1960 年 3 月 6 日何镜平（王芗斋先生弟子）编著，后改名为《意拳要点》。2001 年，此文被引用在王选杰先生与霍金来先生编著的《大成拳总集》中，并被修改题目为《大成拳精要》。

《站桩功初稿》，1961 年王芗斋先生受聘于河北省中医研究院时所写。曾在河北省中医院研究所出版的《中医学术参考资料第七辑》中发表。

《养生桩简介》，原刊登于 1963 年 6 月 26 日的《健康报》。

《意拳原道》，后改为《意拳论》，又称《论桩功与四形》，简称《论四形》，文内落款为"王芗斋 59 年冬于天津寓所"。

《断手述要》，文内落款为"王芗斋 59 年于天津寓所"。

《意拳拳势》又叫《大成拳谱》《意拳拳谱》，文内落款为"王芗斋 59 年天津寓所"。

《论存意与养气》，署名为王芗斋，收录在三选杰先生与霍金来先生编著的《大成拳总集》一书中，此篇实为齐执度先生记录并整理的《拳学新编》中的一部分。

上述《意拳正轨》于 1928 年公开发行 《拳之刚柔相济论》短文，于 1935 年公开发行；《拳道中枢》《习拳一得》均在王芗斋先生在世时，在门人之间相互传阅；《拳学要义（答记者问）》《养生桩简介》《站桩功初稿》三篇均在王芗斋先生在世时分别由公开发行的报纸发表，《芗师日语随笔》《健身桩漫谈》《意拳新编》均为王芗斋先生口述，其徒弟记录整理。

此 10 篇文稿均在王芗斋先生在世时流传，并得到了王芗斋先生直系（第二代）徒弟们的一致认可。

在这 10 篇文稿中，由王芗斋先生亲手所写的是《意拳正轨》《拳之刚柔相济论》《拳道中枢》《习拳一得》《站桩功初稿》《养生桩简介》6 篇。其中《拳道中枢》经后人多次删改，在删改后已未经王芗斋先生审阅（因文稿改后的版本面世时王芗斋先生已去世）。表面上看，虽然不失其拳理，但所改之文毕竟不是王芗斋先生原文所表达的意思，也就并非作者原意，在拳的原则原理上改动一字或一词，都使其原意、原理失之千里。《意拳正轨》《拳之刚柔相济论》《习拳一得》《站桩功初稿》《养生桩简介》基本未经大改动；《拳学要义（答记者问）》由记者随机提问，王芗斋先生亲自当场回答，记者如实记录后刊登，因此在《拳学要义（答记者问）》中，无一丝偏差地反映出了王芗斋先生的思想与拳理。王芗斋先生口述，由旁人记录并整理的有《芗师日语随笔》《健身桩漫谈》《意拳新编》3 篇。徒弟在总结整理时，往往会按照自己的用词和写作习惯，难免在拳稿中加上自己的认知或思想，所以这 3 篇口述文稿中所表达出的王芗斋先生思想与王芗斋先生本意会有一些偏差。

综上所述，这 10 篇文稿所反映出王芗斋先生的拳学思想和拳学理论基本一致。

《意拳原道》《断手述要》《意拳拳势》，此 3 篇拳稿落款均为王芗斋先生 1959 年于天津寓所，且均在王芗斋先生去世多年后面世。因王芗斋先生的所有徒弟们（除家人外）从未见过这 3 篇文稿，而这 3 篇拳稿又与《拳道中枢》《意拳正轨》及王芗斋先生的拳学理论差异很大，因此均没有得到王芗斋先生直系徒弟们的认可。

据李英昂先生（王芗斋先生弟子）于 1983 年在香港出版的王芗斋先

生所著的《意拳正轨》中第28页所述，王芗斋遗著有《意拳正轨》《拳道中枢》《习拳一得》《站桩漫谈》《断手述要》《意拳原道》《意拳拳势》《意拳诗诀》，及站桩功各卷。应该是对该书中所述《意拳原道》《断手述要》《意拳拳势》这3篇拳稿最早的公开文字记录。

2. 《意拳原道》

《意拳原道》于1995年由北京市宗勋武馆和北京市中意武馆联合出版的《王芗斋专集选》内部资料中以《意拳论——桩功与四形》为题目正式公开全文。在这部专集选的第133页中写道"（编者按：《意拳论》一文近由王芗斋先生女公子王玉芳女士提供，该文从未发表传世者，特嘱刊于本书，以飨意拳爱好者。文章副标题为编者所加，特此注明"）。

关于《意拳原道》，李英昂先生在1983年香港出版的王芗斋先生所著的《意拳正轨》中第36页写道"著者得睹意拳原道一卷时，先师已仙逝，故对黄慕樵先生轶事，未能询之先师，同门亦无人知道，待考"。

3. 对《意拳原道》的质疑

①该文所述的三重境界原文出自王国维先生《人间词话》之二六。

王国维是1877年生人，王芗斋1886年生，两人相差9岁，属于一个时代的人物。王国维是清末秀才，曾任溥仪的国学老师，1927年于颐和园昆明湖自尽。当时社会上普遍认为王国维是为清朝灭亡才以身殉国投河自尽的。按照一般逻辑，写文章不会引用同时代人的文章（大多引用古人文章或名言名句），且凭当时王芗斋先生孤傲的性格应该也不会这么做，而在1959年那个特殊的时代，有谁敢引用为清朝灭亡殉国人的文章呢？所以这并不是当时人敢为的，即便是王芗斋先生也不例外。

②该文中说"我南游至淮南，得遇黄慕樵先生，遂得其传，乃约略得其健舞之真意，我不敢私其秘，曾再传于从我习拳者，然其中能得健舞之妙者仅十余人耳"。

上述这段话意思是说和王芗斋先生习拳的人里，有十余人能跳健舞，这十余人几乎涵盖了王芗斋先生的大部分徒弟。可在王芗斋先生的徒弟中，至今我们能看到的只有韩星桥先生模仿王芗斋先生的"沧海龙吟"武舞的"龙舞"健舞、李见宇先生的"勒马听风"的武舞。由山西科学技术出版社于2005年出版的于永年先生著《大成拳站桩与求物》一书第338页中对王芗斋先生所做健舞描述中说"先生弟子中善此舞者非多，仅知韩樵（韩星桥先生）"。窦世明先生于1992年写的《王芗斋先生所传弟子简介》中所述"练王芗斋老师龙舞者只韩星乔一人"。就健舞而言也只有韩星桥先生和李见宇先生，并无第三人能跳健舞。那么这十多位又是哪些人？所以这绝不会出自王芗斋先生之口。

③《意拳原道》中对跳健舞的描述为四如境界："整体如铸，身如灌铅，肌肉如一，毛发如戟"。而这正是跳健舞的大忌，跳健舞要求周身关节打开，身体轻盈，筋肉舒展，动作流利、舒畅，就像王芗斋先生描述的"身动挥浪舞，意力水面行"一样。由山西科学技术出版社于2005年出版的于永年先生著《大成拳站桩与求物》一书第338页中对王芗斋先生所做健舞描述中说"芗斋先生做健舞起似蛟龙夹浪，落似雾里伏豹，蛇惊猫行，柔弱无骨，静若处女，炸似惊雷"。这样的健舞恰恰与《意拳原道》中四如境界的"整体如铸，身如灌铅，肌肉如一，毛发如戟"相反。而今天我们看到韩星桥先生的健舞或李见宇先生的武舞中的身形动态犹如行云流水，并没有像《意拳原道》中所描述"整体如铸，身如灌铅，肌肉如一，毛发如戟"的四如境界，而"整体如铸，身如灌铅"似乎和《大成拳谱》中所说"体成一块"为对整体力的同一种认识。"整体如铸，身如灌铅，体成一块"是身体的僵硬状态，这是拳术的大忌。因此这也并非出自王芗斋先生之口，甚至也不会出自第二代人之口，因为王芗斋先生的徒弟们不止一次见到过王芗斋先生跳健舞（武舞），所以《意拳原道》中所述"四如"为他人臆造。

4. 《断手述要》与《意拳拳势》

《断手述要》与《意拳拳势》两篇拳稿似乎是一篇文章。《断手述要》中主要以打法招式叙述，《意拳拳势》似乎是对《断手述要》的解释和总结。这两篇拳稿从传抄到正式面世就未曾分开过。这两篇一直在北京大成拳门人内部传抄，传抄时间要早于《意拳原道》的面世。《断手述要》与《意拳拳势》最早成册印刷面世见于内部资料，书名为《意拳断手述要，大成拳谱》合集，署名为王芗斋遗著，武国忠整理，王玉芳点校。

5. 对《断手述要》与《意拳拳势》的质疑

①《断手述要》中述"查中国古代之拳术，皆是形简而意繁，当初形意拳只有钻、裹、践三拳，八卦掌也只有单双换掌"。

此文中"换掌"一词与王芗斋先生在《拳学要义（答记者问）》中所

用的"川掌"一词不同。"单双换掌"一词是八卦掌中打法的近代叫法，单双川掌打法是在八卦掌拳名叫作"川掌"时的叫法。单双换掌打法是川掌打法的变异打法。王芗斋先生既然在《拳学要义（答记者问）》中使用"川掌"一词，为什么在《断手述要》中却用了与《拳学要义（答记者问）》中不一样用词的叫法？这两种打法是有区别的打法，所以单双换掌应该出自近代人之口。

②《断手述要》中述"再如太极拳，当初只有单双缠打与击地、披身二捶而已，其后人更不能深知其妙，遂演出百八十式"。

而王芗斋先生在《拳学要义（答记者问）》中亲口说的是"该拳原为三拳，又名老三刀，王宗岳先生改为十三式，又一变而为百四五十式之多，此失真之一大原因也。"

单双缠打与击地、披身二捶是近代太极拳中的称呼，它与王芗斋先生所说的老三刀打法不同，所以《断手述要》中所说的"单双缠打与击地、披身二捶"绝不会出自王芗斋先生之口。

③《断手述要》中述"大成拳所运用之力，如炸力、旋力、惯力、杠杆力、离心力、弹簧力等，不能单独使用（实际上亦不可能单独使用）。若单独使用，亦达不到均整，且成为局部片面之方法矣"。

上文所说的"爆炸力、惯性力、螺旋力（包括静向力）、杠杆力、离心力、弹簧力"，这六种力是物理中常见的力，文中说这六种力不能单独使用，否则达不到均整。这就是说要想达到均整的力，这六种力要同时使用。同时使用就是说人体要通过一个动作完成这六种力，这是人体生理不可为的用力。王芗斋先生在《拳道中枢》中说"所试各力名称甚繁，如蓄力、弹力、惊力、开合力以及重速、定中、缠绵、撑抱、惰性、三角、螺旋、杠杆、轴轮、滑车、斜面等种种力量，亦自然由试力而得知"。是说在试力的过程中，因姿势不同、动作不同、意念的阶段不同，人会分别体会到包括这六种力的各种力，而并不是如《断手述要》中所说六种力一同使用，这不仅与王芗斋先生《拳道中枢》所说的力不相符，也违背了基本力学的常识。所以上述《断手述要》中所说为他人臆造，绝不会是出自王芗斋先生之口。

④《断手述要》中最后述"此文系我暮年发病时所作，写作时常有笔不从心之感"。

暮是指傍晚，太阳快落山的时候，暮午指晚年，垂暮之年，没有具体年龄界定，它是根据故去人的年龄界定的，大多用在文章中描述50岁以后故去的人在去世前的几年中，如一个人90岁去世，我们在描述他在去世前的几年，就可以用暮年。那么一个人60岁去世，我们在描述他在去世前的几年，也可以用暮年。这就是说如果一个人没有去世，就不能称为"暮年"。所以"暮年"一般是对已经去世他人的形容，不能用"暮年"来形容自己。试想，一个人会在自己写文章中称这是我将要去世前几年（暮年）或垂暮之年写的文章吗？这从文法或情理上也说不通。所以这篇文稿绝不会是出自王芗斋先生之手，应该是在王芗斋先生去世后他人所写，所以才用"暮年"形容。

《断手述要》中"此文系我暮年发病时所作，写作时常有笔不从心之感"这句话完全可以不要，除非作者想说明或解释什么，也许是作者也感到这篇稿的文风和用词确实和王芗斋先生的其他文稿不一样吧，所以特意加上这句话，用来表达力不从心时写的文稿。这就解释了这篇文稿和以往的文风及用词不一样的原因。而事实上一个人在写作时的文风、用词等不可能因力不从心而改变。《断手述要》最后这句"此文系我暮年发病时所作，写作时常有笔不从心之感"显然是欲盖弥彰。

⑤《断手述要》中说"故每次实搏之后，本人实难总结，然旁观者清，我此处所述各项打法，皆系实搏观摩之记录也"，这段话解释了《断手述要》中五式二十一种打法的由来如下：

灵蛇惊变派生出的打法：拂钟无声（形意拳劈拳）、蛰龙探首（可作直拳，似崩拳）、坐地起火（形意拳钻拳）、半窗观横雨（形意拳裹拳）、惊蛇迂回（形意拳横拳）、勒马听风（栽捶）、猛虎搜山、陆地行舟。

香鲸游旋派生出的打法：烈虎出洞、雷霆击地。

神龟出水派生出的打法：金戈铁马、惊蛇入穴、顿开金锁、老僧稽首、狸猫追鼠。

鹰戏封姨派生出的打法：烈马奔放、俊鹘舒翅、浪力三顿、寒鸡立雪。

螣蛟挟浪旋派生出的打法：榔头拷打、脑后发炮。

《大成拳谱》中述"以力引力的技巧即八法：提、顿、吞、吐、沉、托、分、闭"。"意拳所仿生的十二型是龙、虎、骀、马、熊、猴、鳌、蛇、鹰、鸡、燕、鹞""大成拳设计了九种拳型即：劈、崩、钻、炮、横、裹、踏掌、托掌、指掌"。

按上所述，各打法有数十种之多，但几乎全部是形意拳的五行拳、十二形拳及八卦掌中的打法，只是改了打法的名称而已。

在二十一打法名称中，有部分与《意拳要点》拳势中所用的词一样，如蛰龙探首、勒马听风等，这些词原本是王芗斋先生形容拳势的，可在《断手述要》中变成了打法的招式，这不是自相矛盾吗？

上述八法来源于形意拳论，武当五行拳、岳家教（客家拳术的一种）中也有提、顿、吞、吐、沉、托、分、闭八法一说。

上述大成拳的九种拳型也只是在形意拳五行拳劈、崩、钻、炮、横中增加了八卦掌中的裹、踏掌、托掌和指掌。

《断手述要》及《大成拳谱》中所述各打法，在《拳道中枢》《拳学要义（答记者问）》及王芗斋先生其他拳稿中从未出现过，在王芗斋先生的所有徒弟处也从未听说有此打法，与王芗斋先生交过手的泽井健一先生、洪连顺先生等人的著作或口谈中也均未见此说法。

王芗斋先生的拳法为形意拳中之意拳，若按《断手述要》与《大成拳谱》中所述各打法，要比形意拳中的五行拳——劈、崩、钻、炮、横和十二形拳——龙形、虎形、熊形、蛇形、骀形、猴形、马形、鸡形、燕形、鼍形、鹞形、鹰形还要多出数十种。这种现象不是王芗斋先生一贯反对的吗？王芗斋先生在《拳学要义（答记者问）》中说"该拳原为三拳，又名老三刀，王宗岳先生改为十三式，又一变而为百四、五十式之多，此失真之一大原因也"。王芗斋先生在所著《意拳正轨》中说"意拳之正轨，不外古势之老三拳与龙虎二气，龙虎二气为技，三拳为击"。显然《断手述要》与《大成拳谱》中所述各种打法与王芗斋先生所述拳理背道而驰。所以《断手述要》与《大成拳谱》中所述打法为他人编纂，绝不是出自王芗斋先生之口。

⑥《大成拳谱》中述"就形体本身而言，如果某一个形体，把它的自身的力奋出来，而加于另一个形体，使它改变位置，这种力就成为重力。人的这种活力，用通俗的话说，就是整劲儿，用大成拳的术语说叫作'六面争力'，也叫'爆炸力'。六面争力，体成一块，这是混元桩法的关键，站桩时，在意念里，要上下相争，左右相争，前后相争，不论从哪一方

面,有人一触,即刻六面爆发"。

上文所述整劲儿、爆炸力及六面争力,不符合物理力学常识,超出了人体生理可为的范围。这样人体不可为的力,不应该出自一个真实操拳通家王芗斋先生之口。见中篇《整劲儿发力辨真·六面争力的整体发力》一节。

6. 综论

①《意拳原道》《断手述要》《大成拳谱》三篇拳稿中所说"持桩"一词与王芗斋先生口头称呼或所有拳稿中"站桩"一词不一致,所以"持桩"一词不会出自王芗斋先生之口。

②《意拳原道》中《舞相》诗云:"身动挥浪舞,意力水面行""游龙白鹤戏,迂回似蛇惊""肌肉含劲力,神存骨起棱""风云吐华月,豪气贯长虹";《断手述要》中一诗云:"身动挥浪舞,意力水面行,两臂具已头,妙在蹬虚足"。

两首诗的第一句"身动挥浪舞"和第二句"意力水面行"一样。按常规写作习惯,一首诗中的用句,不能用在另一首诗中,而《断手述要》中一诗一共只有四句,借用了《舞相》一诗中的前两句,后面两句"两臂具已头,妙在蹬虚足"与前两句用词、韵律及所表达的意思丝毫不相干。很显然这后加的两句比较勉强。

于永年先生与王玉祥先生(王芗斋先生弟子)于1986年合编的《王芗斋生平大事记》中记录:"先生曾作诗歌记之:'身动挥浪舞,意力水面行,游龙白鹤戏,迂回似惊蛇。'"这首诗所表现的是跳健舞的身势(身动挥浪舞),暗藏劲力(意和力不浮不沉,即不努不接),身形如游龙(游龙白鹤戏),在舞中的突然绕步转身似惊蛇(迂回似惊蛇)。这首诗记录的是王芗斋先生当年与黄慕樵先生从学健舞时对黄慕樵先生所跳的健舞有感。《意拳原道》中《舞相》诗中最后的四句"肌肉含劲力,神存骨起棱;风云吐华月,豪气贯长虹",与前四句不像是一首诗,所表达的诗意与前四句所表现的也毫无关系,所以这后四句是旁人后加上去的。

③1983年之前李英昂先生见到的是《意拳原道》和《意拳拳势》,而面世时《意拳原道》变成了《意拳论》,《意拳拳势》变成了《大成拳谱》,何人所改?改后为何又不标注原名称?

④《断手述要》和《大成拳谱》中多次提到"体成一块"。

王芗斋先生把这种现象叫作"僵"。李见宇先生说过：技击需要的是发出的整劲儿，并非体成一块。老先生曾说过技击时对方不僵，要想办法让他僵，这叫"叫僵"，什么时候对方体成一块了，那就是僵了，这时你再打他就咋打咋有。所以体成一块并非整劲儿，也不是神意拳中所需要的。

⑤《意拳论》在北京市宗勋武馆与北京市中意武馆于1995年联合出版的内部资料《王芗斋专集选》中首次公开时，落款为"王芗斋1959年冬于天津寓所"。

《断手述要》及《大成拳谱》首次公开为《意拳断手述要》与《大成拳谱》合集的内部资料，为武国忠整理，王玉芳点校，是王芗斋遗著，两篇拳稿落款均为"王芗斋1959年于天津"。

按照《断手述要》中说，此文是王芗斋先生暮年发病时所写，并且时常有力不从心之感。如果一个人连写作都会感到有力不从心，这说明王芗斋先生在写这三篇拳稿时病情很严重，而由山西出版集团山西科学技术出版社于2013年出版，何镜平先生（王芗斋先生弟子）著《王芗斋的大成拳》一书第148页中说"1959年下半年之前，芗斋先生一直在北京中山公园教练站桩功，以治病救人为主。当时先生住在西四兵马司山门胡同13号，此期间从未离开过北京，……。1959年下半年开始，由于当时西城区体委通知芗斋先生'凡在公园内教功者，必须经过体委的考试批准，才视为合法'。而当时负责考试的教官为胡某，因胡某曾向先生学过站桩功，后因双方关系不和睦而离去，有鉴于此，芗斋先生未去参加考核，等于自动放弃在公园教功的资格。

1960年春，《北京中医月刊》杂志总编辑董德懋先生请芗斋先生到广安门中医研究院（应为中国中医研究院或北京中医研究院，即现在的中国中医科学院）内外科研究所教授站桩功。"

由此可见王芗斋先生在1959年上半年从未离开过北京，即便是1959年下半年有病去天津休养，也很难在短短几个月的重病期间写就这三篇与自己一生倡导的拳学相互矛盾的拳稿？而王芗斋先生又能在这短短几个月内痊愈，并于1960年春回到北京上班吗？

在写完这三篇拳稿之后，紧接着王芗斋先生又回到这三篇拳稿之前《拳道中枢》的拳理上，于1960年写了《习拳一得》，1961年又王芗斋先生又回到这三篇之前《拳道中枢》的拳理上,写了《站桩功初稿》和《意拳要点》,这不是自己否定自己吗?而王芗斋先生的所有徒弟们都未曾听说过有这三篇拳稿,这三篇拳稿在王芗斋先生去世多年后面世公布,恰恰在大成拳两大派系争论谁是正宗嫡传最激烈的时间段出现,因此这不得不让人怀疑此稿的真伪。

7. 结论

三篇拳稿写作手法、用词等与王芗斋先生其他拳稿相差甚远,所述各力均自相矛盾,且多违反人体生理用力及物理力学,因此综合上述各论点,《意拳原道》又名《意拳论》,《断手述要》《大成拳谱》为他人假借王芗斋先生之名所编纂的伪稿。

关于《断手述要》,香港汤汝琨先生(汤又觉先生)在武学出版社编的《大成拳文论集①》第166页《断手述要》引言中说"故敢断言均属狗尾续貂之伪作"。

关于伪稿

关于伪稿的出处,由涂行健著、武艺文化有限公司于2007年5月29日出版的《心意大成拳》一书的第101页中说:"到了80年代后期,90年代初期,又有不少说是王先生(指王芗斋)遗著的伪书陆续出现在意拳界,说是王先生遗留在天津王玉白(王芗斋之女)那里的,好不容易才找出来的。于是有人收入《意拳汇总》。更有香港及加拿大的意拳'高人',竟拿伪书《断手述要》开讲座,认真其事逐字解释,述其威严大意,这叫作见菩萨就拜,指不定是妖精变的,虔诚有之,智慧则不足。这些书也是通过王玉芳这一管道挤出来的,过分的热心,往往会被人利用。"

至今伪稿还在打着王芗斋先生的旗号流行于社会,甚至被收录在近些年出版的王芗斋文集中,究其原因,一是审阅、经手、修改此稿的人不仅对王芗斋先生的拳学、拳理没有丝毫了解,甚至对极为简单的力学知识毫无所知;二是有些人为了一己之利故意为之。

多年来一些大成拳(意拳)爱好者对伪稿也有质疑,业内有两种说法,一是1959年因为响应国家"百花齐放,百家争鸣"方针,有关部门要求武术界各门派推陈出新,因此王芗斋先生为了应付,才写了这三篇拳稿，二是王芗斋先生为了向国庆献礼写了这三篇拳稿，此说法也许是出自故意为之的人之口吧。

这两种说法似乎有意解释三篇拳稿还是王芗斋先生所写，至于为什么与以往拳理不符，若只是当时为了应付，试想这样推翻以往所有自己立拳拳理的拳稿，不是自己打自己脸吗？谁敢拿出来为国庆献礼？在那个年代不是给自己找麻烦吗？

若按此说法，三篇拳稿从未流传过，就应该是王芗斋先生的亲笔，若为当时旁人抄写，就不应该在第二代（王芗斋先生的徒弟）中没人知道有此稿。除非当时抄写人非本门人士或家人，也许是这些拳稿后来的持有人，也许是最早将这三篇拳稿面世的人，但至今未见王芗斋先生亲笔或当时的纸墨出现。

若按上述应付一说，王芗斋先生为何当时不拿出 1958 年写的《健身桩漫谈》？或将《习拳一得》《站桩功初稿》《意拳要点》提前几个月写出上交岂不是更好？为啥偏偏要写这三篇与之前拳理相互抵触的拳稿？为啥在时隔一年后又写了与这三篇拳理相反的《站桩功初稿》和《意拳要点》呢？

据记载，1956 年中国国内响应毛泽东提出的"百花齐放，百家争鸣"的号召；1957 年整风运动，开展反对资产阶级右派的政治运动，简称"反右派斗争"；1958 年"大跃进"开始，1959 年"反右倾"运动。

因此"百家争鸣，百家齐放"或"推陈出新"是在 1956 年，而不是 1959 年。所以 1959 年"百花齐放，百家争鸣"或"推陈出新"一说纯属谎言，国家体育部门要求武术各门派交稿，更是子虚乌有，这种说法似乎是有意为伪稿开脱。

《断手述要》《大成拳谱》中所述的招式、打法，在王芗斋先生或弟子发表的著作或拳稿中从未出现。

伪稿中所述各力相互矛盾，违反人体基本力学，打法招式繁多，且多为东拼西凑，与王芗斋先生平时所讲的拳理相互矛盾，这不免让不知情的人对王芗斋先生的拳理产生怀疑，再加上意拳界 1998 年在浙江台州举办的邀请赛中，所去参加的选手全部失利，这让原本对大成拳（意拳）抱有满腔热忱的人们感到失望。

由武学书社编的《大成拳文论集粹①》，第 100—101 页中《涂行健论推手》陈皇福一文中说"1998年由意拳界在浙江台州举办了一场搏击邀请赛,由北京意拳界厘定规则,并且派出选手七人参赛,第一回合以后,只剩下那些全无意拳意识的外界人在台上拼个你死我活,把主办人霍先生气得一佛出世,二佛升天,第二天托故乘飞机走了,尽兴而来,兴尽而去,实吾不欲观之矣。华山论剑,本想一鸣惊人,站在华山顶上称武林第一,那(作者注:应为哪)想到一败涂地,从此顿悟,得证正果,不再对此存有任何幻想,拿来游戏利用一番算了,把武联搞得似模似样,就是正果。讲起滔滔的理论来,意拳那一套,仍可以惊世骇俗,比太极拳有过之无不及,盖太极拳那个时代,凡事还有点谱,惊人之论,始终可以吸引一部分人的。太极拳的理论始终不离传统的武术思想的范畴,还是比较务实的,未到语不惊人誓不罢休的地步。那个年代且要动手实证,吹牛还有点规范,不像意拳,天马行空,随言所至,漫无边际,但却令稍有理性的人迟疑却步。"

伪稿制造者或推波助澜之人为了一己之私,使王芗斋先生的拳学理论沦为笑柄,将王芗斋先生的一世英名毁于一旦。

三篇伪稿同出自大成拳某某一脉,而在业内已流传有王芗斋先生的一些书画作品,且这些作品都是在李英昂先生于1983年出版的王芗斋遗著《意拳正轨》中刊登有一幅王芗斋先生的书法作品之后的一段时间里陆续出现的,有些书法同是王芗斋先生的落款,虽然都是草书的"芗斋"二字,却有几种不同的运笔方式,同是王芗斋先生一人常规书写,竟然出现多种不同的字体和不同的运笔方式。其中部分详情在涂行健先生著,台湾逸文武术文化有限公司于2017年出版的《武林杂谈·续武林真相》一书第259页中有述。因这与王芗斋拳法无关,故不再赘述。

李见宇先生曾说:"东西(指王芗斋拳法)上了身,才是你的,谁也拿不走,别的都瞎掰。"

关于流言

行内有句话叫作"外行听故事,内行看玩意儿"。不管哪个行业,到什么时候都有讲故事的,拳行更不例外,归根结底都是为了自己的利益。任何故事要有支持它说法的东西,那就是身上的玩意儿,故事能骗人,玩意儿骗不了人，身上有没有玩意儿，凭嘴说，只能欺骗外行人。王芗斋先生曾和李见宇先生说："咱这行儿，玩意儿是验证谎言最好的工具，比什么都具有说服力。他们（指同门一些人）说我不是郭老先生的东西，可郭老先生的东西除了我他们做不来，传承的东西，传到手上了身才是东西。"

流言大多指广泛流传且没有事实依据、来源的言论。流言在各个时期、各个门派中都有，仅以形意拳为例，就流传着许多离奇或神乎其神的故事。如：李洛能先生因在山西学拳，山西地方人的口音把"心意"读成"形意"，于是李洛能先生误认为学的是形意拳，由此诞生了形意拳的叫法，郭云深先生因为打死人坐牢，由于手上和脚上戴有铁链，所以在打拳时两手臂只能打崩拳，脚不能迈大步，只能迈半步，这就是半步崩拳，郭云深先生在狱中每天坚持这样打拳，三年刑满出狱后，半步崩拳大成；王芗斋先生的功夫也不是郭云深先生亲手所授，而是王芗斋先生的姐夫李振山所传等等。

对于拳界流言，拳界争论不休，甚至有些人不明真相以讹传讹，这确实影响了一部分人对事件真相的认识。这种现象反映了拳界人士普遍的文化水平及辨识度，虽说流言止于智者，但不明真相者的确大有人在，为了澄清真相，还事实于清白，故在此做简单论叙。

1. 关于心意六合拳名变形意拳名

李洛能先生师从于戴隆邦先生在山西学艺十年，难道李洛能先生在这十年中竟然就分不出心与形的当地口音吗？心与形是这门拳的核心，比如说站桩要静心、把心沉下来、以心养神……这几句在站桩中经常讲到的，若要把它听成站桩要静形、把形沉下来、以形养神，这拳还怎样学？如果李洛能先生那么傻，又有谁会相信他能学好拳呢？而即使要把"心"字错听成了"形"字，应该叫作形意六合拳，也不至于叫作形意拳。说实话，如果把一个不懂英语的人放到英国十年，十年后他也会掌握一口流利的英语了，何况这只是国内的方言呢？

所以，心意变形意是因为李洛能先生把山西地方口音"心"误听成的"形"一说，是脱离事实的说法。

2. 关于郭云深先生的半步崩拳

坊间传郭云深先生因铲除恶霸，犯了人命官司，被关进监牢，仍苦练功夫，由于项上有枷，脚上有铁铐的缘故，练就了只能迈出半步的绝技——半步崩拳，所以后来郭云深名扬大江南北，以"半步崩拳打遍天下"而著称。

上述故事说明了郭云深先生师从李洛能先生习拳十二年武技平平，之所以有半步崩拳的绝技，是他在监狱中练的，那么李洛能先生的神拳绝技又传给谁了呢？李洛能先生之所以被誉为神拳，是因为他在技击时大家都不知道他用的什么拳法就能把人打出去。这种一击必放的拳法在李先生的徒弟中只有郭云深先生能够做到，那就是半步崩拳和虎扑。李见宇先生说："您没有那个劲儿（整劲儿），练多少年都没用，有了那个劲儿咋打咋有。如果没有得到形意拳中的整劲儿发力，就是捆着脚镣一个拳打三十年也没有用。甚至还有些人说是因为戴着脚镣迈不开腿，所以只能上半步打拳，这不是扯吗！"

崩拳打法中本身就有前脚向前进半步，后脚向前跟半步做崩拳的打法，也有后脚向前上一步做崩拳的打法。在前面讲过，崩拳与刺枪为同一种打法，因此崩拳前脚向前迈半步的打法早在郭云深先生之前就有了，所以半步崩拳绝非出自郭云深先生在监狱中练习所创。郭云深先生是在监狱中才练出的半步崩拳的说法，只是师父们拿来要徒弟下苦功夫编出的故事。

据王芗斋先生讲"郭云深先生入狱，实为用崩拳失手将人打死"。涂行健著、武艺文化有限公司于2007年5月29日出版的《心意大成拳》一书的第50页中说"因知府爱其材而为其脱罪，故判三年，大概是因公事使用武力过度而已，因郭老当时身为捕快，不是故意杀人，这才轻判"。

王芗斋先生说："郭云深先生出狱后，非必要时绝不用崩拳，因此改用形意拳嫡传的虎扑打法，因为虎扑可以用手法控制，将人放出去而不伤人。"孙禄堂先生曾说过，郭云深先生虎扑能放人六七丈，我放人只能放两三丈。虽然孙先生能否放人无从考证，但这足以证明，郭云深先生经常用虎扑的技法与人对决。

3. 关于王芗斋先生的师从

关于王芗斋先生是不是郭云深先生的徒弟，从王芗斋先生在世至今争论了许多年，坊间传闻王芗斋先生的拳法系姐夫李振山所授。若按王芗斋先生与郭云深先生当时几十岁的年龄差距，两人的辈分应该属于爷孙辈，而李振山先生是郭云深先生的徒弟，又是王芗斋先生的姐夫，那么，如果王芗斋先生要与郭云深先生为师徒关系，他们实际辈分应该是父子辈的辈分，这样一来郭云深先生的所有徒弟们与王芗斋先生的年龄差距也应该是20岁上下的父子辈。同门中李魁元先生是郭云深先生的徒弟，在李魁元先生的徒弟中有的年龄大王芗斋先生20多岁，这样一来还要叫比自己年龄小20多岁的王芗斋先生一声师叔。也难怪，网传这位先生的徒弟曾打败过王芗斋先生，这无疑是为了证明这位先生的功夫高过王芗斋先生，这就不难理解在1929年，王芗斋先生在杭州的"国术游艺大会"上表演了"沧海龙吟"武舞（见《武舞与健舞》一节）和雷声的试声发力，这位老先生被记者当众问时回答说：王先生表演的就是梅花拳的几个戳脚，后来又哼哼几声（有当时的报道可查）。相信大家可以想象到王芗斋先生当时受同门排挤的状况。

　　王芗斋先生得到了郭云深先生的嫡传功夫，在教拳中采用了师父教自己的嫡传方法——习拳入手先站桩换劲，而不是像其他学形意拳时练习五行拳及十二形的套路，这改变了以往习拳先打五行拳或站桩与五行拳同步练习的模式。就站桩而言，王芗斋先生将形意拳嫡传的暗谱公开，难免使一些师从于其他形意拳师父的徒弟们产生疑问，同时这样做也很明显抢了当时教拳人的风头和饭碗，造成了大多数形意拳的同门对王芗斋先生的排斥。这种事要是放在今天，又有几人能够不为名利呢？就拿本书而言，不管讲述得多合理，李见宇先生的发力、试声等再与王芗斋先生一样，对于那些正在教授徒弟的师父们和在社会上具有话语权的行内人士们，若是承认了李见宇先生的东西，就说明他们自己所练、所学有错误，人为名利无可非议，孰能为圣贤呢？笔者所见所闻能坦然者仅一二人而已，所以，望后来习拳者慎之又慎！

　　对于王芗斋先生的暗劲儿发力，大家有目共睹，其高级发力形式的惊炸力，在郭云深先生同辈人或郭云深先生的其他徒弟中，没有见到有第二人具有此技法。所以，把王芗斋先生的师从按在其姐夫李振山头上显然缺乏有力的证据，据赵道新先生讲："把先生安在李振山的头上是为了降低王芗斋先生的辈分（李振山师从于郭云深先生），这样就和当时赫赫有名的那个师侄平辈了"。

　　而我们在郭云深先生所有的徒弟当中包括李振山先生，都没有发现有谁具有郭云深先生独有的发力。所以，王芗斋先生的发力只有来自郭云深先生，且是单传，这也是王芗斋先生事后敢公开地说"此种发力他人无有唯我独有"的原因。关于坊间传言王芗斋先生师从姐夫李振山一事。赵道新先生说："在郭老先生的直系弟子中，没有不承认先生是郭老先生弟子的。1929年底，我和先生初到在上海时，接待我们的是郭老先生的弟子钱砚堂先生和心意门的吴翼辉先生，钱先生听说先生是郭老先生的弟子，起初也半信半疑，先生当众做了几下发力（整体暗劲儿发力），钱先生看后当时非常激动和身边的吴翼辉先生说'这就是郭老先生的东西，这东西只有郭老先生有，别人不会有，这是郭老先生真传的东西，没想到几十年后我还能见到郭老先生的风采'。坊间传先生的功夫是姐夫李振山教的，一些人还信以为真，实际这是贬低人的话，过去说某人的功夫不好，都会说，功夫是姐夫教的，小姨子教的，师娘教的。贬低先生的这话，最初是在杭州国术大会期间，出自同门的那位比先生大20多岁某某（姓名不方便透露）的师至口中，因为他怕先生在杭州国术大会后会抢了自己的风头，但实际他当时的名声比先生要大多了，坊间不也传李洛能老先生的功夫是戴隆邦老先生的夫人教的吗。照说这些话，外行人不懂功夫，听听故事也就罢了，门内的人居然也看不懂东西，听故事，跟着以讹传讹。所以，这类人基本啥也不是，和门外人没什么区别，但凡能懂点东西的也不会相信这种传言。因此，说先生的东西是姐夫李振山先生所教的传言都是来自郭老先生的第三代以后的门人中，表面上看似乎是为了给自己的师父正名，实际就是为了给他自己争个名，以后无论哪天，一旦李见宇先生公开先生原传的东西，也会受到类似的攻击和编排，甚至还会有过之而无不及，攻击他的也会是先生的第三代以后的门人，同样也都是为了自己争名而已，至于一些人质疑先生从师学艺时的年龄，这都是近些年一些人弄出来的事，他们不知道，在过去大多人都是十二三岁就开始养家了，有些军队里十四五岁的就是老兵了，他们是用现代人对事物的认识和观点去揣摩过去的事，这不就更瞎掰了吗"。

韩星桥先生在《见证意拳》中说，钱先生（钱砚堂）对王先生之技艺，曾赋诗予以评价："夫子之墙高万仞（仞，古代计量单位，周制八尺为一仞。万仞，形容极高），唯君入室且登堂"。诗中"夫子"指的是郭云深先生，"君"指的是王芗斋先生。

著名武术史学家金警钟先生在其著作《国术人名录》中写道"深入形意三摩地者，唯王芗斋一人而已"。

关于郭云深先生唯一真传功夫的弟子，从上述钱砚堂先生的赋诗到金警钟先生的《国术人名录》中，除对王芗斋先生一人认可以外，均未提及郭云深先生门内的任何他人。因此，王芗斋先生师从于姐夫李振山先生为谣言而已。

4. 关于王芗斋先生的真实诞辰

在历届召开的王芗斋先生诞辰纪念活动中，1885年11月24日为王芗斋先生的诞辰日，而关于王芗斋的诞辰日也有不同的说法。

第一种是来自网络对王芗斋先生的介绍：于1885年11月24日（农历十月二十九日）生于河北省深县魏家林村。目前王芗斋先生这个出生日期被相关大成拳或意拳组织认可，并以此定期举办纪念活动。

由北京体育学院出版社于1989年出版，姚宗勋先生著的《意拳中国现代实战拳术》第1页第一张意拳溯源中介绍王芗斋先生为1885年出生。

第二种是由大同市大成拳研究会于1986年印发的由王玉祥先生和于永年先生合编的《王芗斋生平大事记》的内部资料中，对王芗斋先生的介绍中说"王芗斋先生生于1886年（光绪十二年丙戌年）11月24日（农历十月二十七日）出生于河北省深县魏家林村"。据于永年先生讲，"由于当时没有万年历，所以阴阳历换算有误，把农历少计算了两天，农历实际应为十月二十九日。此后在山西出版集团山西科学技术出版的《大成拳站桩与道德经》一书中做了更正"。该书第334页介绍，王芗斋先生生于1886年（清光绪十二年丙戌年）11月24日（农历十月二十九日）生于河北省深县魏家林村，原名泥宝，又名宇僧，后启用芗斋名。

由意拳研究会编辑并出版的《王芗斋百年纪念集》中，姚宗勋先生撰写的《意拳创始人王芗斋先生》一文中介绍："王芗斋先生1886年出生于河北深县魏家林村。"

第三种说法是王芗斋先生出生于1890年，此种说法源自网络流传甚广的一篇对王芗斋先生质疑的文章中，文章中说此种说法是源自1984年出版的《北京武林轶事》中一篇由王玉芳和王选杰署名的介绍王芗斋先生的文章。也有说王选杰先生这样写是根据王芗斋先生当年户口本上所写的出生日期（笔者未查到1984年出版的《北京武林轶事》一书）。

关于王芗斋先生真实的出生年月，笔者曾听赵道新先生说过，王芗斋先生属狗。关于王芗斋先生的属相，在于永年先生和李见宇先生处得到了肯定，是公历 1886 年，丙戌年，狗年。

在公元 1912 年以前，清朝皇帝没有退位时，民间对于出生年月，大多都习惯按照当时皇帝年号的年月和农历计算，而不会用公历计算，一般都会说，宣统某某年生人，或光绪某某年生人。自 1912 年 2 月清帝宣统退位，民国成立后，民间记年均按民国成立年份计年。直到公历 1949 年后，国家才推行公历，而在当今社会的农村大多还是习惯用农历计算诞辰年份。

如光绪皇帝是在 1874 年继位，若按此计算，1886 年正是光绪十二年，这与王玉祥和于永年所写的《王芗斋生平大事记》中王芗斋先生的出生年月相吻合，并且阴阳历能够对应上。而王芗斋先生生于 1885 年 11 月 24（农历十月二十九日）出生的显然不对，其一没有按皇帝年号计年，其二 1885 年 11 月 24 日的对应农历不是十月二十九日，而农历十月二十九日所对应的公历是 1886 年 11 月 24 日。这说明王玉祥和于永年所写《王芗斋生平大事记》对王芗斋的出生年月的记述较为准确，所以王芗斋先先生的家属和相关团体将王芗斋先生的诞辰年定于 1885 年，并以此于始计王芗斋先生的诞辰年是错误的。

关于王芗斋先生户口本所写，在此无须多解释。我国 1951 年后实行户籍制度，登记时，都由家属或自己报出生年月及姓名籍贯。现今大多 80 岁以上的老人基本都知道一二。所以，王芗斋先生瞒报年龄也许是当时为生计考虑。因此，王芗斋先生真实诞辰应为 1886 年（清光绪十二年，丙戌年）11 月 24 日（农历十月二十九日）。

5. 关于网络流传李见宇先生推手录像真相

在大成拳业内流传有李见宇先生和某某推手的一段录像，录像中有一段是李见宇先生被推倒地，一些人总是拿这段录像到处宣扬诋毁李见宇先生。这和当初有人说孙某的徒弟打败了王芗斋先生一样，无非是想证明王芗斋先生的东西不是郭云深先生所传，孙某的东西才是郭云深先生所传。因此，为了维护王芗斋先生原传拳法的真实性，有必要和责任在此还原事实真相。

关于此事在由涂行健著、武艺文化有限公司于 2007 年 5 月 29 日出版的《心意大成拳》一书的第 99 页中说："姚爷排局（设局）叫光子打李见宇，而且拍了录像，此事尽人皆知。后来三三芳为此事拍桌子当众骂姚爷，姚爷也莫奈之何。后来李见宇对姚门恨之入骨，也不能怎么样。有些人喜欢取一时之利，往往要付出代价的，很可能得不偿失，后来姚爷也借机攻击王玉芳，说她不会意拳，只会点养生桩而已，不懂武术。而且胡说八道，王先生不讲气，以气功为名骗人等等。这是我亲耳听闻的。"

因笔者在未看到此书前就听于永年先生说起过此事，所以涂行健书中此种说法真实可信。

6. 关于某某代师传艺李见宇先生流言

关于某某代师传艺的流言，源自某某和李见宇先生的一段推手录像。那么为什么不说是李见宇先生代师传艺给某某呢？当然这种流言不用想就应该是出自某某或其门徒，目的是为了抬高自己。但是有人不禁要问，李见宇先生与王芗斋无二的暗劲儿发力、有声试声、无声试声、武舞某某为什么没见有？如果说是李见宇先生代师传艺某某还说得过去，要说某某代师传艺给李见宇先生未免就耸人听闻了。所以师兄弟之间推手本是玩耍的游戏，输赢也只是平常事，李见宇先生怎会想到被他人利用。此录像拍摄于1979年，李见宇先生和王芗斋先生20年里形影不离，掌握了王芗斋先生的各种发力、试声和行拳，难道还不会推手吗？反而会在王芗斋先生去世后近20年后还需要他人教推手？这不得不让人佩服这些人的心机。

那么，为什么会给李见宇先生设局拿李见宇先生说事呢？这恰好证明了李见宇先生是王芗斋原传拳法的唯一传承人的身份，这和王芗斋先生当年顶着是郭云深先生唯一嫡传被某某徒弟打败、王芗斋先生的功夫是姐夫李振山所传授的谣言如出一辙。

7. 关于王芗斋先生留有传世拳谱一事

关于坊间传闻王芗斋先生生前曾留有拳谱一事真相如下：

据李见宇先生讲，王芗斋先生在天津患病时曾交代过李见宇先生三件事，一是因为形意拳嫡传拳法与社会上大家已经认可的形意拳从练法到打法都有很大区别，因此为了与其区别，形意拳嫡传的拳法应该叫神意拳为好，以免今后再生枝节；二是此拳不能在李见宇先生这里断传；三是曾留有老拳谱（郭云深先生留下的形意拳的明谱），在小于子（李见宇先生说是王芗斋先生对于永年先生的称呼）他们那里，托李见宇先生要回来，送给王芗斋先生的后人留个念想儿。

李见宇先生说："传拳是我个人的事，我也不敢张扬；关于拳名一事和拳谱一事曾和王玉芳女士提过，那个时候由于社会原因，有些师兄弟因为种种问题都在看管期间，所以这些事就搁置了，直到70年代末王玉芳女士才公开找到于永年先生要老拳谱;至于拳名一事根本就没人理会,之后就不了了之了。"

关于老拳谱一事,因为笔者和于永年先生的师承关系,李见宇先生曾多次和笔者提及。一次李见宇先生说:"那个明谱对学拳没什么作用,就是郭云深老先生留给老先生的念想儿,不过老先生写东西(指《意拳正轨》和《拳道中枢》),也是按照这个明谱的方式写的,有些也是明谱的东西。后来听说老先生把写的《拳道中枢》让于永年先生和沈其悟先生改改措辞,当时大家毕竟都是初练站桩,对老先生写的拳理不理解,所以这稿就不太好改,到老先生去世这稿也没改完。这次老先生说,就是因为这种情况,当年才把老谱给了于永年先生,让他先看看这个老拳谱,再改起来就容易理解了,你(指笔者)在于永年先生那边也问问,我好好教你老先生的东西,到时候让他(指于永年先生)看看,没准儿他一高兴就给你了(指老拳谱)。"

笔者和杜吉星先生在于永年先生家里曾提到过老拳谱一事,于永年先生当时说:"在王先生家见过你们说的这个拳谱,平时就在桌子上放着,我们谁也不敢动,也不敢问,但是王先生真没有给过我这本拳谱。王玉芳当时和我要的也是你们说的这个老拳谱。这个事当时闹得沸沸扬扬,外面甚至传说是练功秘籍。我这里只有王先生给我的《拳道中枢》的稿,但也不是王先生的笔迹,因为当时张中(王芗斋先生弟子)写毛笔字写得好,抄了两份,其中一份是王先生给的我,当时王玉芳还不依不饶的,说话挺难听的。直到1985年王玉芳的大儿子金盛华和一个徒弟到我家把《拳道中枢》的稿借走了,当时他们复印了一份,把原稿送回来了(此事在2011年山西出版集团山西科学技术出版社出版的于永年先生著《大成拳站桩与道德经》一书第350页序——《历史的见证》一文中有述),但是我确实没有你们说的这个拳谱,今后要给我做个证,我可没有老拳谱。"

事后笔者问李见宇先生:"当初王芗斋先生说的原话是在'小于子'那里,还是在'小于子他们'那里?要是在小于子那里,那所指就是于永年先生,要是在小于子他们那里,那所指并非于永年先生一人。"李见宇先生说:"这个还真的记不清了,不过这件事闹得那么大,整个意拳界都知道了,现在这件事又过了几十年了,看来真没在于永年先生那里。不过老拳谱对于学拳没有什么价值,因为它是明谱,没就没了吧。主要它是郭老先生留下的，对于后人都是个念想。"

之所以会出现许多署名为王芗斋先生的伪稿，也许正是源于此事吧！

于永年先生去世前后，一直是笔者、杜吉星先生、曹万科先生帮助料理门内一切事宜，直到之后多年未见此拳谱。因此，笔者、杜吉星先生、曹万科先生证明于永年先生从未留有王芗斋先生所说的老拳谱。

8. 一时输赢论英雄

20世纪80年代，拳王阿里应邀来到中国，曾在与拳击爱好者表演时被打倒地，这是他为了宣传拳击的经常做法，目的是激起拳击爱好者的兴趣，这件事也在坊间误传为某某打倒过拳王阿里。

王芗斋先生说过：我刚出来时，挨的打多了，挨打一次，长一次经验。

掌握了基本技法，还要经过实战训练，才能更好地把握好距离感、时间差及提高瞬间的应变能力，再有技法的人，若没有经过实战的训练也难抵挡街头经常打架的混混，但是掌握必要的技法是第一步。这就好比军队有了先进武器是第一步，其次是到战场上去，通过实战训练让军队与武器发挥出应有的威力。因此对于习拳，正确掌握技法是第一步，接着是结合个人综合能力把所掌握的技法应用到实战中去。所以，习拳不能看一时的成败，也不能以一时的成败论功夫。

李见宇先生说："老先生说：'掌握了应有的技法，还要经过在实战中上百次的磨合，才能把握在瞬息万变稍纵即逝的对战中如何得机得势打击对方，没有谁或者一种技法一上来就能百战百胜。'"

在一些推手爱好者中流传有"推手推不过你，就抡拳头打你，打不过，就砍砖头（行话，指打冷拳，趁对方毫无防备突然发拳），只要赢了就对"的说法。"砍砖头"一词出于王芗斋先生之口，这种做法正是王芗斋先生当年反对的，它与王芗斋先生的拳学理念背道而驰。

有一次笔者和杜吉星先生在于永年先生家聊天时，于永年先生讲："以前我在太庙时，每天和好几十人推手，没有人能推过我，和李见宇推手，他太贼，逮不住他，和姚宗勋推手，他要不抡拳头打人，也奈何不了我。"关于推手拖点做拳，据说是出自韩星垣先生，因为王芗斋先生的技击班一直是由韩星垣先生负责教拳，姚宗勋先生组织带领师兄弟们练拳，推手拖点做拳叫作"半推半断"，也叫"推断结合"。

在推断结合的推手模式中，也有一些人根据自身的特点把摔跤加入其中，使其更增加了实用性。这就将原来太极拳的推手游戏与实战的做拳、摔跤相结合，成为一种新的竞技模式，也许不失为一种好事，但砍砖头是绝对错误且不可取的。

李见宇先生说："老先生教我的发力，我没有在门内对人使过，若按老先生的拳理，只要与对方接触就发力攻击其要害，所以，这拳不适合推手，除非你有老先生那样的功夫，搭上你，你就跑不了，还想拖点？除非你比老先生道行深。"

关于应敌，于永年先生说："有一次某某（王芗斋先生的徒弟）抡拳头打赢了人家，王先生说'你赢人家的不是用我的东西（拳法），就是把人家打死了也不对'。"因此，在技击中无论输赢一定要按照所学的技法去做，不要只顾眼前的几次输赢，这就像体育竞技比赛一样，一切都要按照正规的动作、规范的姿势去做，因为它都是通过科学手段并经过实践检验得出的结果，拳术也一样，都是前人总结出的经验并得到验证的结果。

王芗斋先生在《拳学要义（答记者问）》中说："世界一切学术都是借比较而后可以分优劣，否则各云其是，门外人难能辨也。然拳不能就以胜负之一点即定是非之准则，要看合理与否，与人之需要适合与否。所谓合理者，非达到舒适得力而有趣者不足曰拳。至拳术的历史，知道与不知道无甚关系，只看学术方面有无研究价值与合乎人生的需要与否。"

因此，拳术不能以一时的输赢论英雄，要看拳术是否合乎于生理，是否对身体有益。李见宇先生说："有些拳种，包括许多西洋拳种，练拳时就是戕生，人到五六十岁时疾病就上身了，甚至有些人早早逝去，这就违背了拳术的基本意义，本来习拳是为了保卫生命，可是为了习拳命都没了，还保卫什么生命？所以习拳也要高级，能实战，又能有益于生命，延年益寿，但也不能逞一时之能，这就是高级的拳，这才算得上是玩意儿。"

所以，我们学的是王芗斋先生原传的拳法，谁做的符合王芗斋先生原传拳法的拳学理念，对于王芗斋先生原传的拳法而言他就是对的，不是王芗斋先生的东西，即使他再棒、再能打，也与王芗斋原传的东西没关系。

对于一些人对王芗斋先生道德的绑架，甚至杜撰出王芗斋先生有如何劣迹等等，是非对错姑且不论，这与我们学习王芗斋先生原传的拳法无关。

因此，拳学一道，非争强好胜，乃研究挖掘人体之潜能，使之发挥出最大效应，为我所用。

后 记

  我 1984 年底至 1987 年在玉渊潭八一湖从师于永年先生学习站桩。因为王芗斋先生拳法的基础是惊炸力，在学习一年后，从 1985 年开始，我在北京、天津各处寻找大家所说的王芗斋先生的发力。先后到过教大成拳的紫竹院、中山公园、月坛小公园、广播电台墙外的小花园等地方，但均没有看到大家所说的王芗斋先生的发力。事后一同站桩的理工大学教师刘培章先生提起曾经师从天津的赵道新先生学拳，于是就又到天津各公园找站桩锻炼的，却始终没找到。随后找到一群练习形意拳的先生打听赵道新先生，这群人中有人叫来他们的师父说明情况，有位师父说"赵道新先生是我师爷"，问明情况后带我去了赵道新先生家中。后由于工作原因，在天津住在了当时天津 26 中学的招待所，于是有机会到赵道新先生家聊天，在赵道新先生那里了解了有关大成拳的一些轶事。对于王芗斋先生拳法的发力，赵道新先生曾说："先生的东西，北京有个叫李见宇的，个子很矮，是个回民，他得了先生的真传，先生到哪儿都带着他，先生带他来过我这里几次，他做出的发力、试声一看就是先生的东西，和先生没两样儿，特别是无声的那种试声发力，做得挺棒，那都是先生手把手教的东西，除了他以外别人你就不用再找了，不过即使你找到他也不一定能得着，这东西看缘分。"后来，由于工作原因，我暂时放弃了练拳。

  2002 年，我在北京的官园市场偶然认识了李见宇先生。那时候，李见宇先生经常去市场里裱画、看古董，他每次走进来都嚷一声（后来才知道叫试声），在市场通道两边的屋里的人都会有震感。李见宇先生高兴时，双手一张（虎扑的姿势）做个试声的虎扑发力。我心想，这小个子的老人家是什么功夫？于是随口就问旁边卖东西的商户，这老爷子是谁，人家告诉我说，他是李见宇先生，至于是什么功夫不知道。给李见宇先生刻印章的商户介绍我和李见宇先生认识了，我和李见宇先生说，1984 年底在于永年先生那里学过几年站桩，后来不练了，从于永年先生那里算，我应该叫您师叔。从此李见宇先生经常过来聊天，时间长了，和李见宇先生便熟了，李见宇先生也经常叫我到他家玩儿。因为我早就放弃练拳，和拳界人没有来往，李见宇先生和我什么都说，我和老人家每次见面时，李见宇先生都嚷一声（做试声），我随即也学着嚷一声。时间久了，和李见宇先生熟悉了，相互就以爷们儿相称。

2008年听李见宇先生说，于永年先生重病住院，我便来到于永年先生原来北蜂窝住的家打听，正好碰到于永年先生的小女儿，她把我带到医院看望于永年先生。于永年先生出院后，我在八一湖开了个茶园，碰到了以前一起锻炼的师兄弟们，便勾起了重新练习大成拳的愿望。开始重新站桩时，也和别人一样，站桩耗时间，就加力站。开始时每天上午大约一个小时，下午一个小时，晚上站桩、走步、试力分到练习，要三四个小时，有时候甚至断断续续练一宿。为了找身上与大气的感觉，特意在大风中迎着风做试力、走步，在雾气中站桩，这样在八一湖边大约练了半年的时间，有时感觉心脏不舒服，也没太在意。有一天，李见宇先生到茶园来玩，正好碰上我在站桩，李见宇先生看到后过来说："别站了，你这样不对，这样不站死，也废了（得重病）。你挺机灵的，咱爷儿俩投缘，你想学拳我教你，别人我不说，他爱站就站去，你记住今天我不让你这样站，是救你一命，等到老了你就知道了。"

回想起以前赵道新先生所说的，和前几天来茶园的李功成先生（八卦掌李子鸣先生弟子）见到墙壁上挂着的李见宇先生的照片说，曾见过李见宇先生的发力，称其为真东西，师父李子鸣先生也挺佩服，说除了他已经没人能做出来了，便和李见宇先生系统地学习王芗斋先生的原传拳法。

有一次，我和夫人到李见宇先生家送我和李见宇先生的合影照片，闲谈中，李见宇先生说："老先生的玩意儿说是郭云深老先生教的，当时没人信，整出好多故事来，我的东西要说是老先生教的，现在也没几个人相信，后人就更不知道老先生的东西是什么样儿了。但是老先生的玩意儿他们谁都做不出来，以后你的东西要说是我教的，也一样没人信，他们都喜欢听故事，没人看东西。"说着在照片中挑出一张我和李见宇先生的合影，转过身对我夫人说："赶明儿你把这张再洗一张，写上他就是我的嫡传弟子，前面写意拳，可别写神意拳，因为咱这是老心意（指心意拳）的东西，老先生原传的玩意儿是心意拳的意拳，并不是大成拳那个意拳，所以你写神意拳没人知道，到时候指不定又整出什么事情来。"接着用手指着我，又说："我在上面再给你签个名，以后谁说什么也没用。"过了几天，我和夫人送去洗好的照片，李见宇先生接过照片，顺手在窗台上拿起一支笔，还风趣地说"这个笔好，笔画粗，看得清楚，写上就掉不了"，说着在正面签上了名字（图48-1）。

又特意在照片的背面题诗一首：

图48-1　李见宇为笔者签字照片

　　　　　内争外挂寻真力，
　　　　　筋抽骨拔求神意。
　　　　　外敛内道力惊炸，
　　　　　浑噩逆体是真谛。

并以"师李见宇"落款（图48-2），签完字，李见宇先生顺手把照片递给我说："这首诗就是咱这拳全部的东西，这是嫡传的要诀，从在站桩中怎样练整劲儿，到怎样做试力、怎样发力，到用法，再到高级的为拳，都

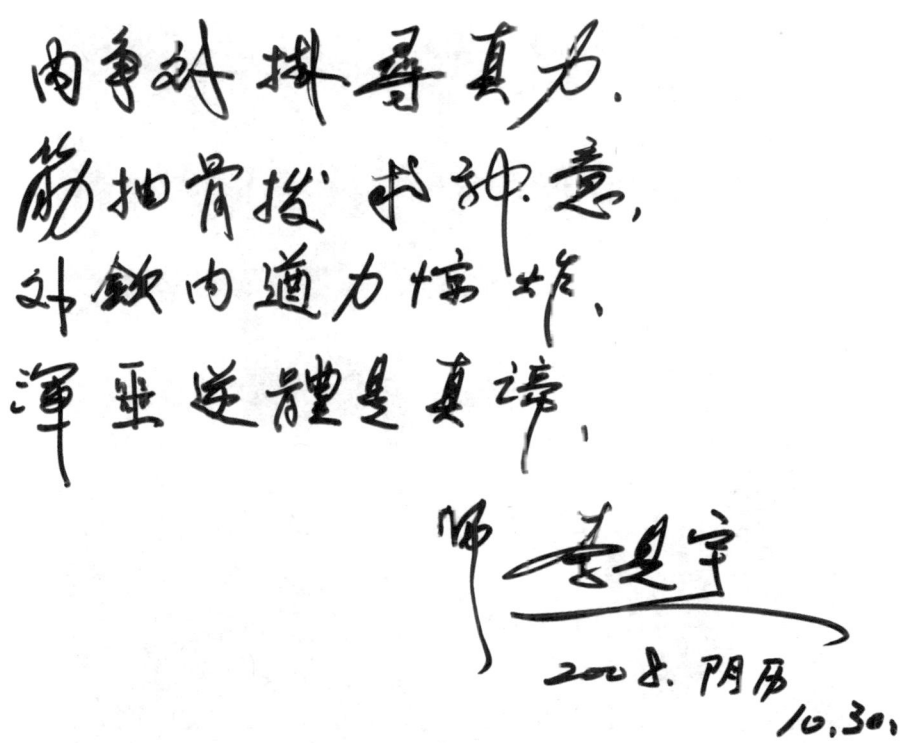

图48-2　李见宇先生在照片背面为笔者题写神意拳·王芗斋拳法要诀

在这四句话里面了。"接着话题一转又说："咱这门（指习这门拳的人）脏人（坏心眼儿的人）多，即使我签了字，也有些人不承认是我签的，你过来咱爷儿俩拿着这张照片儿，让你夫人给咱俩照个相，省得以后有人再编排你"（图49-1、图49-2）。对于李见宇先生的如此细心，我感觉到老人家当年受到过不少同门的排挤、诽谤种种。

在此之前，李见宇先生多次要求我磕头拜师，因我早年师从于永年先生，所以按辈分对李见宇先生一直尊称师叔。

在和李见宇先生学拳期间，李见宇先生经常来电话说，爷们儿身上千万别搁劲儿（指站桩、试力等），有时候在电话里带着我做试声。能得李见宇先生如此厚爱，也是我最大的荣幸。

每每回忆起自己习拳走过的道路，老人家的声音还在耳边回响——"我不让你这样站，是救你一命，到老了你就知道了""千万别搁劲儿，也别添零碎儿"，也许这就是对习拳者们的忠告吧！

图49-1　笔者与李见宇先生及签字照片合影

遇到李见宇先生是我的幸运,用李见宇先生的话说,"有多少人连老先生的门也没摸着就死了"。

前人走过的弯路,后人引以为戒,以后再走的路就是直路。

李见宇先生说:"当年老先生和我说:'为师给你留了饭碗(指拳),这救命的玩意儿,估计以后用不上了,如果遇不到合适的(徒弟),也别带到棺材里去,最起码别在你这里断了,为师不求弘扬,只求传承啊。'"

图 49-2　笔者与李见宇先生及题写神意拳·王芗斋拳法要讹合影

王芗斋先生的语言，字里行间透露着无奈与期盼。因此，我以此书公开此拳，以了结芗老心愿，完成李见宇先生之托。希望后人在此拳的传承中，秉承嫡传规矩，必须在掌握原传拳基础的暗劲儿发力、试声（包括无声试声）、暗劲儿发力的崩拳打法和虎扑打法之后，再在此基础上添加有关技击必要的东西，但是在传承中应告诉后人哪些是原传的东西，哪些是自己添加的东西，为什么添加及它的实用性。王芗斋先生曾对李见宇先生说："中国武术应该做减法，而且要大减特减，减去那些花里胡哨不实用的东西，那些东西做久了和只能玩物丧志没什么区别，今天弄个套路，明天又说个手（招式），这东西弄多了也上瘾，真到用的时候，就不知道什么手管用了。"郭云深先生曾说："千百式应化为一式。"李见宇先生说："有了六梢儿（指暗劲儿发力），怎么做怎么有，其他的啥都没用，添啥都是零碎儿。"因此，希望习此拳的后人尽量保持原传拳法的真实性，这样才能把原传的拳法不走样儿地延续下去。

　　此书在短时间内完成，难免有错字、错词、病句或是解释不清之处，希望读者多多谅解！

　　石墨借此书衷心感谢给予支持和鼓励的同道，并代拳道同仁向"大石碑"于永年先生、"老顽童"李见宇先生、"拳圣"王芗斋先生及拳道前辈们致敬！

　　本书所著拳法，由李见宇先生亲身示范及讲述，也有我自身体验，因未达大成，故难免有讲述不清或有误之处，请同仁见谅！文内所叙，若有冒犯或言语不周之处，还请各位同仁雅量海涵！

石墨
2018 年春

图　集

前排左 5 穿长衫者为王芗斋先生，后排左 1 为于永年先生，前排左 2 为李见宇先生

王芗斋与弟子们合影，后排右 3 为李见宇先生，前排右 4 为王芗斋先生（照片上文字为"站桩师生合影 60.2.9"。

后排左起：张少松、李见宇、李兴、于永年、齐大成、张桂林、张法孟、宋彩亨。前排左起：王泽民、孙树仁、钱笑佛（王芗斋先生夫人）、王芗斋、宋世成、郭京儒，中间小孩为王芗斋外孙王松。照片拍摄于1946年。此名单为李见宇先生提供。

李见宇先生在王芗斋先生照片前留影

李见宇先生降龙桩

李见宇先生伏虎桩

李见宇先生子午桩

李见宇先生矛盾桩（技击桩）

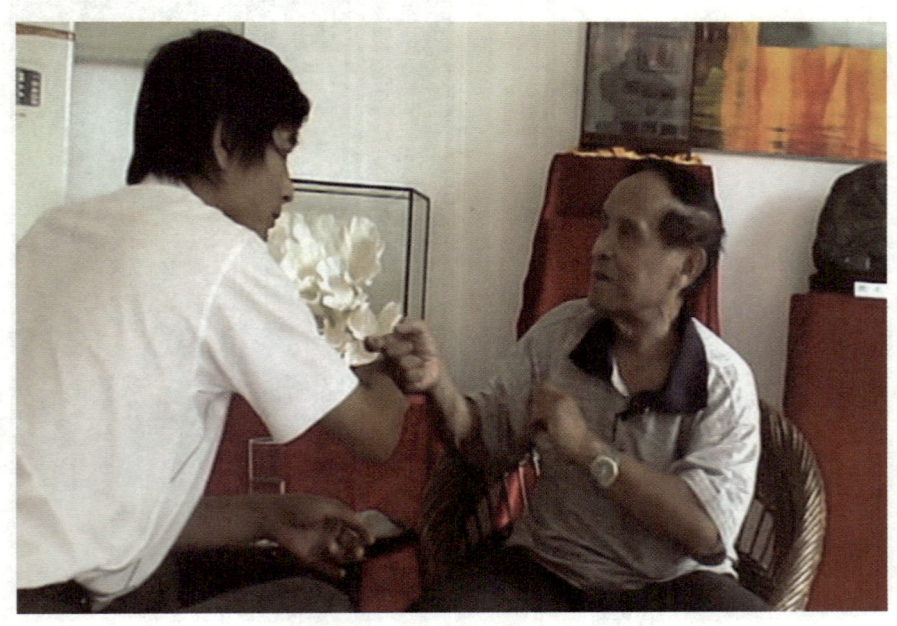

李见宇先生给笔者讲解接手照1

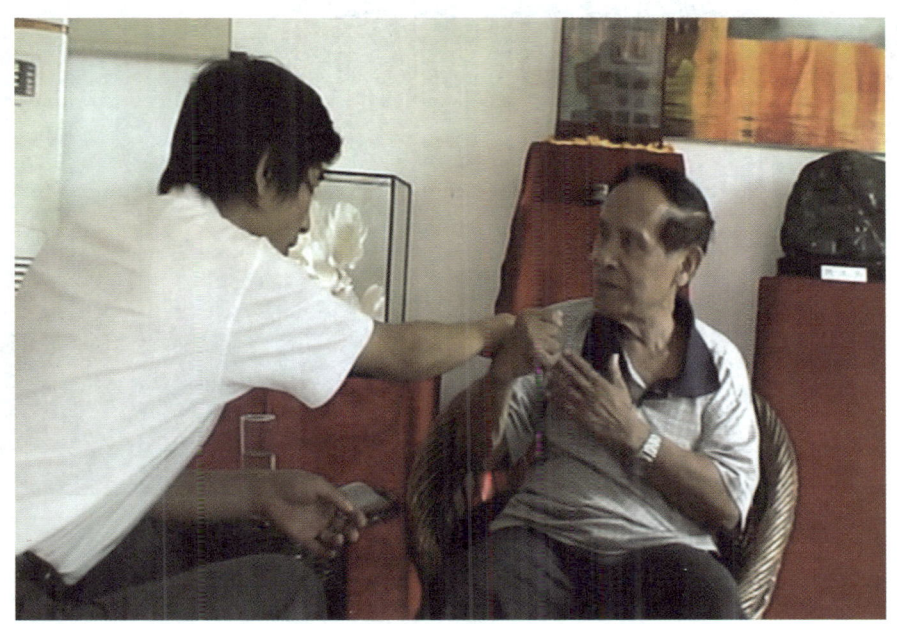

李见宇先生给笔者讲解接手照 2

李见宇先生给笔者讲解接手照 3

笔者在李见宇先生家被收为嫡传弟子后与李见宇先生亲密合影

笔者与于永年先生

于永年先生在家看笔者手稿

照片中右1为于永年先生,中排左1为笔者。拍摄于1985年夏

笔者与于永年先生合影,1985 年夏拍摄于北京八一湖

笔者站桩照 1,1986 年拍摄于北京八一湖

笔者站桩照2,1986年拍摄于北京八一湖

笔者站桩照3,1986年拍摄于北京环保所实验室

笔者站桩照4,2019年冬拍摄于北京颐和园

2020年11月笔者模仿王芗斋先生做六梢争力发力照

2008年于永年先生亲自到茶园指导石墨先生站桩

笔者在王芗斋先生墓碑前留影,2021年2月5日拍摄于北京万安公墓

特别声明

本书所述拳法均已申请知识产权保护，只供个人研究、练习，为确保原传拳法不失本真，凡未经著者本人书面授权，不得以任何形式将其作为教材或授课、授徒使用！

版权所有　　翻印必究

敬告读者

为方便读者学习，凡购买此书者，凭书中邀请码（邀请码见封底）免费在线观看如下视频：

1. 李见宇先生被誉为与王芗斋先生无二的各种发力视频。
2. 李见宇先生讲解教授试声视频。
3. 李见宇先生讲拳综合视频。

★注：

1. 所提供视频，揭示了中国拳界流传已久的暗劲儿发力及心意拳中雷声（试声）的练习方法和用法的秘密。其中大部分从未公开，非常珍贵。
2. 邀请码有效期以"神意拳·王芗斋原传拳法"官方网站公布日期为准。
3. 视频地址：登录www.shenyiquan.cn"神意拳·王芗斋原传拳法"官方网站。二维码如下：